高职高专互联网+新形态教材·财会系列

审计基础与实务
(微课版)

金 炜 主 编
于 洁 邵 敏 副主编

清华大学出版社
北京

内 容 简 介

本教材以培养服务于各行业审计监督人才为导向，以审计知识为主体，以国家审计和内部审计知识为补充，并结合智慧审计实训，构建融合审计基础知识、审计工作流程、新信息技术变革的审计知识体系。

本教材具有以下三个显著特色：一是注重精准育人。每个项目都融入了思想政治教育目标，并在审计实务部分开设了"职业素养提升栏目"，先立德树人。二是重视案例教学。全书共分为11个项目，每个项目都以"案例导入"开篇，每个任务都设有"任务引例"并附有"任务解析"。三是引入动态资源。配备课程知识点讲解视频和智慧审计实训操作视频，学习者通过扫描二维码即可观看学习，简便实用。

本教材既适用于高等职业院校财经类专业的审计课程教学，也适合作为审计学习者的参考用书。

本书封面贴有清华大学出版社防伪标签，无标签者不得销售。
版权所有，侵权必究。举报：010-62782989，beiqinquan@tup.tsinghua.edu.cn。

图书在版编目(CIP)数据

审计基础与实务：微课版 / 金炜主编. -- 北京：清华大学出版社，2024.12 (2025.6 重印).
(高职高专互联网+新形态教材). -- ISBN 978-7-302-67874-8
Ⅰ.F239.0
中国国家版本馆 CIP 数据核字第 20247Y0J72 号

责任编辑：梁媛媛
装帧设计：刘孝琼
责任校对：周剑云
责任印制：杨 艳

出版发行：清华大学出版社
网　　址：https://www.tup.com.cn, https://www.wqxuetang.com
地　　址：北京清华大学学研大厦A座　　邮　编：100084
社 总 机：010-83470000　　邮　购：010-62786544
投稿与读者服务：010-62776969，c-service@tup.tsinghua.edu.cn
质量反馈：010-62772015，zhiliang@tup.tsinghua.edu.cn
课件下载：https://www.tup.com.cn, 010-62791865

印 装 者：涿州市般润文化传播有限公司
经　　销：全国新华书店
开　　本：185mm×260mm　　印　张：18.25　　字　数：441 千字
版　　次：2024 年 12 月第 1 版　　印　次：2025 年 6 月第 2 次印刷
定　　价：56.00 元

产品编号：106322-02

前　言

"审计基础与实务"全面贯彻党的二十大精神，以立德树人为根本，注重培养高职学生的审计职业道德，强化责任意识，要求学生在学习过程中树立正确的价值观，坚守诚信原则，保持专业独立性。同时，通过课程中的案例分析和讨论，引导学生关注并承担社会责任，强化风险意识，提高审计工作的质量和效率。通过本课程的实训操作和系统学习，学生应培养严谨、细致、负责的工作态度，为未来的职业生涯奠定坚实的基础。

"审计基础与实务"课程是会计学科中的一门核心专业课程，是培养学生发现问题、分析问题和解决问题能力的一门重要课程。该课程主要介绍审计基本理论、基本方法和审计实务操作等，是注册会计师资格考试的重要组成部分。学好审计，对从事会计、财务和审计相关工作的学生未来的职业发展有举足轻重的作用。

《审计基础与实务(微课版)》教材既可以单独为大数据与审计专业的学生开课使用，也可以配合大数据与会计和财务管理专业开设"审计实务"课程使用。本教材分基础篇(项目一至四)和实务篇(项目五至十一)，涵盖了为审计基本理论和审计实务操作两部分，通过把握审计的基本原理、审计流程、审计技术和方法，理解审计准则、审计职业道德及相关法律法规要求，能在实际审计工作中准确应用审计理论。通过对本课程的学习，学生应获得独立进行初步审计工作的能力，包括审计计划的制订、审计证据的收集与分析、审计报告的编制等。此外，学生还应该能与团队成员进行有效沟通与协作，共同完成审计任务，以体现高阶性的综合能力提升。

为了帮助学生更好地理解和掌握审计理论知识和审计方法，实践审计工作程序，提高学习兴趣，"审计基础和实务"在线开放课程的课程团队在阅读大量审计教材和进行审计实训操作的基础上，反复推敲教材体系结构，结合最新发布的会计准则、会计制度和审计准则等，编写了《审计基础与实务(微课版)》新形态教材。该教材突出案例教学和实训操作，既可以作为高等职业院校财经类专业审计课程的教材，也可以作为审计学习者的参考书，例如，准备报考注册会计师证书的学习资料。

为了方便教学及学生自我测试，各项目主要内容包括："案例导入""任务发布""任务目标""任务引例""知识准备""任务解析""职业判断能力训练"(包含选择题、判断题和案例分析题)和"职业素养提升栏目"。通过扫描智能审计实训操作视频和重要知识点视频二维码可以观看视频，方便学习者课前掌握基本知识、课中完成审计任务、课后进行素质拓展。

本书由烟台职业学院会计系大数据与审计专业负责人金炜教授担任主编，在线开放课程"审计基础与实务"团队中两位注册会计师于洁和邵敏担任副主编。全书共分为11个项目。其中金炜负责项目一认知审计岗位、项目二确定审计目标 2 个项目的编写工作；于洁负责项目三评估审计风险与确定重要性、项目五计划审计工作、项目六采购与付款循环审计和项目八销售与收款循环审计 4 个项目的编写工作；邵敏负责项目七生产与存货循环审计、项目九筹资与投资循环审计和项目十一出具审计报告 3 个项目的编写工作；傅懿兵负责项目四获取审计证据与编制审计工作底稿；叶少颖负责项目十货币审计。最后，全书由金炜统稿。

  本书不仅是新形态教材的一种，也是校企合作与在线开放课程建设的成果。为了节约纸质资源，我们采用二维码扫描的形式将大量的审计知识点简介和智能审计实训操作呈现给读者。在此，感谢厦门网中网软件有限责任公司院校事业部刘莉经理为我们的教材，尤其是智能审计实训部分提出的宝贵意见。

  由于编者水平所限，加之编写时间仓促，书中难免存在不足和疏漏之处，恳请读者批评指正，以便于修订时继续完善和提高。

编　者

目　　录

项目一　认知审计岗位 ... 1

任务一　认知审计工作 ... 2
　　一、审计的含义和特征 ... 3
　　二、审计产生的客观基础 ... 5
　　三、审计发展的三个阶段 ... 6
　　四、审计的分类 ... 7

任务二　认知审计准则 ... 11
　　一、审计准则的含义及结构 ... 12
　　二、我国审计准则体系 ... 12

任务三　培养审计职业素养 ... 14
　　一、遵守职业道德 ... 15
　　二、保持职业怀疑态度 ... 16
　　三、运用职业判断能力 ... 17

任务四　注册会计师的法律责任 ... 18
　　一、对注册会计师法律责任的认定 ... 19
　　二、注册会计师法律责任的种类 ... 20
　　三、防范风险、避免法律诉讼的措施 ... 21

　　职业判断能力训练 ... 23

项目二　确定审计目标 ... 27

任务一　确定审计总体目标 ... 28
　　一、审计目标概述 ... 29
　　二、审计的总体目标 ... 30
　　三、会计责任与审计责任 ... 32

任务二　确定具体审计目标 ... 33
　　一、管理层认定 ... 34
　　二、具体审计目标 ... 35
　　三、管理层认定、具体审计目标和审计程序之间的关系 ... 39

　　职业判断能力训练 ... 40

项目三　评估审计风险与确定重要性 ... 45

任务一　评估审计风险 ... 46
　　一、审计风险的含义 ... 47
　　二、审计风险的构成 ... 47
　　三、审计风险模型 ... 48

　　　　四、风险评估程序 49
　　任务二　确定重要性 50
　　　　一、重要性的定义 51
　　　　二、重要性的判断 51
　　　　三、重要性水平的确定 52
　　职业判断能力训练 55

项目四　获取审计证据与编制审计工作底稿 59

　　任务一　认知审计证据 61
　　　　一、审计证据的含义及内容 61
　　　　二、审计证据的种类 63
　　　　三、审计证据的数量特征和质量特征 64
　　任务二　获取审计证据的方法和程序 69
　　　　一、审计的基本方法——审查书面资料的方法 70
　　　　二、审计的基本方法——证实客观事物的方法 72
　　　　三、现代审计方法——审计抽样 73
　　　　四、审计程序 75
　　任务三　编制审计工作底稿 79
　　　　一、审计工作底稿的含义及编制目的 79
　　　　二、审计工作底稿的种类 81
　　　　三、审计工作底稿的复核——三级复核制度 82
　　　　四、审计工作底稿的保管 83
　　职业判断能力训练 84

项目五　计划审计工作 91

　　任务一　开展初步业务活动 92
　　　　一、初步业务活动的目的 93
　　　　二、初步业务活动的内容 93
　　　　三、初步业务活动的时间 94
　　　　四、编制初步业务活动程序表与业务承接评价表 95
　　任务二　审计业务约定书的基本内容及签订 98
　　　　一、审计业务约定书的基本内容 99
　　　　二、签订审计业务约定书 100
　　任务三　计划审计工作 103
　　　　一、审计计划的两个层次 103
　　　　二、总体审计策略 104
　　　　三、具体审计计划 106
　　　　四、审计过程中对计划的修改 107
　　职业判断能力训练 108

项目六　采购与付款循环审计 ... 111

任务一　了解采购与付款循环 ... 112
　　一、采购与付款循环的业务流程 ... 113
　　二、采购与付款循环的主要凭证与会计记录 ... 116

任务二　了解和测试采购与付款循环内部控制 ... 117
　　一、采购与付款循环的内部控制 ... 118
　　二、采购与付款循环的控制测试 ... 121
　　三、固定资产的内部控制 ... 122

任务三　固定资产及累计折旧审计 ... 124
　　一、固定资产的审计目标 ... 125
　　二、固定资产的实质性程序 ... 126
　　三、检查累计折旧 ... 129

任务四　应付账款审计 ... 130
　　一、应付账款的审计目标 ... 131
　　二、应付账款的实质性程序 ... 131

　　职业判断能力训练 ... 133

项目七　生产与存货循环审计 ... 139

任务一　了解生产与存货循环 ... 141
　　一、生产与存货循环的主要业务活动 ... 141
　　二、生产与存货循环的主要凭证与会计记录 ... 142

任务二　生产与存货循环的内部控制和控制测试 ... 144
　　一、生产与存货循环的内部控制 ... 145
　　二、生产与存货循环的控制测试 ... 147

任务三　存货审计 ... 150
　　一、存货审计的目标 ... 151
　　二、存货监盘 ... 152
　　三、存货计价测试 ... 157
　　四、存货截止测试 ... 158

任务四　生产成本审计 ... 159
　　一、直接材料成本审计 ... 160
　　二、直接人工成本审计 ... 161
　　三、制造费用的审计 ... 161

　　职业判断能力训练 ... 164

项目八　销售与收款循环审计 ... 169

任务一　了解销售与收款循环 ... 170
　　一、销售与收款循环的业务流程 ... 171
　　二、销售与收款循环的主要凭证与会计记录 ... 174

任务二　了解和测试销售与收款循环内部控制 176
　　　　一、销售与收款循环的内部控制 177
　　　　二、销售与收款循环的控制测试 180
　　任务三　营业收入审计 181
　　　　一、营业收入的审计目标 182
　　　　二、营业收入的实质性程序 183
　　任务四　应收账款审计 186
　　　　一、应收账款的审计目标 187
　　　　二、应收账款的实质性程序 187
　　职业判断能力训练 193

项目九　筹资与投资循环审计

　　任务一　筹资与投资循环概述 204
　　　　一、筹资与投资循环所涉及的主要业务活动 204
　　　　二、筹资与投资循环的特性 206
　　　　三、筹资与投资循环所涉及的凭证与会计记录 206
　　任务二　筹资与投资循环的内部控制和控制测试 208
　　　　一、筹资与投资循环的内部控制 208
　　　　二、筹资与投资循环的控制测试 210
　　任务三　借款类相关项目审计 211
　　　　一、短期借款业务的审计 211
　　　　二、长期借款业务的审计 213
　　　　三、应付债券业务的审计 214
　　任务四　投资类相关项目审计 215
　　　　一、以公允价值计量且其变动计入当期损益的金融资产业务的审计 216
　　　　二、可供出售金融资产业务的审计 217
　　　　三、长期股权投资业务的审计 219
　　职业判断能力训练 222

项目十　货币资金审计

　　任务一　货币资金审计概述 226
　　　　一、货币资金与交易循环 227
　　　　二、货币资金所涉及的主要凭证与会计记录 227
　　任务二　货币资金的内部控制和控制测试 228
　　　　一、货币资金的内部控制 229
　　　　二、货币资金的控制测试 231
　　任务三　库存现金审计 233
　　　　一、库存现金审计的审计目标 233
　　　　二、库存现金审计的实质性程序 234
　　任务四　银行存款审计 238

一、银行存款审计的审计目标 ... 239
　　二、银行存款审计的实质性程序 ... 240
　职业判断能力训练 ... 247

项目十一　出具审计报告 ... 253

　任务一　审计报告概述 ... 254
　　一、审计报告的含义 ... 254
　　二、审计报告的基本内容 ... 255
　任务二　出具审计报告 ... 259
　　一、无保留意见审计报告 ... 260
　　二、保留意见审计报告 ... 262
　　三、否定意见审计报告 ... 265
　　四、无法表示意见审计报告 ... 267
　　五、带强调事项段的审计报告 ... 269
　　六、带其他事项段的审计报告 ... 272
　职业判断能力训练 ... 275

参考文献 ... 280

项目一 认知审计岗位

【学习任务】

通过对认知审计岗位项目的学习,需要完成如下工作任务。

1. 认知审计工作的分类。
2. 认知审计准则。
3. 了解审计人员应具备的素质。

【学习目标】

知识目标	能力目标	素养目标
★认知审计工作; ★认知审计准则; ★培养审计素养; ★注册会计师的法律责任	★会将审计进行分类; ★培养审计素养; ★规避注册会计师的法律责任和风险	★强化学生爱岗敬业、诚实守信的职业道德品质,坚守会计人的本心; ★透过现象看本质

【案例导入】

一纸激起千层浪

2021年7月2日,新三板挂牌公司乐美电商(股票代码:871450)发布公告称:"公司被会计师事务所举报,2020年度审计报告疑似造假。尚需核实,相关事项存在重大不确定性……申请公司股票停牌。"

根据该公司2021年6月30日发布的2020年度财务报告及专项说明,该公司审计机构为亚太(集团)会计师事务所(特殊普通合伙)(以下简称"亚太所"),两名签字注册会计师杨某及廖某对乐美电商2020年度财务报表发布了"亚会A审字(2021)1467号"无法表示意见的审计报告及无法表示意见的专项说明(且附有签章)。然而,根据深圳注册会计师协会发布的公开信息,注册会计师杨某已于2020年12月从亚太所转到了鹏盛会计师事务所(特殊普通合伙)。对此,中国注册会计师俱乐部第一时间拿到了鹏盛会计师事务所及杨某的声明。声明中,鹏盛及杨某指出,杨某及廖某是乐美电商2019年度财务报表审计的签字注册会计师,其2020年审计报告中亚太所盖章及注册会计师签字均为乐美电商伪造,报告未经报备。鹏盛会计师事务所及杨某将保留采取进一步法律措施的权利。随即,广西证监局介入调查。

实际上,公司伪造审计报告并非就此一例。2019年7月15日,中建华会计师事务所有限责任公司江西分所发布公告称,最近发现有不法分子假冒该所名义出具财务审计报告,该报告无防伪条形码、无骑缝章、无联系电话、字体前后不一……该所将依法追究相关造假人员的法律责任。2019年9月,广西新时代会计师事务所有限公司发布严正声明,落款日期2018年6月1日和2019年6月1日,为"百色市右江区新影响传媒有限公司"分别出具的桂新企字〔2017〕第3-145号和桂新企字〔2018〕第3-145号审计报告绝非该所百色分所出具,现已报案并保留追究法律责任的权利。

(资料来源:乐美电商股份有限公司股票停牌公告,公告编号:2021-017.)

引例中的企业置法律风险于不顾,铤而走险伪造审计报告。请思考:审计或审计报告有何价值?什么是审计?审计是做什么的?正常情况下,形成最终的审计报告需要经过哪些流程?执行哪些工作?

任务一 认知审计工作

任务描述

知识点	技能点及任务成果	课时
1. 什么是审计?	1. 剖析审计的定义。	2
2. 审计是如何产生的?	2. 明确审计三方关系。	
3. 审计经历的发展阶段有几个?	3. 明确审计的三个发展阶段。	
4. 审计分为哪些种类	4. 明确审计的分类	

任务引例

2023年6月,张平父母投资了100万元在烟台本地开了一家海鲜特色酒店,并亲自经营。这家酒店的经营权和所有权都归张平父母所有,且张平父母对这家酒店的经营情况也了如指掌。2023年7月,张平父母又投资200万元在青岛成立了一家连锁酒店,并高薪聘请了青岛当地的一个朋友李路来经营这家酒店,那么张平父母只拥有青岛这家酒店的所有权,而经营权则归他在青岛的朋友李路所有,这样,青岛酒店的经营权和所有权就是分离的。如果张平父母想要监督和评价青岛这家酒店的经营情况,那么他父母需要怎么做?

请思考下列问题:
1. 青岛这家酒店是否需要设置会计和出纳岗位?谁设置?对谁负责?
2. 青岛这家酒店是否需要设置审计岗位?谁设置?对谁负责?
3. 张平能否做该审计项目的审计人员?

知识准备

什么是审计?有人说审计就是审查会计的。这种说法有一定的道理,但是又不够准确和全面。其实审计和会计既有联系又有区别。

那么,我们应该如何看待会计与审计之间的区别和联系呢?笼统地说,会计和审计的纽带都是会计准则。具体来讲,审计和会计在目的、方法及流程等方面均有所不同。

(1) 目的不同。会计是以货币为主要计量单位,对一系列经济事项进行记录、分类、核算、汇总和呈现。审计的目标是判定被审计的对象和已建立的标准之间的吻合程度。

(2) 方法不同。会计方法包括设置账户、填制凭证、登记账簿等。审计方法包括风险评估和应对,具体表现为通过一系列审计方法和审计程序收集和评价审计证据,编制审计工作底稿等。

(3) 流程不同。企业财务会计的流程是根据有关账簿编制一套财务报表。注册会计师审计的流程是对被审计单位财务报表发表审计意见、出具审计报告。

一、审计的含义和特征

(一)审计的含义

什么是审计?世界各国的审计界都对审计的概念进行了深入的研究,最具代表性的是美国会计学会(American Accounting Association,AAA)审计基本概念委员会发表于1973年的《基本审计概念报告》。该报告考虑了审计的过程和目标,将审计定义为:"审计是一个客观地获取和评价与经济活动和经济事项的认定有关的证据,以确认这些认定与既定标准之间的符合程度,并把审计结果传达给相关利益方的系统过程。"

1997年,我国的《审计法实施条例》提出的审计概念是:审计是审计机关依法独立检查被审计单位的会计凭证、会计账簿、会计报表及其他与财政收支、财务收支有关的资料和资产,监督财政收支、财务收支真实、合法和效益的行为。

日本对审计的定义是:"审计是站在公正的第三者立场上的人,对有关人员的行为进行直接监督,以及时进行行为结果调查,并对调查结果发表意见。"

综上所述，对于什么是审计，目前在审计界并没有统一的概念。一般认为，审计是由独立的专职机构或人员接受委托或根据授权，按照法规和一定的标准，对被审计单位特定时期的财务报表和其他有关资料及其所反映的经济活动的真实性、合法性、合规性、公允性和效益性进行审查，并发表意见的一种具有独立性的经济监督、鉴证和评价活动。

审计含义的具体剖析如下。

(1) 审计的主体是独立的审计机构和审计人员。

(2) 审计的客体也就是审计对象，是被审计单位特定时期的财务报表及其相关资料所反映的经济活动和经济事项。

(3) 审计的特征是独立、客观、公正。其中，独立性是审计的重要特征。审计工作应该客观地获取和评价证据，以获取的证据和客观的评价为依据，不能带有任何偏见。独立、客观、公正这三者的顺序不能改变，其中的逻辑关系是，只有注册会计师和被审计单位及委托人之间保持独立，审计工作才能保证客观，审计结果才会公正。

(4) 审计的标准是国家颁布的法律法规、审计准则、会计准则和相关会计制度。

(5) 审计的职能主要是鉴证职能。鉴证职能即发表审计意见，是审计人员根据会计报表认定同审计标准的接近程度，表达合法性、公允性的审计意见，然后向利害关系人传达审计结果。

(6) 审计的性质是法定的，必须依法授权或接受委托才能审计。

(二)审计的特征

审计的特征是指审计监督过程中所具有的特性，包括独立性、权威性、公正性三个方面。

1. 独立性

独立性是指审计人员依法独立行使审计监督权，公正地进行审查并表达意见，不受其他行政机关、社会团体和个人的干涉。独立性是审计的本质特征，也是审计区别于其他经济监督的关键所在。审计机构和审计人员要想保持独立性，必须做到以下三点。

(1) 审计机构独立。机构独立是指独立设置审计机构。它独立于被审计单位或单位内部其他职能部门，是审计工作独立性的关键保障。

(2) 审计人员独立。人员独立是指审计机构应配备专职审计人员，在执行审计业务时，必须按照审计范围、审计内容、审计程序进行独立思考，坚持客观公正、实事求是的原则，作出公允、合理的评价和结论，不受任何部门、单位和个人的干涉。

(3) 审计经济独立。经济独立是指审计机构的经费有专门的、固定的来源渠道或依法取得的报酬，不受被审计单位的制约、不受审计结果的影响。

2. 权威性

审计的权威性是指审计工作过程具有法律保障，且审计结果具有法律效力。审计的权威性与独立性紧密相关，离不开审计组织的独立地位和审计人员的独立执业。审计的权威性来自两个方面：一是法律赋予的权威；二是自身工作树立的权威，两者缺一不可。

3. 公正性

公正性与权威性密切相关。从某种意义上来说，没有公正性，也就不存在权威性。审计监督应保持客观公正的立场、符合实际、不偏不倚。审计人员应当站在第三方的立场上，进行实事求是的检查，作出不带任何偏见的、符合客观实际的判断，并进行公正的评价和处理。审计人员只有同时保持独立性和公正性，才能取信于审计授权者或委托者及社会公众，才能真正树立审计权威。

可见，公正性是审计的基本要求，权威性是审计的必要条件，独立性是审计的本质特征。

二、审计产生的客观基础

审计是社会经济发展到一定阶段的产物，是因为财产所有权与经营管理权相分离，财产物资的所有者为了保护其财产的安全、完整并使其有所增值，需要定期或不定期地了解其聘请的代理人员(公司经理)是否忠于职守、尽职尽责地从事管理和经营工作，有无徇私舞弊及提供虚假财务报告等行为，这就有必要授权或委托熟悉会计业务的人员去审查代理人员所提供的会计资料和其他管理资料，以助于在辨明真伪、确认优劣的基础上确定赏罚，由此就产生了审计关系。

所谓审计关系，就是构成审计的三方面主体之间的经济责任关系，如图1-1所示。

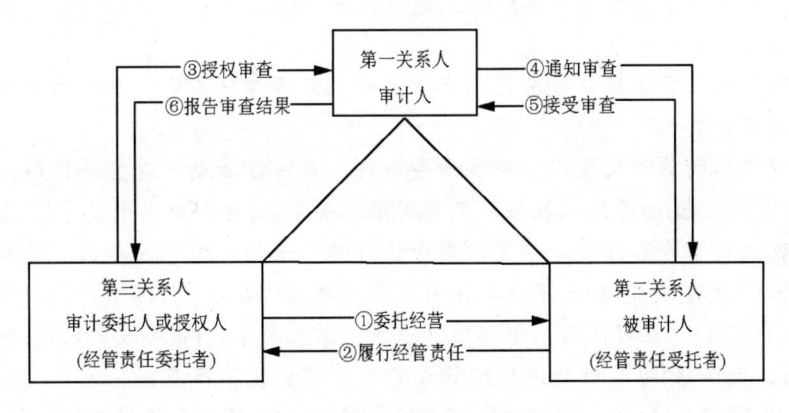

图1-1 审计三方关系图

我们在任务引例中讲到，张平父母投资200万元在青岛成立的那家连锁酒店，高薪聘请了青岛当地的一个朋友来经营这家酒店，那么张平父母只拥有青岛这家酒店的所有权，而经营权则归他父母在青岛的那位朋友李路所有，因此，青岛酒店的经营权和所有权就是分离的。如果他父母想监督和评价青岛这家酒店的经营情况，就得授权委托熟悉会计业务知识的审计人员查账监督，所以受托经济责任关系才是审计产生的真正基础。

【学中做1-1 案例分析题】根据上述审计三方关系图，请同学们分析张平父母又投资200万元在青岛成立的那家连锁酒店，存在怎样的审计三方关系？

审计三方关系剖析如下。

在审计过程中存在着相互独立的三方关系人，即审计人员(注册会计师)、被审计单位(上述案例中青岛这家酒店)和信息预期使用者(作为这家酒店投资人的张平父母)，这三方分别是审计主体、审计客体和审计委托人。

现在让我们一起来了解一下审计这三方之间的关系。

一是审计人(第一关系人)，是执行审计的审计组织或审计人员，是执行审计的主体。比如，国家审计的审计人就是代表国家行使审计职权的专职机构包括国务院审计署、县级以上各级政府设置的审计厅(局)、审计机关的派出机构及其审计人员；内部审计的主体为部门内部、单位内部审计机构和审计人员；民间审计的主体是会计师事务所和注册会计师。

二是被审计人(第二关系人)一般是指资产的受托经营管理者或代管者，是审计的客体。

三是审计委托人或授权人(第三关系人)，一般是指资产所有者。

综上所述，在审计三方关系中，被审计单位(也称责任方)的主要职责是提供财务信息，并且保证财务信息的真实、完整、可靠。因此，被审计单位应当设计、维护、执行必要的内部控制，使得财务信息能够按照适用的财务报告编制基础进行编制，并使其实现公允反映。

外部信息使用者是指预期使用审计报告和财务报表的组织或人员，一般来说包括投资者、债权人、政府、银行等。此外，这些信息使用者主要是指与财务报表有重要和共同利益的主要利益相关者。外部信息使用者希望能够及时、准确地获取相关的财务信息。

审计人员(注册会计师)作为独立的第三方，对被审计单位提供的财务信息进行鉴证并出具证明文件。独立性是对审计人员最基本的要求，也是审计职业道德的核心要求。审计人员应当保持独立性，不偏不倚，客观公正地发表审计意见。

课后思考：

财产所有权与经营管理权相分离而产生的受托经济责任关系。只有由三方关系人构成的关系，才是审计关系。

作为审计主体的第一关系人，即注册会计师，在审计活动中起主导作用，他既要接受第三关系人(张平父母)的委托或授权，又要对第二关系人(案例中张平父母的朋友李路)所履行的经济责任进行审查和评价，但是注册会计师独立于两者之间，与第二关系人及第三关系人(张平父母及其朋友李路)均不存在任何经济利益上的联系。作为审计授权或委托人的第三关系人(张平父母)，在审计活动中起决定作用。第三关系人(张平父母)如果不委托第二关系人(他们的朋友李路)对其财产进行经营或管理，那么就不存在第三关系人和第二关系人(张平父母及其朋友李路)之间的经济责任关系，自然也就不必要委托或授权第一关系人(注册会计师)去进行审查和评价。

三、审计发展的三个阶段

从审计的目标和技术手段上来看，审计的发展经历了以下三个阶段：一是账项基础审计阶段，二是制度基础审计阶段，三是风险导向审计阶段。

1. 账项基础审计阶段

账项基础审计阶段是审计的早期阶段。这个时期，由于企业发展规模不大，企业的业务量较少，逐项审计是可以实现的。账项基础审计的目的是查错防弊，保护企业资产的价值，采用的方法是对会计账目进行详细审计，审计报告使用者主要是企业股东。

2. 制度基础审计阶段

制度基础审计阶段是社会审计发展的第二个阶段，主要存在于1933年经济危机后到20世纪80年代。制度基础审计强调对企业内部控制制度进行评价，并在此基础上决定实质性审计的时间、性质和范围，这就与以前基于账项的审计模式有了很大不同。

第二次世界大战之后，企业发展的规模越来越大，集团公司、跨国企业不断涌现。为了有效地管理企业，管理层都相应建立了覆盖全面、执行有效的内部控制制度。投资者对于财务报告的质量接受程度有所降低。即使存在未揭露的错报，只要不对财务报告产生重大影响，也可以不作为审计的主要目的。审计的主要目的在于对公司内部控制的设计和执行进行评价，发现薄弱之处，进行有重点的审查，这就大大提高了审计效率。制度基础审计的弱点在于，过于重视内部控制的审查，而忽视了财务报告风险的其他环节。比如，在相同的公司制度下，由于管理层理念的变化而对企业经营业绩造成影响。另外，跨国公司的商业竞争愈演愈烈，宏观环境的变化、国家政策的影响等都会成为左右企业命运的风险因素。仅仅局限于本企业，局限于企业的内部管理制度，往往不能理解、不能解释企业发展的变化，因此需要一种能够宏观判断企业风险的审计方法。

3. 风险导向审计阶段

风险导向审计阶段是社会审计发展的第三个阶段，产生的时间大约在20世纪80年代。主要原因是一些内部控制制度完善的大型公司(如银广夏案例等)通过各种方法舞弊，以达到粉饰财务报告的目的。风险导向审计弥补了制度基础审计偏重企业管理制度而忽视其他风险方面的缺陷。风险导向审计的重点分为三个部分，关注企业的重大错报风险和注册会计师的检查风险。在审计过程中，首先进行调查分析，判断财务报表重大错报的领域，然后对存在重大错报风险的领域的内部控制进行审查，并在此基础上进行实质性程序，获得存在重大错报的证据。风险导向审计更能将有限的审计资源调动到重大错报风险更高的领域，有效地提高了审计效率，可以更好地达到审计效果。

四、审计的分类

(一)审计的基本分类

由于对审计的需求不同，因此就形成了不同类型的审计。审计可以从不同的角度来考察，从而做出不同的分类。研究审计分类的意义在于从不同的角度认识审计，加深对审计的认识；同时，又有利于审计人员合理组织实施不同类型的审计工作程序，从而提高审计工作的质量和效益。

审计的基本分类是以审计主体、审计内容与目的两个方面为标准。

1. 按审计主体不同分类

审计主体是指执行审计的机构和人员。审计按其主体不同分类，可分为政府审计、民间审计和内部审计。

(1) 政府审计。政府审计又称为国家审计，是指由政府机关实施的审计。我国政府审计的主体包括国务院审计署、县级以上各级政府设置的审计厅(局)、审计机关的派出机构及其审计人员。政府审计属于强制审计。

(2) 民间审计。民间审计又称为社会审计或注册会计师审计，是指由政府有关部门审核批准成立的会计师事务所实施的审计。民间审计的主体是会计师事务所和注册会计师。民间审计的性质是受托审计。

(3) 内部审计。内部审计是指由本部门和本单位设立的专职审计机构所实施的审计。

内部审计的主体为部门内部、单位内部的审计机构和审计人员。内部审计根据本部门和本单位的经营管理需要自觉进行。

这三种类型的审计中，政府审计和民间审计都属于外部审计。

2. 按审计内容和目的不同分类

审计按其内容和目的不同分类，可分为财政财务审计、财经法纪审计和经济效益审计。

(1) 财政财务审计。财政财务审计又称为传统审计或常规审计，是对被审计单位财政财务收支的真实性、合法性和合规性进行审查。财政财务审计又分为财政收支审计、财务收支审计。

(2) 财经法纪审计。财经法纪审计是指国家审计机关和内部审计机构对被审计单位和个人严重违反国家财经纪律行为所进行的专案审计。例如，对被审计单位存在的贪污、受贿案件进行的审计。

(3) 经济效益审计。经济效益审计是指审计机构对被审计单位的财政财务收支及经营管理活动的经济性、效益性进行的审计。其目的是促进被审计单位提高经济效益，降低经营管理和项目投资的风险。

(二)审计的其他分类

审计的基本分类有两种，分别是根据审计主体不同分类和按审计内容和目的不同分类。此外，审计还可以按审计范围、审计实施时间、审计执行地点和审计使用的技术和方法的不同进行分类。

1. 按审计范围不同分类

按审计范围不同分类，可以分为全部审计、局部审计和专项审计。

(1) 全部审计又称为全面审计，是指对被审计单位一定期间的财政财务收支及有关经济活动的各个方面及其资料进行全面的审计。这种审计的业务范围比较广泛，涉及被审计单位的会计资料及其经济资料所反映的采购、生产、销售、各项财产物资、债权债务和资金，以及企业利润、税款等经济业务活动。全部审计的优点是审查详细彻底，缺点是工作量太大、费时费力、审计成本高。

(2) 局部审计又称为部分审计，是指对被审计单位一定期间的财务收支或经营管理活动的某些方面及其资料进行局部的、有目的和重点的审计。如对企业进行的现金审计、银行存款审计、存货审计等，以及为了查清贪污盗窃案件，对部分经济业务进行的审查，都属于局部审计。局部审计的优点是审计范围小、重点突出、省时省力，能及时发现和纠正问题，达到预定的审计目的和要求。但容易遗漏问题，所以具有一定的局限性。

(3) 专项审计又称为专题审计，是指对某一特定项目所进行的审计。如自筹基建资金来源审计、支农扶贫专项资金审计、世界银行贷款审计等。专项审计的特点是针对性较强，只要求审查事项的某一个方面，如对真实性和效益性做出评价，有时涉及的范围比较广，但始终是围绕某一个特定的目的和需要而进行的。

按审计范围不同进行分类的比较如表 1-1 所示。

表 1-1 按审计范围不同进行分类的比较

审计范围	做 法	优 点	缺 点
全部审计(又称为全面审计)	各个方面及其资料进行全面审计	审查详细彻底	工作量太大、审计成本高
局部审计(又称为部分审计)	进行局部的、有目的和重点的审计	审计范围小、重点突出、省时省力	容易遗漏问题
专项审计(又称为专题审计)	指对某一特定项目所进行的审计	针对性较强	耗时较长,费用较高

2. 按审计实施时间不同分类

按审计实施时间不同分类,可分为事前审计、事中审计和事后审计。

(1) 事前审计。事前审计是指在被审计单位经济业务发生前所进行的审计。审计的内容主要包括财政预算、信贷计划、企业生产经营的计划和决策,诸如投资方案可行性、固定资产更新改造决策、产品生产或个别部件加工方案的选择,以及行政事业单位经费预算等。审计的目的在于加强预算、计划、决策的准确性、合理性和可行性。事前审计的优点是预防错弊,防患于未然,避免出现重大决策失误,有利于发挥审计的预防性作用。

(2) 事中审计。事中审计是指在被审计单位经济业务执行过程中进行的审计。通过对被审计单位的费用预算、费用开支标准、材料消耗定额等执行过程中的有关经济业务进行事中审计,便于及时发现并纠正偏差,保证经济活动的合法性、合理性和有效性。

(3) 事后审计。事后审计是指在被审计单位经济业务完成以后所进行的审计。事后审计的适用范围十分广泛,如财务报表审计这类传统的审计均属于事后审计。其主要目的是监督和评价被审计单位的财务收支及有关经济业务活动、会计资料和内部控制制度是否符合国家财经法规和财务会计制度的规定,是否符合会计准则的要求。政府审计、民间审计大多实施事后审计,内部审计也经常进行事后审计。

另外,按审计是否定期,还可分为定期审计和不定期审计。定期审计是指按照预先规定的时间进行的审计,如民间审计对各类企业的年度财务报表审计。不定期审计是出于需要而临时进行的审计,如政府审计对被审计单位存在的贪污、受贿案件进行的财经法纪审计等。

按审计实施时间不同进行分类的比较如表 1-2 所示。

表 1-2 按审计实施时间不同进行分类的比较

实施时间	做 法	特 点
事前审计	经济业务发生以前进行	预防错弊,防患于未然
事中审计	经济业务执行过程中进行	便于及时发现并纠正偏差
事后审计	经济业务完成以后进行	政府审计、民间审计都采用事后审计

3. 按审计执行地点不同分类

按审计执行地点不同分类,可以分为报送审计和就地审计。

(1) 报送审计。报送审计又称为送达审计,是指审计机关按照审计法规的规定,对被审计单位按期报送来的计划、预算和财务报表及有关账证等资料进行的审计。这种审计方式的优点是节省人力、物力，缺点是不能实地观察、了解被审计单位的实际情况，不易从财务报告、报表资料中发现被审计单位的实际问题。

(2) 实地审计。实地审计是指审计机构委派审计人员到被审计单位所在地进行的审计。按照实地审计的具体方式，又可以分为驻在审计、专程审计和巡回审计三种。驻在审计是审计机构委派审计人员长期驻在被审计单位所进行的就地审计；专程审计是审计机构为查明有关问题而委派有关人员专程到被审计单位进行的实地审计；巡回审计是审计机构委派审计人员轮流对若干被审计单位所进行的实地审计。实地审计可以深入实际去调查研究，易于全面了解和掌握被审计单位的实际情况，是我国审计监督中使用最广泛的一种方式。

按审计执行地点不同进行分类的比较如表 1-3 所示。

表 1-3　按审计执行地点不同进行分类的比较

执行地点	做　法	特　点
报送审计	审计机关按照审计法规的规定，对被审计单位按期报送来的资料进行审计	节省人力、物力，但是不能实地观察、了解被审计单位的实际情况
实地审计	审计机构委派审计人员到被审计单位所在地进行的审计	可以深入实际去调查研究，易于全面了解和掌握被审计单位的实际情况

4. 按审计使用的技术和方法不同分类

按审计使用的技术和方法不同进行分类，可以分为账表导向审计、系统导向审计和风险导向审计。

(1) 账表导向审计。账表导向审计是指围绕会计账簿、财务报表的编制过程进行的，通过对账表上的数字进行详细核实来判断是否存在舞弊行为和技术性错误。账表导向审计技术和方法是适应评价简单的受托经济责任，是审计技术和方法发展的第一阶段，在审计技术和方法史上占据着十分重要的地位。

(2) 系统导向审计。系统导向审计是指强调对内部控制系统的审计，当评价的结果证明内部控制系统可以信赖时，在实质性测试阶段只抽取少量样本就可以得出结论了；当评价结果认为内部控制系统不可靠时，才根据内部控制的具体情况扩大审查范围。系统导向审计是财务审计发展的高级阶段，但是，系统导向审计仍需运用账表导向审计的一些技术和方法。

(3) 风险导向审计。风险导向审计是指要求审计人员从对企业环境和企业经营进行全面的风险分析出发，使用审计风险模型，积极采用分析程序，以制订与企业状况相适应的多样化审计计划，从而达到审计工作的效率性和效果性。风险导向审计是迎合高度风险社会的产物，是现代审计方法的最新发展。

随着社会经济的发展，审计的外延也越来越丰富，其表现形态日益多样化。上述审计分类虽然是从多角度、多方位进行的，但各种审计类型之间并不是互为独立的。而是依据不同的审计主体相互交叉、相互结合在同一审计项目中。

【学中做 1-2　案例分析题】根据审计的不同分类，分别指出政府审计、内部审计和民间审计的审计目的和内容、审计实施时间、审计执行地点和审计使用的技术手段，并填写表 1-4。

项目一 认知审计岗位

表1-4 不同审计主体的对比

审计主体	审计的目的和内容	审计实施时间	审计执行地点	审计使用的技术手段
政府审计				
内部审计				
民间审计				

注：表内答案并不唯一。

思考： 本教材中重点涉及的民间审计一般是一种怎样的审计类型？

解析： 民间审计一般是对被审计单位经济效益进行的事后就地审计。目前发展到了风险导向审计阶段。

任务解析

(1) 青岛这家酒店需要设置会计和出纳岗位，由酒店经理(李路)设置，会计和出纳对李路负责。

(2) 青岛这家酒店需要设置审计岗位，由张平父母设置，审计直接对张平父母负责。

(3) 张平不能做该审计项目的审计人员。因为他和他的父母在审计过程中不能保持独立性。

任务二 认知审计准则

任务描述

知识点	技能点及任务成果	课时
1. 认知审计准则的含义及结构。 2. 认知我国审计准则体系	1. 剖析审计准则的含义。 2. 明确审计准则的结构。 3. 我国审计准则体系	1

任务引例

2018年至2019年，蓝盾信息安全技术股份有限公司(以下简称"蓝盾股份")中经汇通电子商务有限公司(以下简称"中经汇通")通过伪造大量客户和商户的业务合同、业务对账单、询证函回函等，在自主开发的相关系统上虚构发码数据和消费数据等方式，虚增营业收入和利润。2018年、2019年分别虚增营业收入164 709 504.62元、79 115 644.30元，占蓝盾股份当期所披露营业收入的7.22%、4.12%；分别虚增利润总额164 709 504.62元、79 115 644.30元，占蓝盾股份当期所披露利润总额的33.74%、8.33%。大华会计师事务所为蓝盾股份2018年、2019年年度报告提供审计服务，均出具了无保留意见的审计报告。

根据《上市公司现场检查办法》(证监会公告〔2010〕12号)等的规定，中国证券监督管理委员会广东监管局派出检查组对蓝盾信息安全技术股份有限公司进行了现场检查，并对大华会计师事务所(以下简称"大华所")负责的蓝盾股份2018年、2019年年报审计工作进行了延伸检查。经调查发现，大华所在审计执业中存在函证程序执行不到位的问题。问题描述：

大华所对蓝盾股份子公司中经汇通电子商务有限公司主要保险业务客户 2018 年、2019 年应收账款函证底稿显示,该所对大多数保险业务客户发送的询证函回函地址与发函地址均不一致,该所仍然对函证结果予以确认。同时,个别保险业务客户回函存在异常,该所未对不符事项进行调查,未实施进一步审计程序,即确认公司对相关应收账款全额计提减值准备,相关金额达到该所审计时确定的实际执行重要性水平。

(资料来源:蓝盾信息安全技术股份有限公司关于收到中国证监会广东监管局警示函的公告. 公告编号:2021-028.)

请思考下列问题:
该行为是否违反审计准则的规定?如果违反,那么具体违反了哪条规定?

知识准备

一、审计准则的含义及结构

(一)审计准则的含义

审计准则是由国家审计部门或注册会计师职业团体制定的,用以规定审计人员应有的素质和专业资格,规范和指导其执业行为,衡量和评价其工作质量的权威性标准。

审计准则是审计人员进行审计工作时必须遵循的行为规范和行为准则;是执行审计业务,获取审计证据,形成审计结论,出具审计报告的专业标准;是判断审计工作质量权威性的准绳;是判断审计人员职责履行情况的一个法定依据。

(二)审计准则的结构

纵观中外审计准则,无论是国家审计准则、内部审计准则,还是社会审计准则,一般都包括三个层次:基本审计准则、具体审计准则和执业规范指南。其中,基本审计准则主要由一般准则、作业准则和报告准则三个部分组成。

二、我国审计准则体系

(一)政府审计准则体系

政府审计准则是由审计署牵头制定的。政府审计准则体系是中国审计法律规范的组成部分,由国家审计基本准则、国家审计具体准则和国家审计规范指南三个层次组成。其中,国家审计基本准则是制定其他审计准则和审计指南的依据,是国家审计准则的总纲,是审计机关和审计人员依法办理审计事项时应当遵循的行为规范,是衡量审计质量的基本尺度。国家审计具体准则是审计机关和审计人员依法办理审计事项、提交审计报告、评价审计事项、出具审计意见书、做出审计决定时应当遵循的一般具体规范。国家审计规范指南是对审计机关和审计人员办理审计事项提出的审计操作规范和方法,为审计机关和审计人员从事专门审计工作提供了可操作的指导性意见。

(二)注册会计师执业准则体系

中国注册会计师协会 2006 年 2 月 15 日发布,2007 年 1 月 1 日起实施的共 48 项准则统称为中国注册会计师执业准则,主要包括鉴证业务准则、相关服务准则和会计师事务所质量控制准则三个部分。2010 年 11 月对其中 38 项准则进行了重新修订,新准则于 2012 年 1 月 1 日起执行。到 2019 年 7 月 1 日为止,中国注册会计师业务准则已形成了完善的审计体系,包括鉴证业务基本准则 1 项;审计准则 45 项;审阅准则 1 项;其他鉴证业务准则 2 项;相关服务准则 2 项;另包含会计师事务所质量控制准则 1 项。如图 1-2 所示。

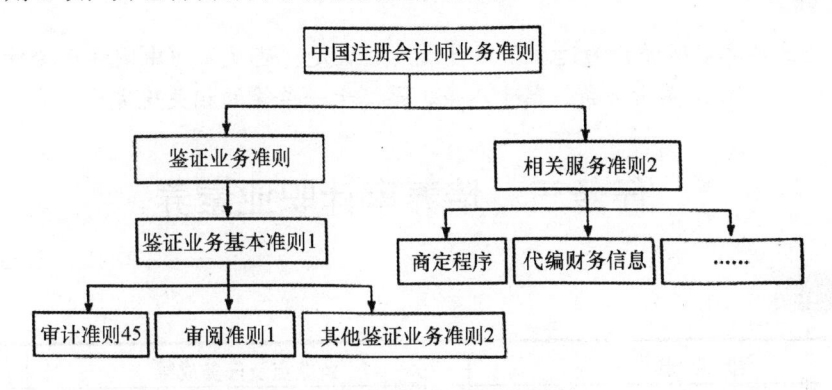

图 1-2 注册会计师执业准则体系

1. 鉴证业务基本准则

鉴证业务准则由鉴证业务基本准则统领,按照鉴证业务提供的保证程度和鉴证对象的不同分类,可分为中国注册会计师审计准则、中国注册会计师审阅准则和中国注册会计师其他鉴证业务准则。其中审计准则是整个执业准则体系的核心。

(1) 审计准则。审计准则用以规范注册会计师执行历史财务信息的审计业务。在提供审计服务时,注册会计师对所审计的信息是否不存在重大错报提供合理保证,并以积极方式提出结论。

(2) 审阅准则。审阅准则用以规范注册会计师执行历史财务信息的审阅业务。在提供审阅服务时,注册会计师对所审阅的信息是否不存在重大错报提供有限保证,并以消极方式提出结论。

(3) 其他鉴证业务准则。其他鉴证业务准则用以规范注册会计师执行历史财务信息审计或审阅以外的其他鉴证业务。根据鉴证业务的性质和业务约定要求,提供有限保证或合理保证。

2. 相关服务准则

相关服务准则用以规范注册会计师代编财务信息、税务询问和管理咨询等其他服务业务。在提供相关服务时,注册会计师不提供任何程度的保证。

3. 会计师事务所质量控制准则

会计师事务所质量控制准则是用以规范会计师事务所在执行各类业务时应当遵守的质量控制政策和程序,是对会计师事务所质量控制提出的制度要求,其目的是规范会计师事务所及其人员的质量控制责任,降低审计风险。

(三)内部审计准则体系

内部审计准则是对内部审计工作的规范,其目的是提高内部审计工作的质量和效率,促进内部审计工作的发展。我国内部审计准则由内部审计基本准则、内部审计人员职业道德规范、内部审计具体准则和内部审计实务指南四个部分组成。到 2019 年 6 月 1 日为止，我国颁布并实施的内部审计准则共有 30 项，包括 1 项内部审计基本准则、1 项内部审计人员职业道德规范、23 项内部审计具体准则和 5 个内部审计实务指南。

任务解析

大华会计师事务所的行为违反了审计准则的规定。违反了《中国注册会计师审计准则第 1312 号——函证》第十七条、第十八条、第二十一条等的相关规定。

任务三　培养审计职业素养

任务描述

知 识 点	技能点及任务成果	课　时
1. 审计职业道德准则是什么？ 2. 什么是职业怀疑？ 3. 审计职业判断是什么	1. 遵守职业道德准则。 2. 保持职业怀疑。 3. 运用职业判断	2

审计职业素养关系图如图 1-3 所示。

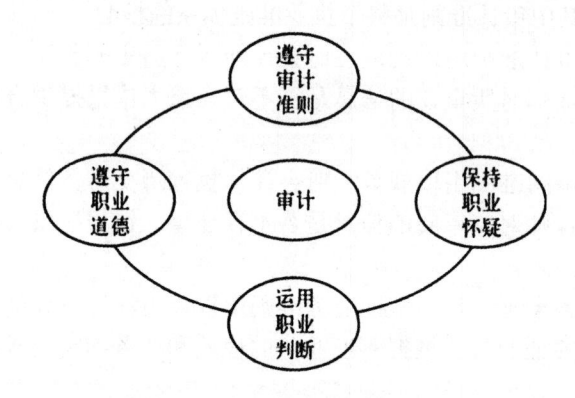

图 1-3　审计职业素养关系图

任务引例

某银行拟申请公开发行股票，委托 ABC 会计师事务所审计其 2021 年度、2022 年度和 2023 年度财务报表，双方于 2023 年年底签订审计业务约定书。假定 ABC 会计师事务所及其审计项目组成员与该银行存在以下情况。

(1) ABC 会计师事务所与该银行签订的审计业务约定书约定审计费用为 150 万元，该银行在 ABC 会计师事务所提交审计报告时支付 50%的审计费用，剩余 50%视股票能否发行上市决定是否支付。

(2) 2022 年 7 月，ABC 会计师事务所按照正常借款程序和条件，向该银行以抵押贷款方式借款 100 万元，用于购置办公用房，会计师事务所的资产总额为 2000 万元。

(3) ABC 会计师事务所的合伙人 A 注册会计师目前担任该银行的独立董事。

(4) 审计项目组负责人 B 注册会计师 2020 年曾担任该银行的财务部经理。

(5) 审计项目组成员 C 注册会计师自 2020 年以来一直协助该银行编制财务报表。

(6) 审计项目组成员 D 注册会计师的妻子自 2020 年度起一直担任该银行的独立董事。

请思考下列问题：

分别针对上述 6 种情况，判断 ABC 会计师事务所或相关注册会计师的独立性是否会受到威胁，并简要说明理由。

> **知识准备**

在财务报表审计中，注册会计师为了实现合理保证的审计目标，应当遵守四项"审计基本要求"，这也是我们审计人员需要具备的职业素养。

注册会计师在执行鉴证业务时，除了如任务二中强调的遵守审计准则外，还应当恪守独立、客观、公正的原则。独立、客观、公正是注册会计师职业道德中的三个重要概念，也是对注册会计师职业道德的最基本的要求。

一、遵守职业道德

注册会计师应当遵守与财务报表审计相关的职业道德要求，包括遵守有关独立性的要求。相关的职业道德要求通常是指中国注册会计师职业道德守则(以下简称"职业道德守则")中与财务报表审计相关的规定。

(一)恪守独立性

审计人员在办理具体审计业务时，如果与被审计单位之间存在下列利害关系，威胁审计人员独立性，则应当回避：①曾在委托单位任职，离职后未满 2 年的；②持有委托单位的股票、债券或在委托单位有其他经济利益的；③与委托单位负责人和管理人员、董事或委托事项的当事人之间有近亲属关系的；④担任委托单位常年会计顾问或代办会计事项的；⑤其他为保持独立性而应当回避的事项。

可能对职业道德基本原则产生不利影响的因素包括自身利益、自我评价、密切关系和外在压力等四种类型，具体如表 1-5 所示。

表 1-5 对独立性产生不利影响的因素及具体情形

因 素	情 形
经济利益	①注册会计师在客户中拥有直接经济利益； ②会计师事务所的收入过分依赖某一客户； ③会计师事务所以较低的报价获得新业务，而该报价过低，可能导致注册会计师难以按照适用的职业准则要求执行业务； ④注册会计师与客户之间存在密切的商业关系； ⑤注册会计师能够接触到涉密信息，而该涉密信息可能被用于谋取个人私利

续表

因 素	情 形
自我评价	①注册会计师在对客户提供财务系统的设计或实施服务后,又对该系统的运行有效性出具鉴证报告; ②注册会计师为客户编制用于生成有关记录的原始数据,而这些记录是鉴证业务的对象
关联关系	①审计项目团队成员的主要近亲属或其他近亲属担任审计客户的董事或高级管理人员; ②鉴证客户的董事、高级管理人员,或所处职位能够对鉴证对象施加重大影响的员工,最近曾担任注册会计师所在会计事务所的项目合伙人; ③审计项目团队成员与审计客户之间长期存在业务关系
外在压力	①注册会计师因对专业事项持有不同意见而受到客户解除业务关系或被会计师事务所解雇的威胁; ②由于客户对所沟通的事项更具有专长,注册会计师面临服从该客户判断的压力; ③注册会计师被告知,除非其同意审计客户某项不恰当的会计处理,否则计划中的晋升将受到影响; ④注册会计师接受了客户赠予的重要礼品,并被威胁将公开其收受礼品的事情

(二)注册会计师需遵守的其他职业道德

(1) 注册会计师不得以个人名义承接业务。注册会计师执行的各项业务,均应由会计师事务所统一接受委托。

(2) 业务委托关系双方自愿选择。会计师事务所与委托单位之间的业务委托关系,应当实行双向自愿选择的原则。任何单位或个人不得以任何方式限定或干预委托单位对会计师事务所的选择或会计师事务所在业务承接上的自主权。

(3) 注册会计师不得对其自身能力进行广告宣传。会计师事务所不得在电台、电视台、报纸、杂志等新闻媒介上直接或间接地做诋毁同业或自我夸张、内容虚假、容易引起误解的广告,也不能向委托单位或其他组织散发具有上述倾向的函件。

(4) 会计师事务所不得以任何名义向帮助其取得委托业务的其他单位或个人支付介绍费、佣金、手续费或回扣等,不得向得到本所帮助取得委托业务的其他会计师事务所收取介绍费、佣金、手续费或回扣等,不得向客户或通过客户获取服务费之外的任何利益。

(5) 注册会计师及其所在会计师事务所不得采用强迫、欺诈、利诱等不正当手段招揽业务。

(6) 对于应由注册会计师从事的法定审计业务,会计师事务所不得与其他机构进行收益分成式的业务合作。

二、保持职业怀疑态度

职业怀疑是指注册会计师执行审计业务的一种态度,包括采取质疑的思维方式,对可能表明由于错误或舞弊导致错报的迹象保持警觉,以及对审计证据进行审慎评价。职业怀疑有以下四个要求,具体如表1-6所示。

表 1-6 职业怀疑的要求

要求	基本要求	拓展内容
秉持质疑的理念	1. 摒弃"存在即合理"的逻辑思维; 2. 职业怀疑与客观和公正、独立性两项职业道德基本原则密切相关	1. 不应不假思索全盘接受被审计单位提供的证据和解释; 2. 不应轻易相信过分理想的结果或太多巧合的情况; 3. 职业道德基本原则:诚信、独立性、客观和公正、专业胜任能力和勤勉尽责、保密,良好的职业行为
对引起疑虑的情形保持警觉	这些情形包括但不限于: 1. 相互矛盾的审计证据; 2. 引起对文件记录或对询问答复的可靠性产生怀疑的信息; 3. 明显不合商业情理的交易和安排; 4. 表明可能存在舞弊的情况; 5. 表明需要实施除审计准则规定外的其他审计程序的情形	
审慎评价审计证据	1. 质疑相互矛盾的审计证据、文件记录和对询问的答复,以及从管理层和治理层获取的其他方面信息的可靠性; 2. 在怀疑信息的可靠性或发现舞弊迹象时,注册会计师需要做出进一步调查,并确定需要修改哪些审计程序或追加实施哪些审计程序; 3. 审计中的困难、时间或成本等事项本身,不能作为省略不可替代的审计程序或满足于说服力不足的审计证据的理由	
客观评价管理层和治理层	1. 不应依赖以往对管理层和治理层诚信形成的判断; 2. 即使注册会计师认为管理层和治理层是正直、诚实的,也不能降低保持职业怀疑的要求; 3. 不允许在获取合理保证的过程中满足于说服力不足的审计证据	

三、运用职业判断能力

1. 职业判断的定义

职业判断是指在审计准则、财务报表编制基础和职业道德要求的框架下,注册会计师综合运用相关知识、技能和经验,做出适合审计业务具体情况、有根据的行动决策。

2. 需要运用职业判断的重要领域

需要运用职业判断的重要领域有以下几种,如表 1-7 所示。

表 1-7 需要运用职业判断的重要领域

重要领域	具体内容
重要性、重大错报风险	确定重要性,识别和评估重大错报风险
审计程序	确定所需实施审计程序的性质、时间安排和范围
审计证据	评价是否已获取充分、适当的审计证据,以及是否还需执行更多的工作
编制基础	评价管理层在运用适用的财务报表编制基础时做出的判断
会计估计	评价管理层在编制财务报表时做出的会计估计的合理性
职业道德基本原则	识别、评估和应对职业道德基本原则不利的影响

任务解析

（1）威胁独立性。ABC 会计师事务所的部分审计收费与平安银行股票发行上市目标挂钩，已构成或有收费方式承办业务，产生经济利益威胁。

（2）不会威胁独立性。ABC 会计师事务所按照正常程序和条件取得贷款，不产生经济利益威胁。

（3）威胁独立性。A 注册会计师目前担任平安银行的独立董事，参与其重大决策，包括决定是否接受审计报告和会计师事务所的聘任，其工作对年报审计对象的财务报表有直接重大影响，产生自我评价威胁。

（4）威胁独立性。审计项目组负责人 B 注册会计师在 2020 年曾担任平安银行的财务部经理，其工作影响到 2021 年财务报表期初余额，属于业务期间内从事为客户提供相关服务，产生自我评价威胁。

（5）威胁独立性。审计项目组成员 C 注册会计师协助平安银行编制财务报表，又参与平安银行的审计，产生自我评价威胁。

（6）威胁独立性。审计项目组成员 D 注册会计师的直系亲属从事的工作对年报审计对象的财务报表有直接重大影响，产生关联关系威胁。

任务四　注册会计师的法律责任

任务描述

知识点	技能点及任务成果	课　时
1. 注册会计师法律责任的种类。 2. 对注册会计师法律责任的认定。 3. 防范风险、避免法律诉讼的措施。	1. 能够区分注册会计师法律责任。 2. 如何防范风险、避免法律诉讼	1

任务引例

注册会计师王明负责对上市公司丁公司 2023 年度的财务报表进行审计。2023 年，丁公司管理层通过与银行串通编造虚假的银行进账单和银行对账单，虚构了一笔大额营业收入。注册会计师王明实施了向银行函证等必要审计程序后，认为丁公司 2023 年度财务报告不存在重大错报，出具了无保留意见审计报告。在丁公司 2023 年度已审计财务报表公布后，股民甲购入了丁公司股票。随后，丁公司财务舞弊案件曝光，并受到证券监管部门的处罚，其股票价格大幅度下跌。为此，股民甲向法院起诉注册会计师王明，要求其赔偿损失。注册会计师王明以其与股民未构成合约关系且审计工作底稿遗失为由，要求免于承担民事责任。

请思考下列问题：

（1）为了支持诉讼请求，股民应当向法院提出哪些理由？

（2）指出注册会计师王明提出的免责理由是否正确？并且说明理由。

（3）在哪些情况下，注册会计师王明可以免于承担民事责任。

知识准备

一、对注册会计师法律责任的认定

注册会计师的法律责任是指注册会计师或会计师事务所在履行审计职责的过程中因损害法律上的义务关系所应承担的法律后果。

1. 违约

违约是指合同的一方或多方未能履行合同条款所规定的义务。对注册会计师而言，违约是指注册会计师未能按照合同条款履行规定的义务。当注册会计师因违约给他人造成损失时，应承担违约责任。

2. 过失

过失是指在一定条件下，缺少应具有的合理谨慎，以致给他人造成损失。对注册会计师而言，过失主要是指未能遵循独立审计准则的要求执行业务。当注册会计师因过失给他人造成损害时，应负过失责任。评价注册会计师的过失，是以其他合格注册会计师在相同条件下可做到的谨慎为标准。按其程度不同，过失可分为普通过失和重大过失。

(1) 普通过失。普通过失也称为"一般过失"，是指没有保持职业上应有的合理谨慎。对注册会计师而言，是指没有完全遵循专业准则的要求执行审计业务。

(2) 重大过失。重大过失是指没有保持职业上最低限度的合理谨慎。对注册会计师而言，是指根本没有遵循独立准则或没有按独立审计准则的基本要求执行审计业务。

3. 欺诈

欺诈是以欺骗或坑害他人为目的的一种故意的错误行为。具有不良动机是欺诈的重要特征，也是欺诈与过失的主要区别之一。对注册会计师而言，欺诈主要有以下几种行为：①明知委托单位的财务报表有重大错报，却加以虚伪的陈述，出具无保留意见的审计报告；②明知委托单位有严重损害国家或其他经济单位的不法行为，而违反注册会计师的职业道德接受委托单位时示意或牟取私利，对事实加以掩饰、缩小或完全加以篡改，致使国家或其他经济单位及个人受到严重的损失；③明知委托单位的财务报表无重大错报，但出于注册会计师的个人目的，有意伪造不符合事实的审计事项，仿造审计证据，或夸大事实，致使委托单位的正当权益受到损害。

法律责任是指行为人由于违反法律条款而必须承担的具有强制性、惩罚性的责任，这种责任将给行为人带来不利的法律后果。注册会计师在何种情形下才需要承担法律责任，应看其是否达到承担法律责任的必要条件。与法律责任相关概念的界定，如表1-8所示。

表1-8 与法律责任相关概念的界定

认 定	含 义	案 例
违约	合同的一方或多方未能达到合同条款的要求	违反了与被审计单位订立的保密协议
过失	在一定条件下，缺少应具有的合理谨慎。评价注册会计师的过失，是以其他合格注册会计师在相同条件下可做到的谨慎为标准的	会计师事务所在商定的期间内，未能提供纳税申报表

续表

认 定	含 义	案 例
普通过失	通常是指没有保持职业上应有的合理的谨慎。对注册会计师而言则是指没有完全遵循专业准则的要求	未按特定审计项目取得必要和充分的审计证据的情况，可视为一般过失
重大过失	起码的职业谨慎都不保持，对业务或事务不加考虑，不在乎。对注册会计师而言，则是指根本没有遵循专业准则或没有按专业准则的基本要求执行审计	审计不以准则为依据，可视为重大过失
欺诈	又称为注册会计师舞弊，是以欺骗或坑害他人为目的的一种故意的错误行为	为了达到欺骗他人的目的，明知委托单位的会计报表有重大错报，却加以虚伪的陈述，出具无保留意见的审计报告
推定欺诈	又称为涉嫌欺诈，是指虽无故意欺诈或坑害他人的动机，但却存在极端或异常的过失	在美国，许多法院曾经将注册会计师的重大过失解释为推定欺诈，特别是近年来，有些法院放宽了"欺诈"一词的范围，使得"推定欺诈"和"欺诈"在法律上成为等效的概念

二、注册会计师法律责任的种类

注册会计师因违约、过失或欺诈给被审计单位或其他利害关系人造成损失的，按照有关法律和规定，可能承担行政责任、民事责任或刑事责任。

1．行政责任

行政责任是指社会审计组织或其人员违反法律、法规的有关规定，政府主管部门将依法对其进行行政处罚。对注册会计师而言，追究行政责任包括警告、暂停执业、吊销注册会计师证书等；对会计师事务所而言，追究行政责任包括警告、没收违法所得、罚款、暂停执业、撤销等。

2．民事责任

民事责任是指赔偿受害人经济损失、支付违约金等。

3．刑事责任

刑事责任是指按有关法律程序判处一定徒刑，包括判有期徒刑或拘役、并处或单处罚金等。

一般来说，因违约或过失可能使注册会计师负行政责任、民事责任或刑事责任。

行政责任、民事责任或刑事责任可单处，也可并处。注册会计师法律责任的种类、责任及其认定如表1-9所示。

表 1-9 注册会计师法律责任的种类、责任及其认定

种类	责任	认定
行政责任	1. 对注册会计师个人而言,包括警告、暂停执业、吊销注册会计师证书; 2. 对会计师事务所而言,包括警告、没收违法所得、罚款、暂停执业、撤销执照等	一般由违约、过失引起
民事责任	主要是指赔偿受害人损失	一般由违约、过失、欺诈引起
刑事责任	主要是指按有关法律程序判处一定的徒刑	一般由欺诈引起

三、防范风险、避免法律诉讼的措施

注册会计师要避免法律诉讼,防范法律责任风险,注意审计过程和各个审计环节,促使注册会计师按照执业准则的要求执业,保证审计业务质量。

1. **遵守执业准则和职业道德的要求**

注册会计师要保持良好的职业道德行为,严格遵循执业准则的要求执行工作、出具报告,对于避免法律诉讼或在诉讼中保护自己具有非常重要的作用。

2. **谨慎选择客户**

注册会计师要避免法律诉讼,必须谨慎选择客户:一是要选择正直的客户,二是对陷入财务和法律困境的客户要尤为注意。

3. **建立、健全会计师事务所质量控制制度**

会计师事务所必须建立、健全一套严密科学的质量控制制度,并把这套制度落实到整个审计过程和各个审计环节,促使注册会计师按照执业准则的要求执业,保证审计业务质量。

4. **严格签订审计业务约定书**

审计业务约定书具有法律效力,是确定注册会计师和委托人责任的一个重要文件。会计师事务所不论承办何种业务,都要按照业务约定书准则的要求与委托人签订约定书,这样才能在发生法律诉讼时将一切口舌争辩减少到最低限度。

5. **深入了解委托单位的业务**

风险导向的审计模式就是要了解被审计单位及其环境,识别和评估财务报表的重大错报风险,只有了解被审计单位所在行业的情况及业务状况,才能及时发现错误。

6. **提取风险基金或者购买责任保险**

尽管提取风险基金或购买责任保险不能免除可能受到的法律诉讼,但能够防止或减少诉讼失败给会计师事务所造成的损失。

7. **聘请懂行的律师**

在执业过程中如遇到重大法律问题,注册会计师应同本所的律师或外聘的律师详细讨论所有潜在的危险情况,并仔细考虑律师的建议,一旦发生法律诉讼,应请有经验的律师

参与诉讼。

8. 按规定妥善保管审计工作底稿

会计师事务所侵权赔偿责任的归责原则为过错推定原则，根据这一原则，会计师事务所只要能证明自己无过错，就可以不承担赔偿责任，而事务所有无过错，主要是看注册会计师在执行审计业务时，是否遵循了执业准则和相关规定。注册会计师审计工作的整个过程均应在审计工作底稿中予以记录，会计师事务所在证明自己无过错时必须向法院提交审计工作底稿。

【**学中做 1-3　单项选择题**】下列针对注册会计师有关"过失"的说法中，不正确的是（　　）。

A. 过失是指在一定条件下，注册会计师缺少应具有的合理谨慎

B. 普通过失是指注册会计师没有完全遵循专业准则的要求

C. 重大过失是指注册会计师没有按执业准则的基本要求执行审计

D. 注册会计师一旦出现过失，就要承担民事侵权赔偿损失

【**答案**】D。

任务解析

(1) 对于注册会计师侵权责任的法律构成要件，采纳"四要件说"，即存在不实报告、注册会计师的过失、利害关系人遭受了损失、会计师事务所的过失与损害事实之间的因果关系。股民甲应当向法院提出的诉讼理由包括：丁公司报表存在重大错报，但是注册会计师出具的审计报告是无保留意见；注册会计师在丁公司财务报表的审计中，仅执行了银行函证等必要的审计程序，没有保持合理的谨慎，存在过失；股民甲因丁公司股价下跌而遭受损失；股民甲是由于信任了丁公司公布的 2021 年度的财务报表和注册会计师的审计报告而购买的丁公司的股票。

(2) 注册会计师王明提出的免责理由是不正确的。会计师事务所因在审计业务活动中对外出具不实报告，给利害关系人造成损失的，应当承担侵权赔偿责任，能够证明自己没有过错的除外。不能够以没有与利害关系人建立合约关系为由，要求免于承担民事责任。

提醒：根据现行法律及相关司法解释的规定，会计师事务所侵权赔偿责任的归责原则为过错推定原则，根据这一原则，会计师事务所只要能够证明自己没有过错，就可以不承担赔偿责任，而会计师事务所有无过错，主要是看会计师事务所的执业行为是否遵循了执业准则和规则，这就要求会计师事务所在证明自己没有过错时，须向法院提交审计工作底稿，通过审计工作底稿中记录的工作程序和反映的职业判断，来证明自己的执业行为是否遵循了执业准则和规则，是否在主观上存在过错，所以，按规定妥善保管好审计工作底稿，在案件审理中，能够及时将审计工作底稿提交法院，对于会计师事务所有效应对法律诉讼，规避法律责任风险具有重要意义。

(3) 下列情形可以免于承担民事责任：①已经遵守执业准则和规则确定的工作程序，并保持必要的职业谨慎，但仍未能发现被审计单位的会计资料错误；②审计业务所必须依赖的金融机构等单位提供虚假或者不实的证明文件，会计师事务所在保持必要的职业谨慎下，仍未能发现其虚假或不实；③已对被审计单位的舞弊迹象提出警告，并在审计报告中予以披露。

职业判断能力训练

一、单项选择题

1. 审计的产生主要是由于( )。
   A. 财产所有权与监督权分离　　　B. 财产所有权与经营权分离
   C. 提高企业管理水平的需要　　　D. 遵守《公司法》的需要
2. 下列关于审计定义的相关表述中，正确的是( )。
   A. 审计主体是审计的执行者
   B. 审计的授权者只能是董事会
   C. 审计客体只能是经济活动
   D. 审计依据，可以是注册会计师个人经验与判断
3. 下列导致注册会计师承担法律责任的情形中，属于注册会计师自身违约行为的是( )。
   A. 审计过程中没有保持应有的职业谨慎，导致未能发现重大错报
   B. 故意出具虚假的审计报告
   C. 对被审计单位的舞弊迹象提出警告，但未在审计业务报告中指明
   D. 未按照审计业务约定书的要求按时完成审计工作
4. 会计师事务所如无法胜任或不能按时完成审计业务，应该( )。
   A. 减少审计收费　　　　　　　　B. 转包给其他会计师事务所
   C. 拒绝接受委托　　　　　　　　D. 聘请其他专家帮助
5. 审计的本质特征是( )。
   A. 独立性　　B. 权威性　　C. 公正性　　D. 保密性
6. 按审计主体不同分类，审计可分为( )。
   A. 财务报表审计、经营审计、合规性审计
   B. 政府审计、注册会计师审计、内部审计
   C. 定期审计、不定期审计
   D. 报送审计、就地审计
7. 会计师事务所和注册会计师无法消除损害独立性因素的影响或将其降至可接受的低水平时，会计师事务所应当( )。
   A. 不予理睬，照常承接业务　　　B. 不予理睬，继续按原计划进行审计
   C. 出具无法表示意见的审计报告　　D. 拒绝承接业务或解除业务约定
8. ( )是指注册会计师完全没有遵循执业准则的要求进行执业。
   A. 普通过失　　B. 欺诈　　C. 重大过失　　D. 违约
9. 会计师事务所给他人造成经济损失时，应予赔偿，这表明会计师事务所要承担( )。
   A. 行政责任　　B. 刑事责任　　C. 民事责任　　D. 道德责任
10. ( )是指注册会计师没有完全遵循执业准则的要求进行执业。
    A. 普通过失　　B. 重大过失　　C. 欺诈　　D. 违约

二、多项选择题

1. 审计关系人是由( )组成的。

A. 审计人　　　B. 被审计人　　　C. 审计载体　　　D. 审计委托人
2. 审计的独立性主要表现在(　　)三个方面。
A. 人员独立　　B. 机构独立　　　C. 经济独立　　　D. 单位独立
3. 注册会计师鉴证业务准则包括(　　)。
A. 审计业务　　B. 审阅业务　　　C. 相关服务业务　D. 其他鉴证业务
4. 下列各项中，通常需要注册会计师运用职业判断的有(　　)。
A. 确定财务报表整体的重要性
B. 确定审计工作底稿归档的最晚日期
C. 确定是否利用被审计单位的内部审计工作
D. 评价审计抽样的结果
5. 从审计的目标和技术手段上来看，审计发展经历了(　　)三个阶段。
A. 账项基础审计阶段　　　　　B. 制度基础审计阶段
C. 风险导向审计阶段　　　　　D. 企业内部审计阶段
6. 审计主体有(　　)。
A. 政府审计机关　B. 内部审计机构　C. 公司经理　　D. 注册会计师
7. 审计对象的三层含义包括(　　)。
A. 被审计单位
B. 被审计单位的经济活动
C. 被审计单位的会计资料及其相关资料
D. 被审计单位的财务报表
8. 下列各项中，属于我国会计师事务所可以从事的业务有(　　)。
A. 审计业务　　B. 审阅业务　　　C. 内部控制鉴证　D. 税务服务
9. 注册会计师执业准则体系包括(　　)。
A. 注册会计师业务准则　　　　B. 注册会计师职业道德规范
C. 会计师事务所质量控制准则　D. 企业会计准则
10. 下列各项中，符合良好的职业行为原则的有(　　)。
A. 利用媒体刊登会计师事务所迁址和名称变更的信息
B. 利用媒体刊登招聘员工的信息
C. 利用媒体宣传会计师事务所有能力影响监管机构以扩大品牌影响力
D. 利用媒体宣传或有收费等更加灵活的定价方案以招揽业务

三、判断题

1. 审计是社会经济发展到一定阶段的产物，是在财产所有权与经营权相分离而形成的受托责任关系下，基于监督的客观需要而产生的。(　　)
2. 审计按其内容与目的的不同，可分为政府审计、内部审计与注册会计师审计。(　　)
3. 审计对象就是被审计单位。(　　)
4. 注册会计师审计的审计主体既独立于被审计单位，又独立于审计委托人。(　　)
5. 政府审计属于内部审计。(　　)

四、案例分析题

1. 甲上市公司(以下简称"甲公司")为 ABC 会计师事务所的常年审计客户。2023 年

11 月，ABC 会计师事务所与甲公司(金融机构)续签了审计业务约定书，审计甲公司 2023 年度财务报表。假定存在以下情形。

(1) 甲公司由于财务困难，应付 ABC 会计师事务所 2022 年度审计费用 100 万元一直没有支付。经双方协商，ABC 会计师事务所同意甲公司延期至 2024 年年底支付。在此期间，甲公司按银行同期贷款利率支付资金占用费。

(2) 甲公司由于财务人员短缺，2023 年向 ABC 会计师事务所借用一名注册会计师，由该注册会计师将经会计主管审核的记账凭证录入计算机信息系统。ABC 会计师事务所未将该注册会计师包括在甲公司 2023 年度财务报表审计项目组。

(3) 甲注册会计师已连续 5 年担任甲公司年度财务报表审计的签字注册会计师。根据有关规定，在审计甲公司 2023 年度财务报表时，ABC 会计师事务所决定不再由甲注册会计师担任签字注册会计师。但在成立甲公司 2023 年度财务报表审计项目组时，ABC 会计师事务所要求其继续担任外勤审计负责人。

(4) 由于甲公司 2023 年度财务报表审计费用降低近三分之一，导致 ABC 会计师事务所审计收入不能弥补审计成本，故 ABC 会计师事务所决定不再对甲公司下属的两个重要的销售分公司进行审计，并以审计范围受限为由出具了保留意见的审计报告。

(5) ABC 会计师事务所针对审计过程中发现的问题，向甲公司提出了会计政策选用和会计处理调整的建议，并协助其解决相关账户调整问题。

【要求】请根据《中国注册会计师职业道德守则》的规定，分别判断上述 5 种情形是否会对 ABC 会计师事务所的独立性产生不利影响，并简要说明理由。

2. 注册会计师李维在审计艾佳股份公司的存货时提出监盘，但艾佳股份公司的存货主管副总经理表示年终前已经做过盘点，并向注册会计师李维提供了盘点的全部记录。注册会计师李维审查了盘点记录后便认可了存货的真实性。然而，后来被证实存货存在大量虚构情况。

【要求】请你对注册会计师李维进行责任认定，并说明理由。

微课视频

扫一扫，获取本项目相关微课视频。

项目一　审计产生的客观基础

项目一　审计的定义

项目一　审计的基本分类

项目一　审计的其他分类

项目一　审计发展的三个阶段

项目一　注册会计师提供鉴证业务的保证程度

项目二

确定审计目标

【学习任务】

通过对确定审计目标项目的学习,需要完成如下工作任务。

1. 确定审计总体目标。
2. 明确管理层认定。
3. 确定具体审计目标。

【学习目标】

知识目标	能力目标	素养目标
★了解审计目标及审计目标层次; ★熟悉管理层认定的类型及内容; ★理解管理层的会计责任和注册会计师的审计责任; ★掌握管理层认定与具体审计目标的关系	★能制定恰当的审计总体目标; ★能熟练地根据管理层认定,确定对应的具体审计目标; ★掌握与各项具体审计目标应实施的审计程序	★强化学生敬业、诚实守信的职业道德品质; ★坚守审计人的本心

【案例导入】

永媒控股货币资金之谜

2021年6月17日，证监会基于以下违法事实，对永城煤电控股集团有限公司(以下简称"永煤控股")、强岱民等7名责任主体作出了行政处罚。其中在披露货币资金部分存在虚假披露，具体情况如下。

永煤控股自2007年成立至证监会调查前，均根据控股股东河南能源化工集团(以下简称"河南能化")的要求进行资金归集，永煤控股资金被自动归集至其在河南能源化工集团财务有限公司(系河南能化控股子公司，以下简称"财务公司")开立的账户。随后河南能化资金管理中心通知永煤控股将大部分归集资金转到河南能化在财务公司开立的账户。不同于永煤控股自身库存现金、银行存款等可以被随时支取的货币资金，被归集的资金由河南能化资金管理中心负责调度，永煤控股须经审批后方可使用。因被归集的资金由河南能化资金管理中心调度，故上述资金事实上已由河南能化统筹用于其他项目。

根据《企业会计准则——基本准则》第十二条的规定，企业应当以实际发生的交易或者事项为依据进行会计确认、计量和报告，如实反映符合确认和计量要求的各项会计要素及其他相关信息。根据《企业会计准则第30号——财务报表列报》第九条的规定，性质或功能不同的项目，应当在财务报表中单独列报，但不具有重要性的项目除外。因此，上述被河南能化资金管理中心调度的资金属于永煤控股债权性质的往来，但永煤控股仍将上述资金计入货币资金项目下，并在财务报表中予以披露。

2018年1月至2020年10月期间，永煤控股累计发行银行间债务融资工具21期，非公开发行公司债3期(以下简称"私募债")。在相关债务融资工具和私募债募集说明书、定期报告等文件中，永煤控股将应收河南能化的往来款作为货币资金列报，导致其合并报表层面虚增货币资金，其中，2017年至2020年9月30日财务报表分别虚增112.74亿元、235.64亿元、241.07亿元、271.74亿元，分别占其当期披露货币资金总额的54.03%、62.56%、57.28%、57.86%，分别占其当期披露资产总额的7.94%、14.52%、14.68%、15.74%。

(资料来源：中国证券监督管理委员会官网：中国证监会行政处罚决定书.
永城煤电控股集团有限公司、强岱民等7名责任主体.〔2021〕44.)

请思考：永煤控股的财务造假中涉及哪些认定问题？

任务一　确定审计总体目标

任务描述

知识点	技能点及任务成果	课时
1. 审计目标概述。 2. 审计的总体目标。 3. 会计责任与审计责任	1. 剖析审计目标的定义。 2. 明确审计目标的层次。 3. 明确审计的总体目标。 4. 明确会计责任和审计责任	1

项目二 确定审计目标

任务引例

王学敏是黄河有限责任公司(以下简称"黄河公司")的负责人，在承包经营2年期结束之后，他聘请当地一家会计师事务所对其在经营期内的财务报表进行审计。该会计师事务所经审计出具了无保留意见审计报告，认为该公司在承包经营期内的财务报表公允反映了其财务状况和经营成果。不久，检察机关接到举报，有人反映王学敏在经营期内，勾结财务经理与出纳，暗自收受回扣，侵吞国家财产。为此，检察机关传讯王学敏。王学敏到检察机关后，手持会计师事务所审计报告，振振有词地说："会计师事务所已经出具了审计报告，证明我没有经济问题，如果不信，你们可以问注册会计师。"

请思考下列问题：

注册会计师的总体审计目标是什么？

知识准备

一、审计目标概述

(一)审计目标的定义

审计目标是指在一定环境中，审计主体通过审计活动所期望达到的境地或最终结果。随着审计职业的发展，审计目标也会随着审计环境的变化而不断地发展演变。在不同的历史时期，审计目标都是不相同的。比如，最原始的审计目标是查找舞弊，评价受托人是否忠于职守，有无舞弊行为。不同审计主体的审计目标也有所不同。

其中，国家审计和内部审计的目标定位都在于真实性、合法性与效益性。而社会审计也就是注册会计师审计因其主要面向上市公司，所以审计目标是通过执行审计工作，对被审计单位会计报表的合法性和公允性发表审计意见，侧重于提高会计信息质量，维护公众利益，服务市场经济。不同审计主体的目标定位如表2-1所示。

表2-1 不同审计主体的目标定位

审计主体	目标定位
国家审计	目标定位在于真实性、合法性与效益性
内部审计	目标定位在于真实性、合法性与效益性
社会审计	财务报表审计的总目标是注册会计师通过执行审计工作，对被审计单位会计报表的合法性和公允性发表审计意见，侧重于提高会计信息质量，维护公众利益，服务市场经济

(二)审计目标层次

审计目标具体包括财务报表审计总体目标和各类交易、账户余额及披露相关的审计具体目标两个层次。其中，审计总体目标是指实施审计要实现的最终目的。具体审计目标是总体审计目标的细化，是针对审计项目具体内容所确定的审计目标。

(三)审计目标在审计项目中的指导作用

审计目标是审计的方向，是审计行为的出发点，是指导审计工作的指南。审计目标不仅影响审计方案的制定，同时还影响审计的实施和报告。

二、审计的总体目标

(一)确定总体审计目标的要求

当注册会计师在审计工作的终结阶段发表审计意见、出具审计报告时，应当对财务报表的合法性和公允性做出判定，至此财务报表审计总体目标得以实现。

1. 判定财务报表的合法性

注册会计师在评价财务报表是否按照适用的财务报告编制基础编制时，应当考虑以下四个方面。

(1) 选择和运用的会计政策是否符合适用的财务报告编制基础，并同时适合被审计单位的具体情况。

(2) 管理层做出的会计估计是否合理。

(3) 财务报表反映的信息是否具有相关性、可靠性、可比性和可理解性。

(4) 财务报表是否做出充分披露，使财务报表使用者能够理解重大交易和事项对被审计单位财务状况、经营成果和现金流量的影响。

2. 评价财务报表的公允性

注册会计师在评价财务报表是否做出公允反映时，应当考虑以下三个方面。

(1) 经营管理层调整后的财务报表是否与注册会计师对被审计单位及其环境了解一致。

(2) 财务报表的列报、结构和内容是否合理。

(3) 财务报表是否真实地反映了交易和事项的经济实质。

(二)审计总体目标的内容

(1) 对财务报表整体是否存在由于舞弊或错误导致的重大错报获取合理保证，使得注册会计师能够对财务报表是否在所有重大方面都按照适用的财务报告编制基础编制发表审计意见。

(2) 按照审计准则的规定，根据审计结果对财务报表出具审计报告，并与管理层和治理层沟通。

正确理解注册会计师的总目标，需要把握以下四个方面。

① 注册会计师。注册会计师是指取得注册会计师证书并在会计师事务所执业的人。

② 适用的财务报告编制基础。适用的财务报告编制基础是指法律法规要求采用的财务报告编制基础；或者是管理层和治理层在编制财务报表时，采用的可接受的财务报告编制基础。财务报告编制基础分为通用目的编制基础和特殊目的编制基础。通用目的编制基础是指旨在满足财务报表使用者共同需求的财务报告编制基础，主要是指会计准则和会计制度。特殊目的编制基础是指旨在满足财务报表特定使用者对财务信息需求的财务报告编制基础，包括计税核算基础、监管机构的报告要求和合同的约定等。

③ 错报。错报是指某一报表项目的金额、分类、列报或披露，与按照适用的财务报告编制基础应当列示的金额、分类、列报或披露之间存在一定的差异；或根据注册会计师

的判断，为使财务报表在所有重大方面公允反映，需要对金额、分类、列报或披露作出的必要调整。财务报表的错报可能是由于舞弊或错误所致。

④ 合理保证。合理保证是一种高水平但非绝对的保证。由于审计存在固有限制，注册会计师形成审计意见的大多数审计证据是说服性而非结论性的。当注册会计师获取充分、适当的审计证据并将审计风险降至可接受的低水平时，就获取了合理保证。因此，合理保证不能等同于绝对保证。

【知识拓展】注册会计师的业务分为鉴证业务和相关服务。鉴证业务的保证程度分为合理保证和有限保证。审计属于合理保证的鉴证业务，在审计报告中以积极方式提出结论。合理保证是一种高水平的保证。审阅属于有限保证的鉴证业务，对财务报表提供低于审计业务的保证水平，在审阅报告中以消极方式提出结论。表2-2列示了合理保证与有限保证的区别。

表2-2 合理保证与有限保证的区别

	合理保证 (财务报表审计)	有限保证 (财务报表审阅)
目标	在可接受的低审计风险下，以积极方式对财务报表整体发表审计意见，提供高水平的保证	在可接受的审阅风险下，以消极方式对财务报表整体发表审阅意见，提供有意义水平的保证。该保证水平低于审计业务的保证水平
证据收集程序	通过一个不断修正的、系统化的执业过程，获取充分、适当的证据。证据收集程序包括检查记录或文件、检查有形资产、观察、询问、函证、重新计算、重新执行、分析程序等	通过一个不断修正的、系统化的执业过程，获取充分、适当的证据。证据收集程序受到有意识的限制，主要采用询问和分析程序获取证据
所需证据数量	较多	较少
检查风险	较低	较高
财务报表的可信性	较高	较低
提出结论的方式	以积极方式提出结论。例如："我们认为，ABC公司财务报表在所有重大方面按照企业会计准则的规定编制，公允反映了ABC公司2020年12月31日的财务状况及2020年度的经营成果和现金流量。"	以消极方式提出结论。例如："根据我们的审阅，我们没有注意到任何事项使我们相信，ABC公司财务报表没有按照企业会计准则的规定编制，未能在所有重大方面公允反映被审阅单位的财务状况、经营成果和现金流量。"

【学中做 2-1 多项选择题】关于注册会计师财务报表审计的总体目标，下列说法恰当的有( )。

　　A. 合理保证财务报表整体不存在舞弊
　　B. 合理保证财务报表整体不存在重大错报

C. 出具审计报告，并向相关行业监管部门沟通

D. 出具审计报告，并与管理层和治理层沟通

【答案】BD。

【解析】选项 A 不正确,财务报表审计总体目标不是为了合理保证财务报表不存在舞弊，而是合理保证财务报表不存在由于舞弊或错误而导致的重大错报；选项 C 不正确，注册会计师出具的审计报告应当与编制财务报表的责任人管理层、治理层沟通，而不是简单地对外通报，除非所审计的财务报表存在涉及公众利益的重大舞弊，否则，从保密原则的角度考虑，不能随意将被审计客户的信息对外公布。

三、会计责任与审计责任

注册会计师执行审计工作的前提是管理层和治理层认可并理解其应当承担的责任。

(一)管理层、治理层的含义及其责任

管理层是指对被审计单位经营活动的执行负有经营管理责任的人员。治理层是指对被审计单位战略方向及管理层履行经营管理责任负有监督责任的人员或组织。

企业的所有权与经营权分离后，管理层负责企业的日常经营管理并承担受托责任，通过编制财务报表反映受托责任的履行情况。治理层对管理层编制财务报表的过程实施有效的监督。管理层和治理层认可与财务报表相关的责任，是注册会计师执行审计工作的前提，同时构成注册会计师执行审计工作的基础。管理层和治理层认可与财务报表相关的责任如下。

(1) 按照适用的财务报告编制基础编制财务报表，并使其实现公允反映。

(2) 设计、执行和维护必要的内部控制，以确保财务报表不存在由于舞弊或错误导致的重大错报。

(3) 向注册会计师提供必要的工作条件。这些必要的工作条件包括允许注册会计师接触与编制财务报表相关的所有信息和审计所需的其他信息，允许注册会计师在获取审计证据时不受限制地接触内部人员及其他相关人员。

(二)注册会计师的责任

按照《中国注册会计师审计准则》的规定，对财务报表发表审计意见是注册会计师的责任。注册会计师作为独立的第三方，对财务报表发表审计意见，有利于提高财务报表的可信赖程度。为履行这一职责，注册会计师应当遵守职业道德要求，按照审计准则的规定计划和实施审计工作，获取充分、适当的审计证据，并根据获取的审计证据得出审计结论、发表审计意见。注册会计师通过签署审计报告确认其责任。

(三)管理层、治理层责任和注册会计师责任的关系

财务报表审计不能减轻被审计单位管理层和治理层的责任。财务报表编制和财务报表审计是财务信息生成链条上的不同环节，两者各司其职。尽管在审计过程中，注册会计师可能向被审计单位提出调整建议，但被审计单位仍然对财务报表编制承担责任，并通过签署财务报表确认这一责任。如果财务报表存在重大错报，而注册会计师通过审计没有发现，

不能减轻被审计单位对财务报表的责任。

【学中做 2-2　多项选择题】关于注册会计师的审计责任，下列说法中正确的有(　　)。

A. 注册会计师作为独立的第三方，对财务报表发表审计意见有利于提高财务报表的可信赖程度
B. 财务报表审计责任不能减轻被审计单位管理层和治理层的责任
C. 管理层、治理层和注册会计师对编制财务报表共同承担责任
D. 在审计过程中，注册会计师为编制财务报表提供协助，所以要对编制财务报表承担部分责任

【答案】AB。

【解析】选项 C，管理层和治理层对编制财务报表承担完全责任，而按照审计准则的规定对财务报表发表审计意见是注册会计师的责任；选项 D，尽管注册会计师为编制财务报表提供协助，但管理层仍然对编制财务报表承担责任，并通过签署财务报表确认这一责任。

任务解析

注册会计师的目标分为总体目标与具体目标。总体目标要求注册会计师对被审计单位的财务报表发表审计意见。王学敏作为企业的管理层，应当履行的责任是公允、合法地编制财务报表，当财务报表出现问题时，首当其冲受到处罚的应是编制报告的相关单位，注册会计师只是对财务报告的质量出具鉴证意见，最终出具的审计报告不能减轻、替代被审计单位的责任。

任务二　确定具体审计目标

任务描述

知识点	技能点及任务成果	课时
1. 管理层认定。 2. 审计的具体目标。	1. 熟悉管理层认定的类型及内容。 2. 掌握管理层认定与具体审计目标的关系	3

任务引例

会计师事务所对某公司 2023 年财务报表执行审计，主要执行了以下实质性程序。

(1) 获取产品价格目录，抽查售价是否符合定价政策。
(2) 检查销售的开票日期或者收款日期、记账日期、发货日期。
(3) 检查非记账本位币应收账款的折算汇率及折算是否正确。
(4) 以应收账款明细账为起点函证应收账款。
(5) 检查应收账款坏账准备计提方法与计提金额。
(6) 查找未入账的应付账款，如检查资产负债表日后收到的购货发票，关注购货发票的日期，确认其入账时间是否正确。
(7) 检查固定资产的所有权。

(8) 计算复核本期折旧费用的计提是否正确。
(9) 以库存商品明细账为依据，对库存商品进行监盘。
(10) 检查存货的计价方法是否正确。
(11) 对记账本位币的库存现金进行监盘，并与库存现金日记账核对金额是否相符。
(12) 对银行存款进行函证。

请思考下列问题：

执行的上述实质性程序能够实现哪些具体审计目标？

> **知识准备**

一、管理层认定

管理层认定与具体审计目标密切相关，注册会计师的基本职责就是确定被审计单位管理层对财务报表的认定是否恰当。注册会计师了解认定，就是要确定每个项目的具体审计目标。

(一)认定的含义

认定是指管理层在财务报表中作出的明确或隐含的表达。当管理层声明财务报表已按照适用的财务报告编制基础编制，并在所有重大方面公允反映时，就意味着管理层对财务报表组成要素在确认、计量、列报方面作出了认定。管理层在财务报表上的认定有些是明确的，有些则是隐含的。例如，管理层在资产负债表中列报存货，那就意味着作出了以下明确的认定：①记录的存货是存在的；②存货以恰当的金额体现在财务报表中，与之相关的计价或分摊调整已恰当记录。同时，管理层也作出了下列隐含的认定：①所有应当记录的存货均已记录；②记录的存货都由被审计单位拥有。

(二)管理层对财务报表的认定

1. 与所审计期间各类交易、事项及相关披露的认定，如表2-3所示。

表2-3　与所审计期间各类交易、事项及相关披露的认定

认　定	各类认定的含义	举　例
发生 Occurrence (高估)(虚构)	记录或披露的交易和事项已发生，且这些交易和事项与被审计单位有关	被审计单位2023年度记录的销货交易确实均已发生
完整性 Completeness (低估)(遗漏)	与所有应当记录的交易和事项均已记录，所有应当包括在财务报表中的披露均已包括	被审计单位2023年已经发生的销货记录均已记录
准确性 Accuracy ("已记录")(可多可少)	与所审的记录的交易和事项有关的金额及其他数据已恰当记录，相关披露已得到恰当计量和描述	被审计单位2023年发生的销货交易均以正确的金额加以记录
截止 Cut-off ("跨期")(确有其事)	交易和事项已记录于正确的会计期间	被审计单位应在2023确认的销售交易未推迟至2024年确认，应在2024年确认的销售交易未提前至2023年确认

续表

认 定	各类认定的含义	举 例
分类 Classification (放错会计科目)"账户"层面	交易和事项已记录于恰当的账户	被审计单位正确地将库存商品的销售计入"营业收入",将出售固定资产的净损益计入"资产处理损益"等
列报 Dissclosure (放错报表项目)"报表"层面	交易和事项已被恰当的汇总或分解且表述清楚,相关披露在适用的财务编制基础下是相关的、可理解的	被审计单位的销售收入在利润表中已被恰当地列报和描述,且披露表述很清楚

【学中做 2-3 单项选择题】对于销售收入,通过比较资产负债表日前后几天的发货单日期与记账日期,注册会计师认为最有可能证实的认定是( )。

A. 发生　　B. 完整性　　C. 截止　　D. 分类

【答案】C。

【解析】检查资产负债表日前后几天的发货单日期与记账日期,看销售收入是否记录在正确的会计期间,是否存在提前或错后入账。

2. 与期末账户余额及相关披露的认定如表 2-4 所示

表 2-4　与期末账户余额及相关披露的认定

认 定	各类认定的含义	举 例
存在 Existence (≠发生)	记录的资产、负债所有者权益是存在的	被审计单位 2023 年 12 月 31 日所列 2 000 万元存货在当日确实存在
权利和义务 Rights and obligations	记录的资产由被审计单位拥有或控制,记录的负债是被审计单位应当履行的义务	被审计单位 2023 年 12 月 31 日所列 2 000 万元存货确实归其所有
完整性 Completeness	所有应当记录的资产、负债和所有者权益均已记录,所有应当包括在财务报表的相关披露均已包括	被审计单位 2023 年 12 月 31 日没有漏记任何归其所有的存货(包括委托代销存货、存放外地的存货等)
准确性、计价和分摊 Valuation and allocation	资产、负债和所有者权益以恰当的金额包括在财务报表中,与之相关的计价或分摊调整已恰当记录,相关披露已得到恰当计量和描述	被审计单位 2023 年 12 月 31 日的存货余额采用了正确的计价方法,并计提了充足的存货跌价准备
分类 Classification (放错会计科目)"账户"层面	资产、负债和所有者权益已记录于恰当的账户	被审计单位正确地将购入的直接用于销售的商品计入存货项目,将购入的用于工程建设的物资计入在建工程项目
列表 Dissclosure (放错报表项目)"报表"层面	资产、负债和所有者权益已被恰当地汇总或分解且表述清楚,依据适用的财务报告编制基础,相关披露是相关的、可理解的	被审计单位的存货在资产负债表中已被恰当地列报和描述,且披露内容表述清楚

【学中做2-4 单项选择题】注册会计师发现被审计单位当年已经达到预定可使用状态的在建工程并未转入固定资产，在此情况下，注册会计师应界定违反了固定资产项目的( )认定。

A. 存在　　　　　B. 完整性　　　　C. 权利与义务　　　　D. 计价与分摊

【答案】B。

【解析】在建工程应当转入固定资产，则固定资产实有而账未记。

二、具体审计目标

具体审计目标是指注册会计师通过实施审计程序以确定管理层在财务报表中确认的各类交易、账户余额、披露层次认定是否恰当。注册会计师需要根据不同性质的认定，确定具体审计目标。

(一)与所审计期间各类交易和事项相关的审计目标

1. 与"发生"认定对应的具体审计目标

由发生认定推导的审计目标是确认已记录的交易是真实的。例如，如果没有发生销售交易，但在销售日记账中记录了一笔销售，那么则违反了该目标，即不真实。

发生认定所要解决的问题是管理层是否把那些没有发生的项目记入财务报表中，它主要与财务报表组成要素的高估有关。

2. 与"完整性"认定对应的具体审计目标

由完整性认定推导的审计目标是确认已发生的交易确实已经记录。例如，如果发生了真实的销售交易，但没有在销售日记账和总账中记录，那么则违反了该目标。

【知识拓展】发生和完整性两者强调的是相反的关注点。发生目标针对潜在的高估，而完整性目标则针对漏记交易(低估)。

3. 与"准确性"认定对应的具体审计目标

由准确性认定推导的审计目标是确认已记录的交易是按正确的金额反映的。例如，如果在销售交易中，发出商品的数量与账单上所记录的数量不符或是记录账单时使用了错误的销售价格，或是账单中乘积或加总有误，或是在销售明细账中记录了错误的金额，那么则违反了该目标。

【知识拓展】发生是指确认已记录的交易是真实的。准确性是指确认已记录的交易金额是正确的。例如，若已记录的销售交易是不应当记录的(如发出的商品是寄销商品)，则即使发票金额是准确计算的，仍违反了发生目标。再如，若已入账的销售交易是对正确发出商品的记录，但金额计算错误，则违反了准确性目标，但没有违反发生目标。

4. 与"截止"认定对应的具体审计目标

由截止认定推导的审计目标是确认接近于资产负债表日的交易记录于恰当的期间。例如，如果本期交易错后到下期，或下期的交易提到本期，均违反了截止目标。

5. 与"分类"认定对应的具体审计目标

由分类认定推导的审计目标是确认被审计单位记录的交易经过适当分类。例如，如果将现销记录为赊销,将出售经营性固定资产所得的收入记录为营业收入,则导致交易分类的错误,违反了分类的目标。

与所审计期间各类交易、事项和相关披露的认定及审计目标如表2-5所示。

表2-5 与所审计期间各类交易和事项及相关的认定及审计目标

认 定	各类认定的含义	具体审计目标
发生 Occurrence (高估)(虚构)	记录或披露的交易和事项已发生,且这些交易和事项与被审计单位有关	确认已记录的交易是真实的
完整性 Completeness (低估)(遗漏)	所有应当记录的交易和事项均已记录,所有应当包括在财务报表中的披露均已包括	确认已发生的交易确实已经记录
准确性 Accuracy ("已记录")(可多可少)	与记录的交易和事项有关的金额及其他数据已恰当记录,相关披露已得到恰当计量和描述	确认已记录的交易是按正确金额反映的
截止 Cut-off ("跨期")(确有其事)	交易和事项已记录于正确的会计期间	确认接近于资产负债表日的交易记录于恰当的期间
分类 Classification (放错会计科目)"账户"层面	交易和事项已记录于恰当的账户	确认被审计单位记录的交易经过适当分类
列报 Disslosure (放错报表项目)"报表"层面	交易和事项已被恰当的汇总或分解且表述清楚,相关披露在适用的财务编制基础下是相关的、可理解的	确认被审计单位的交易和事项已被恰当地汇总或分解且表述清楚,相关披露在适用的财务报告编制基础下是相关的、可理解的

【学中做2-5 单项选择题】财务审计项目的一般审计目标中,真实性指的是( )。
A. 记录或列报的金额是实际存在或发生的
B. 实际存在或发生的金额均已记录或列报
C. 各类业务记录于正确的会计期间
D. 记录或列报的金额确属于本单位所有或所欠
【答案】A。
【解析】选项B对应完整性;选项C对应截止;选项D对应权利和义务。

(二)与期末账户余额相关的审计目标

1. 与"存在"认定对应的具体审计目标

由存在认定推导的审计目标是确认记录的金额确实存在。例如,如果不存在某顾客的应收账款,但在应收账款试算平衡表中却列入了该顾客的应收账款,那么则违反了存在目标。

2. 与"权利和义务"认定对应的具体审计目标

由权利和义务认定推导的审计目标是确认资产归属于被审计单位,负债属于被审计单位的义务。例如,将他人寄售商品记入被审计单位的存货中,则违反了权利目标;将不属于被审计单位的债务记入该单位账内,则违反了义务目标。

3. 与"完整性"认定对应的具体审计目标

由完整性认定推导的审计目标是确认已存在的金额均已记录。例如,如果存在某顾客的应收账款,而应收账款明细表中却没有列入,那么则违反了完整性目标。

4. 与"计价与分摊"认定对应的具体审计目标

由计价和分摊认定推导的审计目标是资产、负债和所有者权益以恰当的金额包括在财务报表中,与之相关的计价或分摊调整已恰当记录。与期末账户余额及其相关披露的认定及审计目标如表2-6所示。

表2-6 与期末账户余额及其相关披露的认定和审计目标

认 定	各类认定的含义	具体审计目标
存在 Existence (≠发生)	记录的资产、负债和所有者权益是存在的	确认记录的资产、负债和所有者权益确实存在
权利和义务 Rights and obligations	记录的资产由被审计单位拥有或控制,记录的负债是被审计单位应当履行的义务	确认资产归属于被审计单位,负债属于被审计单位的义务
完整性 Completeness	所有应当记录的资产、负债和所有者权益均已记录,所有应当包括在财务报表的相关披露均已包括	确认已存在的资产、负债和所有者权益均已记录
准确性、计价和分摊 Valuation and allocation	资产、负债和所有者权益以恰当的金额包括在财务报表中,与之相关的计价或分摊调整已恰当记录,相关披露已得到恰当计量和描述	确认资产、负债和所有者权益以恰当的金额包括在财务报表中,与之相关的计价或分摊调整已恰当记录
分类 Classification (放错会计科目)"账户" 层面	资产、负债和所有者权益已记录于恰当的账户	确认资产、负债和所有者权益已记录于恰当的账户
列报 Dissclosure (放错报表项目)"报表" 层面	资产、负债和所有者权益已被恰当地汇总或分解且表述清楚,依据适用的财务报告编制基础,相关披露是相关的、可理解的	确认资产、负债和所有者权益已被恰当地汇总或分解且表述清楚,相关披露在适用的财务报告编制基础下是相关的、可理解的

【学中做2-6 单项选择题】对于存货项目而言,注册会计师能够根据管理层的"计价与分摊"认定推导得出的具体审计目标是( )。

A. 存货的金额均已记录　　　　　　B. 存货是存在的
C. 存货的减值准备是准确的　　　　D. 存货的所有权是明确的

【答案】C。

【解析】选项A的具体目标是由"完整性"认定推导得出;选项B的具体目标是由"存在"认定推导得出;选项D的具体目标是由"权利和义务"认定推导得出。

【学中做2-7 分析题】注册会计师王刚审查黄河公司原材料期末余额的正确性,通过盘点确定期末结存数量是 2 000 千克，存货的发出计价方法是一次加权平均法，其他资料如表 2-7 所示。

表 2-7　原材料明细账

品名：A 材料　　　　规格：　　　　单位：千克　　　　存放地点：1 号仓库

2024年		凭证	摘要	收入			发出			结存		
月	日	字号		数量	单价	金额	数量	单价	金额	数量	单价	金额
12	1		结存							5 000	73.00	365 000.00
	3	5	验收	2 000	77.00	154 000.00				7 000		
	16	23	验收	2 000	73.00	146 000.00				9 000		
	31	56	领用				7 000	73.00	511 000.00	2 000	77.00	154 000.00

要求：确定原材料期末余额的具体审计目标，审计该项目存在的问题。

分析处理：

(1) 具体审计目标是：确定记录的金额确实存在；原材料确实归被审计单位所有；已存在的金额均已记录；金额是准确的；记入的期间和账户是恰当的；在报表上的披露是恰当的。

(2) 通过盘点可以确认原材料的存在，通过检查发票等原始凭证可以确认该材料归被审计单位所有，金额准确性的检查可通过重新计算实现，具体如下。

加权平均单价=(365 000+154 000+146 000)÷9 000=73.89(元/千克)

期末 A 材料的结存金额=2 000×73.89=147 780(元)

发出材料的成本=365 000+154 000+146 000-147 780=517 220(元)

结论：被审计单位原材料的期末结存金额不正确。

注：报表披露的检查需结合其他存货项目的审计一并进行。

三、管理层认定、具体审计目标和审计程序之间的关系

通过上面的介绍可知，管理层认定是确定每个项目具体审计目标的基础。注册会计师了解认定后，就很容易确定每个项目的具体审计目标了，并以此作为评估重大错报风险及设计和实施进一步审计程序的基础。

注册会计师通常将认定转化为能够通过审计程序予以实现的审计目标，针对财务报表每一项目所体现的各项认定，相应地确定一项或多项审计目标，然后通过执行一系列审计程序，获取充分、适当的审计证据，来实现审计目标。认定、具体审计目标和审计程序之间的关系举例如表 2-8 所示。

表 2-8　认定、具体审计目标和审计程序之间的关系举例

报表项目	认定类别	审计目标	审计程序
存货	存在	记录的存货是存在的	存货监盘
营业收入	完整性	记录的营业收入包括所有已发货、客户已签收的交易	追查发运凭证、销售发票的编号、客户签收单及营业收入明细账

续表

报表项目	认定类别	审计目标	审计程序
营业收入	准确性	记录的营业收入是否基于正确的价格和数量，计算是否准确	比较商品价目表和销售发票上的价格，发运凭证和销售订单(或合同)上的数量是否一致，重新计算销售发票上的金额
	截止	销售业务记录在恰当的期间	比较上一年度最后几天和下一年度最初几天的发运凭证日期与营业收入明细账记账日期
固定资产	权利和义务	记录的固定资产属于被审计单位所有	查阅固定资产所有权证书、购货合同、结算单和保险单
应收款项	准确性、计价和分摊	以净值记录应收款项	检查应收款项账龄分析表、评估计提的坏账准备是否充足

任务解析

(1) 营业收入——准确性。
(2) 营业收入——截止。
(3) 应收账款——计价和分摊。
(4) 应收账款——存在。
(5) 应收账款——计价和分摊。
(6) 应付账款——完整性。
(7) 固定资产——权利和义务。
(8) 固定资产——计价和分摊。
(9) 存货——存在。
(10) 存货——计价和分摊。
(11) 库存现金——存在。
(12) 银行存款——存在。

职业判断能力训练

一、单项选择题

1. 下列针对各项目分别提出的具体审计目标中，属于完整性目标的是(　　)。
　　A. 实现的销售是否均已登记入账
　　B. 关联交易类型、金额是否在附注中恰当披露
　　C. 将下期交易提前到本期入账
　　D. 有价证券的金额是否予以适当列示
2. 注册会计师在审计"应付账款"余额时，下列属于管理层明示性认定的是(　　)。
　　A. 权利和义务　　B. 完整性　　C. 分类与可理解性　D. 存在
3. 注册会计师在审查应收账款时，发现账上有笔记录是"借：应收账款——A公司80万元，贷：营业收入80万元"，通过函证A公司，检查该笔销售记录证实，A公司实际欠

款30万元。则注册会计师首先认为管理层对主营业务收入账户的( )认定存在问题。

　　A. 发生　　　　B. 准确性　　　　C. 完整性　　　　D. 权利与义务

4. 以下关于应收账款的认定，通过实施函证程序，注册会计师认为最可能证实的是( )。

　　A. 计价和分摊　　B. 分类　　　　C. 存在　　　　D. 完整性

5. 注册会计师通过复查被审计单位的账龄分析表和坏账准备计算表，这一审计程序最有可能证实被审计单位应收账款的( )认定。

　　A. 存在　　　　B. 准确性　　　　C. 计价和分摊　　D. 完整性

6. 以下有关期末存货监盘的程序中，与测试存货盘点记录的完整性不相关的是( )。

　　A. 从存货盘点记录中选取项目追查至存货实物

　　B. 从存货实物中选取项目追查至存货盘点记录

　　C. 在存货盘点过程中关注存货的移动情况

　　D. 在存货盘点结束前再次观察盘点现场

7. 注册会计师财务报表审计的总目标是对被审计单位( )发表审计意见。

　　A. 会计资料及其他有关资料的真实性、合法性

　　B. 财务报表的合法性、公允性

　　C. 经营管理活动及其会计资料和其他有关资料

　　D. 财务状况、经营成果及其资金变动情况的真实性、合法性

8. 注册会计师审计只能提供( )。

　　A. 相对保证　　B. 合法保证　　　　C. 合理保证　　　　D. 绝对保证

9. 在注册会计师所关心的下列问题中，能够实现截止目标的是( )。

　　A. 应收账款是否已经按照规定计提坏账准备

　　B. 年后开出的支票是否未计入报告期报表

　　C. 存货的跌价损失是否已抵减

　　D. 固定资产是否有用作抵押的

10. 在被审计单位发生的下列事项中，违反管理层"准确性、计价和分摊"认定的是( )。

　　A. 将经营租赁的固定资产原值80万元记入"固定资产"账户

　　B. 将应付天成公司的款项280万元记到甲公司名下

　　C. 未将向外单位拆借的120万元款项列入所属项目

　　D. 将应收账款420万元记为360万元

二、多项选择题

1. 注册会计师对财务报表实施审计的目标是对( )发表审计意见。

　　A. 被审计单位是否存在违反法律法规的行为

　　B. 财务报表是否按照适用的会计准则和相关会计制度的规定编制

　　C. 财务报表是否在所有重大方面公允反映被审计单位的财务状况、经营成果和现金流量

　　D. 财务报表是否真实反映了管理层的判断和决策

2. 具体审计目标是注册会计师根据被审计单位管理层对财务报表的认定推论得出的，具体审计目标一般包括( )。

A. 总体合理性与其他审计目标　　B. 与各类交易和事项相关的审计目标
C. 与期末账户余额相关的审计目标　　D. 审计总体目标

3. 下列属于"完整性"认定的有(　　)。
   A. 资产负债表所列示的存货均存在
   B. 当期的全部销售交易均已登记入账
   C. 资产负债表所列示的存货包括了所有存货交易的结果
   D. 应收账款的坏账准备计提充分
   E. 期末已按成本与可变现净值孰低的原则计提了存货跌价准备

4. 以下关于财务报表审计目标的说法中，正确的有(　　)。
   A. 审计目标包括财务报表审计目标及各类交易、账户余额和披露相关的审计目标两个层次
   B. 财务报表审计目的是保证财务报表预期使用者对财务报表完全信赖
   C. 注册会计师获取的审计证据是说服性而非结论性的，因此审计只能提供合理保证而不能提供绝对保证
   D. 由于利益冲突、财务信息的重要性、复杂性和间接性等原因，财务报表使用者希望注册会计师对财务报表的合法性和公允性发表意见

5. 注册会计师要根据被审计单位的具体情况确定适当的审计目标。在审查公司财务报表的(　　)项目时，注册会计师应当侧重"存在"认定。
   A. 固定资产　　B. 应付账款　　C. 应收账款　　D. 营业收入

6. 下列(　　)属于与期末账户余额相关的审计目标。
   A. 记录的金额确实存在
   B. 所记录的资产归属被审计单位，负债属于被审计单位的义务
   C. 已存在的金额均已记录
   D. 资产、负债和所有者权益以恰当的金额包括在财务报表中

7. 以下说法中正确的有(　　)。
   A. 审计目标包括审计总体目标和具体审计目标两个层次
   B. 具体审计目标是审计总体目标的进一步具体化，对指导具体审计工作具有可操作性
   C. 在财务报表审计中，被审计单位管理层和治理层与注册会计师承担着不同的责任，不能相互混淆和替代
   D. 具体审计目标只根据被审计单位管理层的认定来确定即可

8. 下列各项基于被审计单位管理层"准确性、计价和分摊"认定推导得出的有关"存货"具体审计目标的有(　　)。
   A. 期末所有存货存在　　B. 存货的入账成本正确
   C. 当期计提的存货跌价准备正确　　D. 期末所有存货均已登记入账

9. 下列具体审计目标中仅仅与"所审期间各类交易事项及相关披露"相关的有(　　)。
   A. 发生　　B. 计价和分摊　　C. 准确性　　D. 截止

10. 在注册会计师针对下列各项目提出的具体审计目标中，不属于完整性目标的有(　　)。
    A. 实现的销售是否均已登记入账　　B. 确定应收账款是否可收回
    C. 将下期交易提前到本期入账　　D. 有价证券的金额是否予以适当列示

三、判断题

1. 审计只能提供合理保证，不能提供绝对保证。（　　）
2. 审计总目标是注册会计师必须确保对财务报表整体是否不存在由于舞弊或错误导致的重大错报。（　　）
3. 财务报表如果存在重大错报，而注册会计师通过审计没能发现，则可以减轻管理层对财务报表的编制责任。（　　）
4. 发生目标针对潜在的高估，而完整性目标则针对漏记交易。（　　）
5. 财务报表审计的总体目标对注册会计师的审计工作发挥着导向作用，因此在开展审计工作设计具体的审计程序之前，有必要明确审计工作的总体目标。（　　）

四、案例分析题

甲会计师事务所对 XYZ 股份有限公司 2023 年度的财务报表进行审计，A 注册会计师担任外勤负责人，并将签署审计报告。经过风险评估，A 注册会计师将采购和付款循环中的交易和事项定为重点审计领域。A 注册会计师选定 XYZ 股份有限公司采购和付款循环的有关具体审计目标并进行实质性测试程序。

1. 审计目标
(1) 所记录的采购交易和事项已发生，且与被审计单位有关。
(2) 所有应当记录的采购和事项均已记录。
(3) 与采购交易和事项有关的金额及其他数据已恰当记录。
(4) 采购交易和事项已记录于恰当的账户。
(5) 采购交易已记录于正确的会计期间。

2. 实质性程序
(1) 将采购明细账中记录的交易同购货发票、验收单和其他证明文件进行比较。
(2) 参照购货发票，比较会计科目表上的分类。
(3) 从购货发票追查至采购明细账。
(4) 从验收单追查至采购明细账。
(5) 将验收单和购货发票上的日期与采购明细账中的日期进行比较。
(6) 检查购货发票、验收单、订货单和请购单的合理性和真实性。
(7) 追查存货的采购至存货永续盘存记录。

【要求】将审计目标对应的管理层认定及执行的审计程序所实现的审计目标填入表 2-9 中。

表 2-9　审计目标对应的管理层认定及执行的审计程序所实现的审计目标

相关认定	审计目标（已知）	实质性程序
	1. 所记录的采购交易已发生，且与被审计单位有关	
	2. 所有应当记录的采购和事项均已记录	
	3. 与采购交易有关的金额及其他数据已恰当记录	
	4. 采购交易已记录于恰当的账户	
	5. 采购交易已记录于正确的会计期间	

微课视频

扫一扫，获取本项目相关微课视频。

项目二　从利润表项目谈审计目标

项目二　从资产负债表项目谈审计目标

项目二　明确会计责任和审计责任

项目二　如何实现审计目标

项目三 评估审计风险与确定重要性

【学习任务】

通过对评估审计风险与确定重要性项目的学习，需要完成如下工作任务。
1. 学会应用审计风险模型。
2. 能够计算重要性水平。

【学习目标】

知识目标	能力目标	素养目标
★掌握审计风险的含义、构成要素； ★掌握重要性水平的运用	★学会应用审计风险模型； ★能够根据被审计单位的情况计算重要性水平	★树立学生的忧患意识、风险意识和责任意识； ★坚定底线思维，提高防控能力

【案例导入】

唇枪舌剑 争辩是非

2017年12月6日，证监会出具了对信永中和会计师事务所(特殊普通合伙)(以下简称"信永中和")及其两名签字注册会计师郭晋龙、夏斌的行政处罚决定书。该处罚主要基于以下违法事实：①信永中和为怀集登云汽配股份有限公司(以下简称"登云股份")IPO(三年又一期)及2014年年报提供审计服务过程中违反依法制定的业务规则；②信永中和未勤勉尽责，对登云股份2013年年报出具的审计报告存在虚假记载。为此，信永中和及其两名注册会计师与证监会展开了激烈辩论。

信永中和及其两名注册会计师的申辩意见为：第一，信永中和履行了勤勉尽责义务，不违反法律规定或依法制定的业务规则，不应对登云股份的虚假陈述行为承担责任。信永中和已根据审计准则要求执行审计程序，基于审计存在的固有限制，对于未能发现的故意舞弊行为，信永中和不应承担责任。第二，会计师事务所的审计责任不同于会计责任，会计师事务所根据准则要求恰当地运用重要性概念，对财务报表整体是否不存在由于舞弊或错误导致的重大错报获取合理保证，既符合审计准则要求，亦应被认为履行了勤勉尽责的义务。第三，《行政处罚事先告知书》指责信永中和在为登云股份IPO及2014年年报提供审计服务的过程中违反依法制定的业务规则，没有事实和法律依据，不能成立。第四，针对信永中和对登云股份IPO申请文件、2013年年报的审计工作涉嫌未勤勉尽责的问题，证监会于2016年12月向信永中和下发《调查通知书》，已过两年追诉时效，依法不应给予行政处罚。第五，即使认定信永中和在审计过程中存在微小瑕疵，也属情节显著轻微，并且相关事项未造成严重危害，根据《中华人民共和国行政处罚法》规定的行政处罚应遵循的"过罚相当"原则，依法应对信永中和不予行政处罚。第六，信永中和在行业内享有很高的声誉口碑，是该行业的一面旗帜，是正能量的代表，请求在本案处理时考虑该情况。

证监会对申辩意见进行逐一反驳，最后作出处罚决定：①责令信永中和改正，没收业务收入32万元，没收违法所得188万元，并处以220万元罚款。②对郭晋龙、夏斌给予警告处分，并分别处以5万元罚款。

(资料来源：中国证券监督管理委员会官网：中国证监会行政处罚决定书
(信永中和会计师事务所、郭晋龙、夏斌)〔2017〕101号.)

通过上述案例不难发现，审计执业是有风险的，未能发现的错报重大与否是追究会计师事务所和注册会计师法律责任的关键。具体多少为"重大"没有统一标准，需依据职业判断进行审慎评估。那么，什么是审计风险？什么是审计重要性？本项目将予以介绍。

任务一　评估审计风险

任务描述

工作任务	技能点及任务成果	课　时
评估审计风险	1. 掌握审计风险的构成要素。 2. 学会应用审计风险模型。 3. 完成任务引例。	1

项目三　评估审计风险与确定重要性

> **任务引例**

A 注册会计师在评价被审计单位的审计风险时，分别假定了 A、B、C、D 四种情况，如表 3-1 所示。

表 3-1　审计风险情况

风险类型	情况 A	情况 B	情况 C	情况 D
可接受的审计风险/%	1	2	3	4
重大错报风险/%	60	50	80	70

请思考下列问题：
在上述四种情况下，可接受的检查风险水平分别是多少？

> **知识准备**

审计风险贯穿于审计的整个过程，忽视审计风险可能会导致审计失败。本任务将介绍审计风险的含义、审计风险的构成，以及审计风险模型等内容。

一、审计风险的含义

审计风险主要是指财务报表存在重大错报而审计人员发表不恰当审计意见的可能性。

在计划阶段，审计人员必须对每个审计项目确定合适的、可接受的审计风险水平。可接受的审计风险水平的确定，需要考虑会计师事务所对审计风险的态度及审计失败对会计师事务所可能造成损失的大小等因素。但必须注意，审计业务是一种保证程度高的鉴证业务，如果审计人员将审计风险降低至可接受的水平，则对财务报表不存在重大错报获取了合理保证。可见，合理保证与审计风险互为补数，即合理保证与审计风险之和等于 100%。

二、审计风险的构成

审计风险主要取决于重大错报风险和检查风险。

(一)重大错报风险

重大错报风险是指财务报表在审计前存在重大错报的可能性。

重大错报风险与被审计单位的风险相关，且独立于财务报表审计而存在。在设计审计程序以确定财务报表整体是否存在重大错报时，审计人员应当从财务报表层次及各类交易、账户余额、列报认定层次等方面考虑重大错报风险。

1. 财务报表层次的重大错报风险

财务报表层次重大错报风险与财务报表整体存在广泛联系，可能影响多项认定。此类风险通常与控制环境有关，如管理层缺乏诚信、因治理层形同虚设而不能对管理层进行有效监督等；但也可能与其他因素有关，如经济萧条、企业所处行业处于衰退期。此类风险难以界定某类交易、账户余额、列报的具体认定；相反，此类风险增大了一个或多个不同认定发生重大错报的可能性。此类风险与考虑由舞弊引起的风险特别相关。

2. 认定层次的重大错报风险

各类交易、账户余额、列报认定层次重大错报风险，与特定的某类交易、账户余额、列报的认定相关。例如，技术进步可能导致某项产品陈旧，进而导致存货易于发生高估错报(计价认定)；对高价值的、易转移的存货缺乏实物安全控制，可能导致存货的存在性认定出错。审计人员应当考虑各类交易、账户余额、列报认定层次的重大错报风险，以便针对认定层次计划和实施进一步审计程序。认定层次的重大错报风险又可以进一步细分为固有风险和控制风险。

固有风险是指在考虑相关的内部控制之前，某类交易、账户余额或披露的某一认定易于发生错报(该错报单独或连同其他错报可能是重大的)的可能性。例如，复杂的计算比简单的计算更可能出错；受重大计量不确定性影响的会计估计发生错报的可能性较大。

控制风险是指某类交易、账户余额或披露的某一认定发生错报，该错报单独或连同其他错报是重大的，但没有被内部控制及时防止或发现并纠正的可能性。控制风险取决于与财务报表编制有关的内部控制的设计和运行的有效性。由于控制的固有局限性，某种程度的控制风险始终存在。

由于固有风险和控制风险不可分割地联系在一起，因此注册会计师既可以对两者进行单独评估，也可以对两者进行合并评估。

评估重大错报风险并非审计业务的一个孤立阶段，而是一个持续的、不断修正的过程，贯穿于整个审计业务的始终。

(二)检查风险

检查风险是指某一认定存在错报，该错报单独或连同其他错报是重大的，但审计人员未能发现这种错报的可能性。检查风险取决于审计程序设计的合理性和执行的有效性。通常，检查风险不能降低至零，主要原因是：①审计人员并不对所有的交易、账户余额和列报进行检查；②审计人员可能选择了不恰当的审计程序，或者审计过程执行不当，或者错误解读了审计结论。其中，第二个原因反映的问题可以通过适当计划，在项目组成员之间进行恰当的职责分配，保持职业怀疑态度及监督、指导和复核助理人员所执行的审计工作得以解决。

三、审计风险模型

(一)审计风险模型的建立

在既定的审计风险水平下，可接受的检查风险水平与认定层次重大错报风险的评估结果呈反向关系。这种反向关系用数学模型表示如下。

$$审计风险 = 重大错报风险 \times 检查风险$$

(二)审计风险模型的运用

在计划阶段，审计人员必须对每一个审计项目确定合适的、可接受的审计风险水平。

在既定的可接受审计风险水平下，运用审计风险模型可以确定可接受的检查风险水平。在此，审计风险模型可以变形如下。

$$可接受的检查风险水平=可接受的审计风险\div 重大错报风险$$

一般情况下，审计人员应当实施适当的审计程序，了解被审计单位及其环境(包括内部控制)，以评估重大错报风险，然后根据上述审计风险模型来确定可接受的检查风险水平，并据以设计和实施进一步审计程序，确定审计证据的数量，以将检查风险控制在可接受的水平内。

应当注意的是，在审计实务中，审计风险难以精确量化，通常采用高、中、低三个等级定性评估风险。重大错报风险是客观存在的，在评估时不能偏离实际水平。重大错报风险估计水平过高或过低都是不利的，偏高会导致审计成本增加，偏低则会导致审计风险加大。此外，审计人员也无法将检查风险降低为零。

(三)审计风险各要素的关系

从审计风险模型中可以看出如下关系。

1. 在既定的重大错报风险水平下，审计风险与检查风险水平同向变动

(1) 可接受的审计风险越高，可接受的检查风险水平就越高；反之，可接受的审计风险越低，可接受的检查风险水平就越低。

(2) 实际的检查风险水平越高，实际的审计风险水平就越高；反之，实际的检查风险水平越低，实际的审计风险水平就越低。

2. 在既定的审计风险水平下，可接受的检查风险水平与重大错报风险的评估结果反向变动

评估的重大错报风险水平越高，可接受的检查风险水平越低；反之，评估的重大错报风险水平越低，可接受的检查风险水平就越高。

四、风险评估程序

《中国注册会计师审计准则第1211号——通过了解被审计单位及其环境识别和评估重大错报风险》作为专门规范风险评估的审计准则，规定注册会计师应当了解被审计单位及其环境，以充分识别和评估财务报表重大错报风险，设计和实施进一步审计程序。

(一)了解被审计单位及其环境

了解被审计单位及其环境是风险评估程序的基础和前提，是注册会计师执行财务报表审计的必要程序。注册会计师应当从以下六个方面了解被审计单位及其环境。

(1) 相关行业状况、法律环境与监管环境及其他外部因素，包括适用的财务报告编制基础。

(2) 被审计单位的性质，包括经营活动、所有权和治理结构、正在实施和计划实施的投资(包括对特殊目的实体的投资)的类型、组织结构和筹资方式。

(3) 被审计单位对会计政策的选择和运用，包括变更会计政策的原因。

(4) 被审计单位的目标、战略及可能导致重大错报风险的相关经营风险。

(5) 对被审计单位财务业绩的衡量和评价。
(6) 被审计单位的内部控制。

(二)实施风险评估程序

注册会计师了解被审计单位及其环境,目的是识别和评估财务报表重大错报风险。为了了解被审计单位及其环境而实施的程序,称为风险评估程序。

风险评估程序是必要程序,了解被审计单位及其环境,能为注册会计师在许多关键环节作出职业判断提供重要基础。

任务解析

A、B、C、D这四种情况下可接受的检查风险分别是1.67%、4%、3.75%、5.71%。

任务二 确定重要性

任务描述

工作任务	技能点及任务成果	课时
确定重要性	1. 掌握重要性水平的评估和运用。 2. 完成任务引例	2

任务引例

A注册会计师接受委托审计乙公司2023年度的财务报表,通过查阅乙公司的财务报表,找到如表3-2所示的数据。

表3-2 乙公司的数据

项目	金额/万元
资产总额	90 000
净资产	44 000
主营业务收入	120 000
净利润	12 060

根据以往的审计经验,确定了在计算重要性水平时各项目对应的百分比,如表3-3所示。

表3-3 各项目百分比

项目	资产总额	净资产	主营业务收入	净利润
百分比/%	0.5	1.0	0.5	5.0

请思考下列问题:

试计算确定财务报表层次的重要性水平。

知识准备

无论是在审计目标还是在审计风险的表述中,都强调的是重大错报。那么,如何判断是否重大呢?实际工作中,我们需要一个"标尺",这个"标尺"就是审计中的重要性概念。

一、重要性的定义

重要性作为一个非常关键的概念贯穿于审计的整个过程中,正确理解其含义并加以有效运用,对审计质量的保证和审计目标的实现都非常重要。

通常而言,重要性概念可以从以下三个方面进行理解。

(1) 如果合理预期错报(包括漏报)单独或汇总起来可能影响财务报表使用者依据财务报表作出的经济决策,那么则通常认为错报是重大的。

(2) 对重要性的判断是根据具体环境作出的,并受错报的金额或性质的影响,或受两者共同作用的影响。

(3) 判断某事项对财务报表使用者是否重大,是在考虑财务报表使用者整体共同的财务信息需求的基础上作出的。由于不同财务报表使用者对财务信息的需求可能差异很大,因此不考虑错报对个别财务报表使用者可能产生的影响。

可见,重要性实质上强调的是一个"度"。在审计报告中,允许一定程度的不准确或不正确的存在,但是要以这个"度"为界。如果会计信息的错报或漏报单独或汇总起来可能影响财务报表使用者的决策或判断,就认定为重要,否则就不重要。

【学中做 3-1　多项选择题】在理解重要性概念时,下列表述中正确的有(　　)。
A. 重要性取决于在具体环境下对错报金额和性质的判断
B. 如果一项错报单独或连同其他错报可能影响财务报表使用者依据财务报表作出的经济决策,则该项错报是重大的
C. 判断一项错报对财务报表是否重大,应当考虑对个别特定财务报表使用者产生的影响
D. 较小金额错报的累计结果,可能对财务报表产生重大影响

【答案】ABD。

【解析】根据准则的规定,判断一个事项对财务报表使用者是否重大,是将财务报表使用者作为一个整体对财务信息的共同需求来考虑的。没有考虑错报对个别财务报表使用者可能产生的影响,因为个别财务报表使用者的需求可能极其不同,所以选项C不正确。

二、重要性的判断

按照《中国注册会计师审计准则第 1221 号——计划和执行审计工作时的重要性》第三条第二项规定:对重要性的判断是根据具体环境作出的,并受错报的金额或性质的影响,或受两者共同作用的影响。

(一)从数量(金额)方面考虑重要性

重要性的数量就是重要性水平，是针对错报金额大小而言的。重要性水平是一个经验值，注册会计师只能通过职业判断确定重要性水平。一般来说，金额大的错报比金额小的错报或漏报更重要。

对于一些小金额的错报或漏报，单独来看，无论在性质上还是在数量上都是不重要的；如果累计结果可能会对财务报表产生重大影响，那么注册会计师应当对该笔小金额错报或漏报予以充分的关注。

【学中做 3-2　单项选择题】重要性取决于在具体环境下对错报金额和性质的判断。以下关于重要性的理解不正确的是(　　)。

A. 重要性的确定离不开具体环境

B. 重要性包括对数量和性质两个方面的考虑

C. 重要性是针对管理层决策的信息需求而言的

D. 对重要性的评估需要运用职业判断

【答案】C。

【解析】重要性是针对财务报表使用者决策的信息需求而言的。

(二)从性质方面考虑重要性

在某些情况下，金额不重要的错报或漏报从性质上看可能是重要的。

注册会计师在判断错报的性质是否重要时应当考虑的具体情况很多。例如，错报对遵守监管要求的影响程度；错报对遵守债务合同或其他合同条款的影响程度；错报与会计政策的不正确选择或运用相关，这些会计政策的不正确选择或运用对当期财务报表不产生重大影响，但可能对未来期间财务报表产生重大影响；错报对用于评价被审计单位财务状况、经营成果或现金流量的有关比率的影响程度；错报对增加管理层薪酬的影响程度等。

按照《中国注册会计师审计准则第 1221 号——计划和执行审计工作时的重要性》第七条规定，在计划审计工作时确定的重要性(确定的某一金额)，并不必然表明单独或汇总起来低于该金额的未更正错报一定被评价为不重大。即使某些错报低于重要性，与这些错报相关的具体情形可能使注册会计师将其评价为重大。尽管设计审计程序以发现仅因其性质而可能被评价为重大的错报并不可行，但是注册会计师在评价未更正错报对财务报表的影响时，不仅要考虑错报金额的大小，还要考虑错报的性质及错报发生的特定环境。

三、重要性水平的确定

在计划审计工作时，注册会计师应当确定一个可接受的重要性水平，以发现在金额上的重大错报。注册会计师在确定计划的重要性水平时，需要考虑对被审计单位及其环境的了解、审计的目标、财务报表各项目的性质及其相互关系、财务报表项目的金额及其波动幅度。

(一)财务报表整体的重要性水平(计划的重要性水平)

由于财务报表审计的目标是注册会计师通过执行审计工作对财务报表发表审计意见，

因此注册会计师应当考虑财务报表整体的重要性。如果一项错报单独或连同其他错报可能影响财务报表使用者依据财务报表作出的经济决策，则该项错报是重大的。

在审计实务中，注册会计师通常采用一定方法来计算并确定重要性水平。其基本原理是：先选择一个恰当的基准，再选用适当的百分比乘以该基准，从而得出财务报表整体的重要性。具体计算公式如下。

计划重要性水平=基准(判断基础)×百分比(适用比率)

1. 选择基准

在选择基准时，注册会计师需要运用职业判断，根据被审计单位的具体情况合理加以选用。常用的基准如表 3-4 所示。

表 3-4 常用的基准

被审计单位的情况	可能选择的基准
1. 企业的盈利水平保持稳定	经常性业务的税前利润
2. 企业近年来经营状况大幅波动，盈利和亏损交替发生，或者由正常盈利变为微盈利或微亏损，或者本年度税前利润因不同情况变化而出现意外增加或减少	过去 3~5 年经常性业务的平均税前利润或亏损(取绝对值)，或其他基准，例如营业收入
3. 企业为新设企业，处于开办期，尚未开始经营，目前正在建造厂房及购买机器设备	总资产
4. 企业处于新兴行业，目前侧重于抢占市场份额、扩大企业知名度和影响力	营业收入
5. 某开放式基金，致力于优化投资组合、提高基金净值、为基金持有人创造投资价值	净资产
6. 某国际企业集团设立的研发中心，主要为集团下属各企业提供研发服务，并以成本加成的方式向相关企业收取费用	成本与营业费用总额
7. 公益性质的基金会	捐赠收入或捐赠支出总额

2. 为选定的基准确定百分比

为选定的基准确定百分比也需要运用职业判断。经验百分比的确定如表 3-5 所示。

表 3-5 经验百分比的确定

被审计单位性质	经验百分比
以营利为目的的制造行业实体	税前利润的 5%~10%
非营利性组织	费用总额或收入的 1%~2%，或资产总额的 0.5%~1%
以收入为基准的实体	收入的 1%~2%
以资产总额为基准的实体	通常不超过资产总额的 1%
以扣除利息、税金折旧及摊销的利润(EBITDA)为基准的实体	通常不超过 EBITDA 的 2.5%

3. 财务报表整体重要性水平的选取

由于财务报表整体重要性水平的计算方法是多基准、多比率的，因此同一期间各财务报表整体确定的重要性水平可能不同，即使是同一份财务报表也可能会存在多个重要性水平。在这种情况下，注册会计师应当首先对每一份财务报表确定一个重要性水平，然后再从中选择最低者作为财务报表整体重要性水平。也就是说，在计划审计工作时，注册会计师应当选择最低的重要性水平作为财务报表整体的重要性水平。

(二)特定类型交易、账户余额或披露的重要性水平

特定类型交易、账户余额或披露的重要性水平是根据被审计单位的特定情况而确定的重要性。

根据被审计单位的特定情况，下列因素可能表明存在一个或多个特定类型的交易、账户余额或披露，其发生的错报金额虽然低于财务报表整体的重要性，但合理预期将影响财务报表使用者依据财务报表作出的经济决策。

(1) 法律法规或适用的财务报表编制基础是否影响财务报表使用者对特定项目(如关联方交易、管理层和治理层的薪酬)计量或披露的预期。

(2) 与被审计单位所处行业相关的关键性披露(如制药企业的研究与开发成本)。

(3) 财务报表使用者是否特别关注财务报表中单独披露的业务的特定方面(如新收购的业务)。

在根据被审计单位的特定情况考虑是否存在上述交易、账户余额或披露时，了解治理层和管理层的看法和预期通常是有用的。

(三)实际执行的重要性水平

实际执行的重要性水平是指注册会计师确定的低于财务报表整体的重要性的一个或多个金额，旨在将未更正和未发现错报的汇总数超过财务报表整体的重要性的可能性降至适当的低水平。如果适用，实际执行的重要性还指注册会计师确定的低于特定类别的交易、账户余额或披露的重要性水平的一个或多个金额。

确定实际执行的重要性水平并非简单机械的计算，也需要注册会计师运用职业判断。

1. 实际执行重要性水平的经验值

实际执行重要性水平的经验值如表 3-6 所示。

表 3-6 实际执行重要性水平的经验值

运用较低的经验百分比(50%)	运用较高的经验百分比(75%)
首次接受委托的审计项目	
连续审计项目，以前年度审计调整较多	连续审计项目，以前年度审计调整较少
项目总体风险较高，如处于高风险行业、管理能力欠缺、经常面临较大的市场竞争压力或业绩压力等	项目总体风险低到中等，如处于低风险行业、管理层有足够能力、面临较低的业绩压力等
存在或预期存在值得关注的内部控制缺陷	以前期间的审计经验表明内部控制运行有效

【学中做 3-3　单项选择题】注册会计师确定实际执行的重要性水平常常根据被审计单位的情形，以接近财务报表整体重要性 50%或 75%来确定。以下情形中，注册会计师不适合采用选择 75%经验百分比的是(　　)。

A．连续审计，以前年度审计调整较少　　B．处于低风险行业
C．首次承接的审计项目　　　　　　　　D．市场压力较小

【答案】C。

2. 计划的重要性水平与实际执行重要性水平之间的关系

计划的重要性水平是报表层次，是策略；实际执行重要性水平是认定层次，是战术。实际执行重要性水平一定低于计划的重要性水平。

不论是财务报表整体的重要性、实际执行的重要性，还是特定类别交易、账户余额或披露的重要性，都具有财务报表中的错报的重大性。

(四)审计过程中修改重要性水平

在审计执行阶段，随着审计过程的推进，注册会计师应当及时评价计划阶段确定的重要性是否仍然合理，并根据具体环境的变化或在审计执行过程中进一步获取信息，修改计划的重要性，进而修改进一步审计程序的性质、时间安排和范围。

由于下列原因，注册会计师可能需要修改财务报表整体的重要性和特定类别的交易、账户余额或披露的重要性水平(如适用)。

(1) 审计过程中情况发生重大变化(如决定处置被审计单位的一个重要组成部分)。
(2) 获取新信息。
(3) 通过实施进一步审计程序，注册会计师对被审计单位及其经营的了解发生变化。

任务解析

财务报表层次的重要性水平如表 3-7 所示。

表 3-7　财务报表层次的重要性水平

项　目	金额/万元	百分比/%	重要性水平/万元
资产总额	90 000	0.5	450
净资产	44 000	1	440
主营业务收入	120 000	0.5	600
净利润	12 060	5	603

所以，财务报表层次的重要性水平是 440 万元。

职业判断能力训练

一、单项选择题

1. 当可接受的检查风险降低时，注册会计师可能采取的措施是(　　)。

A. 缩小实质性程序的范围
B. 将计划实施实质性程序的时间从期中移至期末
C. 降低评估的重大错报风险
D. 消除固有风险

2. 下列关于初步确定重要性水平的考虑中，不正确的是(　　)。
   A. 对于管理层自主决定处理的会计事项从严制定重要性水平
   B. 被审计单位的业务性质复杂，可制定较高的重要性水平，以降低审计成本
   C. 内部控制健全，可将重要性水平定得高一点
   D. 对流动性较高的项目，注册会计师应从严制定重要性水平

3. 注册会计师通过设计的审计程序未能发现财务报表中存在重大错报的风险是(　　)。
   A. 程序风险　　B. 控制风险　　C. 检查风险　　D. 固有风险

4. 财务报表在审计前存在重大错报的可能性，称为(　　)。
   A. 控制风险　　B. 检查风险　　C. 审计风险　　D. 重大错报风险

5. 不论(　　)的评估结果如何，审计人员均应对各重要账户或交易类型进行实质性程序。
   A. 审计风险
   B. 检查风险
   C. 认定层次重大错报风险
   D. 特别风险

二、多项选择题

1. 下列关于认定层次重大错报风险的说法中，正确的有(　　)。
   A. 认定层次的重大错报风险由固有风险和控制风险组成
   B. 注册会计师可以通过设计和实施适当的审计程序降低固有风险
   C. 注册会计师评估认定层次的重大错报风险的目的是，确定所需实施的进一步审计程序的性质、时间安排和范围，以获取充分、适当的审计证据
   D. 认定层次的重大错报风险评估结果必须量化
   E. 认定层次重大错报风险可以精准量化

2. 下列关于审计风险模型各风险要素的说法中，恰当的有(　　)。
   A. 审计风险是预先设定的
   B. 审计风险是注册会计师审计前面临的
   C. 重大错报风险是评估的
   D. 检查风险是注册会计师通过实施实质性程序控制的
   E. 检查风险的高低与审计程序的详简或审计证据的多少没有关系

3. 注册会计师在确定计划的重要性水平时，需要考虑的主要因素有(　　)。
   A. 被审计单位及其环境的了解
   B. 审计的目标
   C. 财务报表各项目的性质及其相互关系
   D. 财务报表各项目的金额及其波动幅度
   E. 特定的报告要求

三、判断题

1. 审计人员在以净利润为基础判断重要性水平时，如果被审计单位净利润波动幅度较大，则当年应以净利润为基础确定。（ ）
2. 审计人员应当针对评估的财务报表层次的重大错报风险确定总体应对措施，并针对评估的认定层次的重大错报风险设计和实施进一步审计程序，以将检查风险降至可接受的低水平。（ ）
3. 被审计单位财务报表层次重大错报风险很可能源于薄弱的控制环境，而薄弱的控制环境带来的风险可能对财务报表产生广泛影响，难以限于某类交易、账户余额、列报与披露。（ ）
4. 审计人员应该选择各财务报表中最高的重要性水平作为财务报表层次的重要性水平。（ ）
5. 重大错报风险越低，注册会计师可以执行控制测试的范围越就有限。（ ）

四、案例分析题

A 注册会计师接受委托审计乙公司 2023 年度的财务报表，通过查阅乙公司的财务报表，找到如表 3-8 所示的数据：

表 3-8　乙公司相关财务数据

项　目	金额/万元
资产总额	50 000
净资产	36 000
主营业务收入	20 000
净利润	5 010

而且，根据以往的审计经验，已经确定了在计算重要性水平时各项目对应的百分比，如表 3-9 所示。

表 3-9　重要性水平对应的百分比

项　目	资产总额	净资产	主营业务收入	净利润
百分比/%	0.5	1.0	0.5	5.0

要求：试计算确定财务报表层次的重要性水平。

微课视频

扫一扫，获取本项目相关微课视频。

项目三　财务报表整体重要性

项目三　风险评估程序

项目三　内部控制

项目三　实际执行重要性

项目三　重大错报风险

项目三　重要性

项目四

获取审计证据与编制审计工作底稿

【学习任务】

通过对获取审计证据与编制审计工作底稿项目的学习,需要完成如下工作任务。
1. 认知审计证据。
2. 掌握获取审计证据的程序与方法。
3. 编制审计工作底稿。

【学习目标】

知识目标	能力目标	素养目标
★熟悉审计证据的种类和特征; ★掌握审计工作底稿的编制和复核要求	★能够根据审计要求选择合适的收集审计证据的方法和程序; ★根据被审计单位资料,学会编制审计工作底稿	★在掌握审计相关的审计程序和审计方法的基础上,强化学生尊重事实、诚实守信的职业道德品质,坚守审计人的本心; ★树立社会利益至上的观念

【案例导入】

注册会计师李彤在对W股份有限公司的原材料进行抽查盘点时，编制了如表4-1所示的审计工作底稿。

表4-1　原材料抽查盘点表　①

页次：53w/p　　　　　　　索引：E-2　②
编制人：李彤　　　　　　日期：2023/12/31　④
客户：W公司　③
复核人：王俊豪　　　　　日期：2024/1/8　⑥
B/S日：2023/12/31　⑤

| 盘点标签号码 | 存货表号码 | 存货 || 盘点结果 || 差异 |
号码	号码	号码	内容	客户	审计人员	
3	3	1-25	A	100√　⑦	150	50kg
131	20	1-90	B	50√	50	
259	25	2-30	C	2 000√	2 000	
387	31	3-20	D	1 200√	1 500	300kg
515	60	4-5	E	60√	60	
643	71	6-2	F	1 100√	1 100	
771	80	6-26	G	230√	230	
899	88	7-15	H	70√	70	
备注—⑩						

以上差异已由客户纠正，纠正后的差异使被审计单位存货账户增加500元，抽查盘点的存货总价为50 000元，占全部存货价值的20%，经追查至存货汇总表，没有发现其他例外，我们认为错误并不重要。　⑧

√表示已追查至被审计单位存货汇总表(E-5)，并已纠正所有差异。　⑨

请指出标在该工作底稿的各个号码(①—⑩)，分别属于审计工作底稿的什么要素？并将基本要素的名称填列在表4-2中。

表4-2　W股份有限公司基本要素

号码	要素名称	号码	要素名称
①		⑥	
②		⑦	
③		⑧	
④		⑨	
⑤		⑩	

任务一　认知审计证据

任务描述

知识点	技能点及任务成果	课　时
1. 审计证据的含义及内容。 2. 审计证据的种类。 3. 审计证据的数量和质量特征	1. 剖析审计证据的含义。 2. 明确审计证据的分类。 3. 明确审计证据的两个特征	2

任务引例

审计项目组的甲乙丙丁戊五位注册会计师就审计证据问题提出了以下五个观点。

甲：审计证据越多越好。

乙：审计证据的数量可以弥补其质量的不足。

丙：审计证据的质量提高可以适当降低对审计证据数量的要求。

丁：考虑成本因素，即使是重要与必要的审计程序都可以从略。

戊：审计证据首先要考虑可靠性，其次才考虑相关性。

请思考下列问题：

分别判断每位注册会计师观点的真伪，指出对或错，并论述理由。

知识准备

证据是一个适用性较广的概念，不仅注册会计师执行审计工作时需要证据，科学家和律师也需要证据。在科学实验中，科学家获取证据，以得出关于某项理论的结论；在法律案件中，法官需要根据严密确凿的证据，以得出审判结论；在审计实务中，注册会计师必须在每项审计工作中，获取充分、适当的审计证据，以满足发表审计意见的要求。

审计证据的作用，从审计工作全过程和注册会计师职业角度来看，主要体现在以下四个方面。

(1) 审计证据是形成审计意见的基础。

(2) 审计证据将审计风险降低至可接受的水平。

(3) 审计证据有利于注册会计师回避责任。

(4) 审计证据是控制审计工作质量的重要手段。

一、审计证据的含义及内容

(一)审计证据的含义

《中国注册会计师审计准则第 1301 号——审计证据》第一章总则给出审计证据的定义如下。

审计证据是指注册会计师为了得出审计结论、形成审计意见而使用的所有信息，包括财务报表依据的会计记录中含有的信息和其他信息。

会计记录中含有的信息本身并不足以提供充分的审计证据作为对财务报表发表审计意见的基础，注册会计师还应当获取用作审计证据的其他信息。

理解"审计证据"的概念要抓住风险导向审计的精髓。注册会计师获取的审计证据不仅仅是指财务报表项目存在错报的审计证据(实质性程序)，同样重要的还包括实施风险评估程序时识别、评估错报领域的审计证据，了解内部控制时被审计单位内部控制设计及运行方面的审计证据，以及控制测试时内部控制运用是否有效的审计证据等。

(二)审计证据的内容

《中国注册会计师审计准则第1301号——审计证据》第五条规定，会计记录是指对初始会计分录形成的记录和支持性记录。例如，支票、电子资金转账记录、发票和合同；总分类账、明细分类账、会计分录，以及对财务报表予以调整但未在账簿中反映的其他分录；支持成本分配、计算、调节和披露的手工计算表和电子数据表。这些会计记录是编制财务报表的基础，也构成了注册会计师执行财务报表审计业务所需获取的审计证据的重要组成部分。

1. 会计记录中含有的信息

依据会计记录编制财务报表是被审计单位管理层的责任，注册会计师应当测试会计记录以获取审计证据。会计记录主要包括原始凭证、记账凭证、总分类账和明细分类账、未在记账凭证中反映的对财务报表的其他调整，以及支持成本分配、计算、调节和披露的手工计算表与电子数据表等。会计记录取决于相关交易的性质，它既包括被审计单位内部生成的手工或电子形式的凭证，也包括从与被审计单位进行交易的其他企业收到的凭证。除此之外，还可能包括销售发运单和发票、顾客对账单及顾客的汇款通知单；附有验货单的订购单、购货发票和对账单；考勤卡和其他工时记录；支票存根、电子转移交付记录、银行存款单和银行对账单；合同记录；记账凭证；分类账账户及调节表等。

2. 其他信息

会计记录中含有的信息本身并不足以提供充分的审计证据作为对财务报表发表审计意见的基础，注册会计师还应当获取用作审计证据的其他信息。可用作审计证据的其他信息包括从被审计单位内部或外部获取的会计记录以外的信息。例如，被审计单位会议记录、内部控制手册、询证函的回函、分析师的报告、与竞争者的比较数据等；注册会计师编制的各种计算表、分析表和测试表等。

构成财务报表基础的会计记录含有的信息和其他信息共同构成了审计证据，两者缺一不可。如果没有前者，审计工作将无法进行，如果没有后者，可能无法识别重大错报风险，只有将两者结合起来才能将审计风险降至可接受的低水平，为注册会计师发表审计意见提供合理基础。

【学中做4-1　单项选择题】关于审计证据的含义，以下理解中不恰当的是(　　)。
A. 注册会计师仅仅依靠会计记录不能形成有效结论，还应当获取其他信息的审计证据
B. 注册会计师对财务报表发表审计意见的基础是会计记录中含有的信息
C. 如果会计记录是电子数据，注册会计师必须对生成这些信息所依赖的内部控制予以充分关注

D. 注册会计师将会计记录和其他信息两者结合在一起，才能将审计风险降至可接受的低水平，为发表审计意见提供合理基础

【答案】B。

【解析】选项 B 不恰当。会计记录中含有的信息本身并不足以提供充分的审计证据作为对财务报表发表审计意见的基础，注册会计师还应当获取用作审计证据的其他信息。

二、审计证据的种类

审计过程中取得的审计证据多种多样。这些审计证据按其外形特征不同分类，一般可分为实物证据、书面证据、口头证据和环境证据四种。这些证据各有其特点。

(一)实物证据

实物证据是指通过实际观察或盘点取得的，用以确定某些实物资产是否确实存在的证据。例如，库存现金、各种存货和固定资产等可以通过监盘或实地观察来证明其是否确实存在。在审计实务中，最典型的实物证据就是通过监盘获得的。

由于实物证据是实地盘点取得的，因此是证明力很强的证据。但实物资产的存在并不完全能证实所有权归被审计单位。盘点的存货可能包括其他企业寄售或委托加工的部分，可能包括其他单位暂存暂放的物资，或者已经销售但还没有发货的商品。

同时，对实物资产的清点只可以确定其实物数量，但不能证实实物的价值。通过实物清点难以判断质量好坏，资产价值无法确认。因此，通过盘点取得实物证据的账面资产，还应对其所有权和资产价值实施其他审计程序。

(二)书面证据

书面证据是审计过程中所取得的，以书面文件为存在形式的证据。例如，各种原始凭证、会计记录的账、证、表；会议文件，合同、报告函件等。书面证据也称为基本证据，是审计证据的主要组成部分。

书面证据按其来源不同分类，可分为外部证据和内部证据。

1. 外部证据

外部证据是从被审计单位以外取得的证据。因为是从外部取得的，所以相对来讲有较强的证明力。

外部证据又分为两类：一类由被审计单位以外的组织机构或人士编制，并由其直接递交注册会计师的外部证据。例如，保险公司的证明。此类证据未经被审计单位人员之手，排除了伪造、更改凭证或业务记录的可能性，因此证明力最强。另一类是由被审计单位以外的组织机构或人士编制，但由被审计单位持有并提交注册会计师的书面证据。例如，银行对账单。由于此类证据已经过被审计单位职员之手，在评价其可靠性时，注册会计师应考虑被涂改或伪造的难易程度及其已被涂改的可能性。当获取的书面证据有被涂改或伪造的痕迹时，注册会计师应予以高度警觉。

此外，外部证据还包括注册会计师重新计算或分析自己动手编制的各种计算表、分析表、盘点表等，又称为亲历证据。

2. 内部证据

内部证据是由被审计单位内部编制和提供的书面证据，包括被审计单位的记录、其他各种由被审计单位编制和提供的有关书面文件。

一般而言，内部证据不如外部证据可靠。但如果内部证据在外部流转，如销售发票，获得其他单位或个人的承认，则具有较强的可靠性。

只在被审计单位内部流转的书面证据，可靠性程度依赖于被审计单位内部控制的质量。若被审计单位内部控制健全有效，部门之间内部牵制依法依规处理，那么内部证据也具有较强的可靠性。但如果被审计单位的内部控制不健全，则注册会计师就不能过分信赖其内部自制的书面证据。

(三)口头证据

口头证据是指被审计单位职员或其他有关人员对注册会计师的提问口头答复所形成的证据。例如，在审计过程中，注册会计师获得的各种询问记录。

一般而言，口头证据本身并不足以证明事情的真相，但注册会计师往往可以通过口头证据发掘一些重要线索，必要时还应将询问记录让被询问者签名确认。同时，审计人员应尽可能地从其他不同渠道取得其他相应证据的支持。

(四)环境证据

环境证据也称为状况证据，是指对被审计单位产生影响的各种环境事实。它包括被审计单位的内部控制情况、管理人员的素质，以及各种管理条件和管理水平等。

环境证据一般不属于基本证据，但它可以帮助注册会计师了解被审计单位及其经济活动所处的环境，可以支持其他证据。

三、审计证据的数量特征和质量特征

为了实现"合理保证"的审计目标，注册会计师获取的审计证据应当具有充分性(数量要求)和适当性(质量要求)两个特征，如图 4-1 所示。

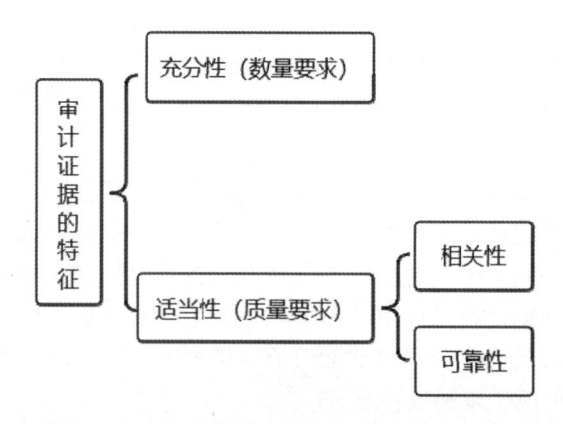

图 4-1　审计证据的基本特征

充分性和适当性是审计证据的两个基本特征。注册会计师应当保持职业怀疑态度，运用职业判断，评价审计证据的充分性和适当性。

(一)审计证据充分性的含义及其影响因素(审计证据的数量特征)

1. 审计证据充分性的含义

审计证据充分性是对审计证据数量的衡量，与注册会计师确定的样本量有关，是指审计证据的数量足以支持注册会计师的审计意见。因此，审计证据充分性是注册会计师为形成审计意见所需审计证据的最低数量要求。在审计实务中，获取的审计证据应当充分，目的是将与每个重要认定相关的审计风险限制在可接受的低水平。

虽然客观公正的审计意见必须建立在有充分的审计证据的基础之上，但并不是说，审计证据的数量越多越好，因为收集过多的审计证据会增加成本，每一审计项目对审计证据的需要量及取得这些证据的途径和方法，应当根据该项目的具体情况来定。另外，注册会计师仅靠获取更多的审计证据可能无法弥补其质量上的缺陷。

【知识拓展】

《中国注册会计师审计准则第1301号——审计证据》第七条规定，注册会计师需要获取的审计证据的数量受其对重大错报风险评估的影响，并受审计证据质量的影响。

审计人员对审计证据充分性的判断通常基于以下三个因素。

(1) 重要性：对于重要的账户余额和交易类别，一旦判断出错，就会影响审计人员对审计对象整体的判断，从而导致错误的审计意见。因此，对于越重要的账户余额和交易类别，审计人员就越需要收集更多的审计证据。

(2) 内部控制系统的有效性：内部控制系统越有效，生成的会计数据就越可靠，审计人员需要收集的审计证据就越少；相反，审计人员需要收集的审计证据就越多。

(3) 成本效益原则：在确定审计证据数量规模时，审计人员也应考虑成本效益原则，如果增加时间和成本后，还未能带来相应的效益，就应考虑采取其他的替代程序来收集审计证据。

2. 影响审计证据充分性的因素

(1) 审计风险。注册会计师需要获取的审计证据的数量受错报风险的影响。注册会计师评估的重大错报风险越高，需要的审计证据可能越多。具体来说，在可接受的审计风险水平一定的情况下，重大错报风险越大，注册会计师就应实施越多的审计程序，获取更多的审计证据，将检查风险降至可接受的低水平，以将审计风险控制在可接受的低水平范围内。

(2) 审计证据的质量。注册会计师需要获取的审计证据的数量受错报发生的可能性及记录金额的重要性的影响。若审计证据质量越高，则需要的审计证据可能越少。

(3) 审计项目的重要性。审计项目越重要，注册会计师就越需要获取充分的审计证据以支持其审计结论或意见，而对于不太重要的审计项目，即使注册会计师出现判断上的偏差，也不至于引发整体判断失误，因而可减少审计证据的数量。

(4) 注册会计师的经验。经验丰富的注册会计师，往往可从较少的审计证据中判断出被审事项是否存在错误和舞弊行为，从而可减少对审计证据数量的依赖程度。

(5) 审计过程中是否发现错误和舞弊。若审计过程中发现被审计事项存在错误和舞弊行为，则被审计单位整体会计报表存在问题的可能性就越大，因此需要增加审计证据的数量,以确保能做出合理的审计结论,形成恰当的审计意见。

(6) 审计证据的类型与获取途径。如果注册会计师获取的证据大多数是外部证据,则审计证据质量较高,需要的审计证据可能越少;反之,数量应相应增加。

审计证据充分性是对审计证据数量的衡量,主要与注册会计师确定的样本量有关。例如,从 200 个样本中获取的审计证据比从 100 个样本中获取的审计证据更充分。

审计证据充分性与重大错报风险成正向关系,即重大错报风险越大,应获取的审计证据越多。

例如,某电器公司受行业性质影响,存货陈旧的可能性较高,计价错报的可能性较大;因而,在审计过程中应选取更多存货样本进行测试,以确定存货陈旧程度,进而确定存货价值是否被高估。

(二)审计证据的适当性(审计证据的质量特征)

审计证据的适当性是指对审计证据质量的衡量,即审计证据在支持各类交易、账户余额、列报的相关认定,或发现其中存在错报方面具有相关性和可靠性。相关性和可靠性是审计证据适当性的核心内容,只有相关且可靠的审计证据才是高质量的。

1. 审计证据的适当性核心之一:相关性

相关性是指用作审计证据的信息与审计程序的目的和所考虑的相关认定之间的逻辑联系。用作审计证据的信息的相关性可能受测试方向的影响。

(1) 追查方向影响相关性。比如如果注册会计师以销售收入明细账为起点追查至发运单等凭证(逆查法),则获取的审计证据与当期销售收入的"发生"认定有关;反之,如果注册会计师以发运单等凭证为起点追查至销售收入明细账(顺查法),则获取的审计证据与当期销售收入的"完整性"认定有关。

(2) 审计程序、审计证据与认定的逻辑关系。审计程序、审计证据与认定之间并非一一对应的关系。与某一认定相关的证据通常可以通过多种审计程序收集到,同一审计程序通常也可以收集与多种认定相关的审计证据。特定的审计程序、审计证据可能只与某些认定相关,而与其他认定无关。他们之间的逻辑关系如表 4-3 所示。

表 4-3 审计程序、审计证据与认定的逻辑关系

逻辑思考	逻辑关系
审计证据相关性的本质	相关性的本质与认定相关,其基本逻辑是"认定、审计目标、审计程序与审计证据"的内在关系
审计证据相关性是否受审计测试方向的影响	审计证据的相关性可能受到控制测试或细节测试方向的影响
举例说明,在控制测试中,审计证据的相关性可能受到控制测试方向的影响	以现金支付授权控制测试为例,为了测试现金支付授权控制运行有效,注册会计师应当从已经支付的项目中抽取样本

续表

逻辑思考	逻辑关系
举例说明，在细节测试中，审计证据的相关性可能受到细节测试方向的影响	以营业收入的实质性程序为例，注册会计师以营业收入明细账为起点，追查至发运凭证、销售发票和客户签收单等凭证(逆查法)，获取的审计证据与当期营业收入的"发生"认定有关。相反，注册会计师以发运凭证为起点，追查至销售发票、客户签收单和营业收入明细账等(顺查法)，获取的审计证据与当期营业收入的"完整性"认定有关

【学中做 4-2　单项选择题】下列有关审计证据相关性的说法中，错误的是(　　)。

A. 审计证据应与审计事项的某一具体审计目标密切相关
B. 审计证据的相关性是指审计证据的数量要足以证明审计事项的真相及支持审计意见和审计决定
C. 当审计证据与证实某一审计目标的其他证据有相互印证关系时，能够产生联合证明力
D. 审计证据与审计目标或其他证据的内在联系越强，审计证据的质量越好

【答案】B。

2. 审计证据的适当性核心之二：可靠性

审计证据的可靠性受其来源和性质的影响，同时取决于获取审计证据的具体环境。注册会计师通常按照下列原则考虑审计证据的可靠性，如表 4-4 所示。

表 4-4　审计证据可靠性的原则

判断原则	对应的关键词	具体内容	举　例
1. 来源	外部独立来源与其他来源	从外部独立来源获取的审计证据比从其他来源获取的审计证据更可靠	银行询证回函、应收账款询证回函、保险公司出具的证明等，比被审计单位会计记录、会议记录更加可靠
2. 内部控制	内部控制有效与内部控制薄弱	内部控制有效时内部生成的审计证据比内部控制薄弱时内部生成的审计证据更可靠	如果销售业务相关内部控制有效，注册会计师就能从发货单、销售发票中取得比内部控制不健全的企业更加可靠的审计证据
3. 获取方式	直接获取与间接获取或推导得出	直接获取的审计证据比间接获取或推导得出的审计证据更可靠	注册会计师直接观察某项内部控制的运行得到的证据，比询问被审计单位某项内部控制的运行得到的证据更可靠
4. 存在形式	文件、记录形式与口头形式	以文件、记录形式(无论是纸质、电子或其他介质)存在的审计证据都要比口头形式的审计证据更可靠	会议的同步书面记录，比讨论事项后的口头表述更可靠
5. 获取途径	原件与传真或复印件	从原件获取的审计证据比从传真或复印件获取的审计证据更可靠	注册会计师可审查原件是否有被涂改或伪造的迹象，排除伪证，提高证据的可信赖程度。而传真件或复印件容易使结果被篡改或伪造，可靠性较低

【学中做 4-3　单项选择题】在确定审计证据的可靠性时，下列表述中，错误的是(　　)。

A. 以电子形式存在的审计证据比口头形式的审计证据更可靠
B. 从外部独立来源获取的审计证据比从其他来源获取的审计证据更可靠
C. 从复印件获取的审计证据比从传真件获取的审计证据更可靠
D. 直接获取的审计证据比推导得出的审计证据更可靠

【答案】C。

【解析】选项C不正确。判断审计证据可靠性的五项原则包括：①从外部独立来源获取的审计证据比从其他来源获取的审计证据更可靠；②内部控制有效时内部生成的审计证据比内部控制薄弱时内部生成的审计证据更可靠；③直接获取的审计证据比间接获取或推导得出的审计证据更可靠；④以文件、记录形式存在的审计证据比口头形式的审计证据更可靠；⑤从原件获取的审计证据比从传真件或复印件获取的审计证据更可靠。

(三)充分性与适当性的关系

1. 审计证据的质量越高，需要的审计证据可能越少

注册会计师需要获取的审计证据的数量受审计证据质量的影响。也就是说，审计证据的质量越高，需要的审计证据可能越少。

例如，被审计单位内部控制健全有效时生成的审计证据更可靠，注册会计师只要获取适量的审计证据，就可以为发表审计意见提供合理的基础。

2. 更多的审计证据，可能无法弥补其质量上的缺陷

尽管审计证据的充分性和适当性相关，但如果审计证据的质量存在缺陷，注册会计师仅靠获取更多的审计证据可能无法弥补其质量上的缺陷。

例如，注册会计师应当获取收入完整性证据，却获取收入真实性(存在)证据，即便收入真实性(存在)证据再多，也无法证明收入完整性。

3. 评价审计证据充分性与适当性的特别考虑

(1) 对审计证据可靠性的特别考虑。审计工作通常不涉及鉴定文件记录的真伪，但应当考虑用作审计证据信息的可靠性。例如，注册会计师在审计过程中识别的情况使其认为文件记录可能是伪造的或文件记录中的某些条款已发生变动，应当作出进一步调查，包括直接向第三方询证，或考虑利用专家的工作以评价文件记录的真伪。

(2) 使用被审计单位生成信息时的特别考虑。如果在实施审计程序时使用被审计单位生成的信息，注册会计师应当就这些信息的准确性和完整性获取审计证据。例如，审查收入项目时，注册会计师应当考虑价格信息的准确性和销售数量的完整性。

(3) 从不同来源获取审计证据时的特别考虑。如果针对某项认定从不同来源获取的审计证据或获取的不同性质的审计证据能够相互印证，与该项认定相关的审计证据则具有更强的说服力。例如，注册会计师检查委托加工协议发现有委托加工材料，经函证确实存在，则委托加工材料是真实的。反之，如果从不同来源获取的审计证据或获取的不同性质的审计证据不一致，可能表明某项审计证据不可靠，注册会计师应当追加必要的审计程序。

(4) 获取审计证据时对成本的特别考虑。注册会计师可以考虑获取审计证据的成本与所获取信息的有用性之间的关系，但不应以获取审计证据的困难和成本为由减少不可替代的审计程序。例如，存货盘点是证实存货存在性认定的不可替代的审计程序，注册会计师在审计中不得以检查成本高和难度大为由不执行该程序。

任务解析

甲：错。审计证据的数量还要受到审计证据的质量以及审计成本等因素的制约。
乙：错。审计证据的质量不高，数量无法弥补其质量的缺陷。
丙：对。审计证据的质量高于数量的要求。
丁：错。重要与必要的审计程序无法从略，次要的审计证据可以重点考虑成本因素。
戊：错。审计证据的适当性首先是相关性的，其次才是可靠性。

任务二　获取审计证据的方法和程序

任务描述

知 识 点	技能点及任务成果	课　时
1. 审计的基本方法。 2. 审计程序的定义。 3. 审计程序分为哪些种类	1. 明确审计方法的分类。 2. 剖析审计程序的类型。 3. 明确审计程序的获取方式	2

任务引例

下列审计程序属于哪种实质性程序(余额或交易细节测试还是分析程序)？获得了什么审计证据？能够实现的具体审计目标是什么？直接填入表4-5内。

表4-5　审计程序及其相关信息

	审计程序	实质性程序名称	审计证据	具体审计目标
1	从有关记录审查至"已付款"支票			
2	重新计算应付利息费用			
3	向管理层询问存货过时情况			
4	调节年末银行存款账户			
5	计算存货周转率并与同行资料相比较			
6	向债务人函证应收账款余额			
7	从销售账簿记录审查至销售发票审查			
8	审查应该资本化却计入修理费的证据			
9	分析行业成本数据变化趋势			
10	审查年度中所购买的土地所有权契约			
11	抽查报表日后销售收入、退货记录、发货单和货运凭证			
12	盘点库存现金			

> **知识准备**

审计的基本方法分为审查书面资料的方法和证实客观事物的方法两大类。本任务将分别介绍这两类基本方法。此外，现代审计方法是审计抽样，将单独介绍。

一、审计的基本方法——审查书面资料的方法

(一)按审查书面资料的技术分类

按审查书面资料的技术分类，审计的基本方法可分为审阅法、核对法、验算法和分析法。

1. 审阅法

审阅法是指注册会计师对被审计单位的会计资料及其他资料进行详细阅读和审查的一种审查技术方法。该方法侧重于审查书面资料的真实性和合法性。

审阅内容主要包括原始凭证、记账凭证、账簿、会计报表的审阅及其他相关资料的审阅。审阅法可以取得直接证据和间接证据，是日常审计工作中常用且有效的技术方法。

注册会计师在审阅会计资料及其他相关资料时，还要关注各种书面资料之间的钩稽关系，有没有存在错误和舞弊的可能。

2. 核对法

核对法是指注册会计师验证被审计单位的书面资料记录之间，或对书面资料的记录与实物之间是否相符的一种检查方法。

这种技术方法注重的是书面资料之间及书面资料与实物之间的一致性。该方法主要包括证证核对、账证核对、账账核对、账表核对和表表核对。

证证核对是会计凭证之间的核对，包括原始凭证与相关原始凭证、原始凭证汇总表；记账凭证与原始凭证、汇总凭证之间的核对，核对其内容、数量、日期、单价、金额和借贷方向等是否相符。

账证核对是记账凭证与会计账簿之间的核对，包括总分类账、日记账和明细分类账的记录与相关的原始凭证或记账凭证的核对。通过账证核对，由此发现会计错弊。

账账核对是将有关的账簿记录进行相互核对，包括总分类账与所属明细分类账之间期初余额、本期发生额、期末余额之间的关系，以及核对总分类账、明细分类账与日记账有关记录。

账表核对是将报表与有关的会计账簿记录进行核对，通过核对总分类账及其相关明细分类账各账户的发生额和余额合计是否与会计报表上相应项目的金额相等，发现或查证账表不符或虽相符却不合理、不合法的会计错弊。

表表核对，即各种报表之间的核对，审核一下会计报表上各有关项目的数字计算是否正确，各报表之间的有关数字是否一致。审计过程中如果涉及前期的数字，就要核对与前期会计报表上的有关数字是否相符。表表核对可以检查各报表之间有没有不正常关系，还可以分析评价被审计单位的经营情况和财务状况。

3. 验算法

验算法也叫复算法，或叫复核法，是注册会计师对被审计单位书面资料的有关数据进行重新计算，以验证原计算结果是否正确的一种审计方法。

4. 分析法

分析法是注册会计师对被审计单位重要的比率或趋势进行分析，包括调查有无异常变动、重要比率或趋势与预期数额和信息有没有差异。

在整个审计过程中，注册会计师一般都将会运用分析法。

(二) 按审查书面资料的顺序分类

按审查书面资料的顺序分类，审计的基本方法可分为顺查法和逆查法。

1. 顺查法

顺查法是指审计的取证顺序与反映经济业务的会计资料形成过程的方向相一致的方法，也就是按会计核算的处理顺序，依次对证、账、表各个环节进行审查的方法。其具体步骤如下：

(1) 检查原始凭证的客观真实性、合法性，核对记账凭证。

(2) 应用账账、账实核对的检查方法，以记账凭证或记账凭证汇总表核对日记账、明细账和总账是否一致。

(3) 核实账簿后，再与财务报表相核对，审查与所编制的报表是否一致，并分析确定财务报表编制的真实性、合法性。

2. 逆查法

逆查法是指审计取证的顺序与反映经济业务的会计资料形成过程的方向相反的方法，也就是按会计核算相反的处理顺序，依次对表、账、证各个环节进行审查的方法。其具体步骤如下：

(1) 首先分析检查财务报表，看看有无异常变动和问题线索，确定审计重点。

(2) 追查至相关的日记账、明细账和总账，通过账账、账实核对，进一步确定需要重点检查的记账凭证。

(3) 核对记账凭证直至原始凭证，以最终查明问题的原因和过程。

在审计实务中，顺查是证实"完整性"认定，逆查是证实"存在"和"发生"认定。

(三) 按审查书面资料的数量分类

按审查书面资料的数量分类，审计的基本方法可分为详查法和抽查法。

1. 详查法

详查法是指对被审计单位的某类经济业务和会计资料的全部内容进行详细审查查找错弊的方法。详查法包括所有的凭证和账簿报表。

2. 抽查法

抽查法是对被审计单位的部分经济业务和会计资料进行检查，根据检查结果来推断总体状况有无错弊的审计方法。

详查法与全部审计不同。全部审计是按审计范围大小进行的分类，和局部审计相对应。全部审计不一定采用详查法。

抽查法与局部审计不同。抽查法是一种审计方法；局部审计是按审计范围大小不同对审计进行的分类。局部审计不一定采用抽查法。

二、审计的基本方法——证实客观事物的方法

证实客观事物的方法包括盘存法、函证法、观察法、调节法和鉴定法。

(一)盘存法

盘存法是指对被审计单位各项财产、物资进行实地盘点的方法，主要审核数量、品种、规格及其金额等实际情况，以此证实有关实物与账户余额是否真实、正确。

盘存法按照方式不同又分为直接盘存和监督盘存。

1. 直接盘存

直接盘存就是注册会计师亲自到现场对实物进行盘点，以证实书面资料同有关财产、物资是否相符。注册会计师可以要求被审计单位有关人员协同执行。这种方法一般用于数量较少，价值较大的物资审计，因为这些贵重财产容易出现舞弊行为。

2. 监督盘存

监督盘存是指被审计单位各种实物资产及现金、有价证券等的盘点，注册会计师现场监督，并进行适当的抽查。如果发现差异，应督促被审计单位改正，同时还应扩大抽查范围。如果发现差错过大，还应要求被审计单位重新盘点。

(二)函证法

函证法是指注册会计师直接向第三方发函询证以获取相关审计证据，目的是印证被审计单位会计记录所记载事项是否真实。函证分为积极式函证和消极式函证。

1. 积极式函证

积极式函证要求被询证者在各种情况下必须回函，确认询证函所列示的信息是否正确，或按要求填列询证函里的信息。

积极式函证又分为两种：一种是在询证函中列明想要函证的账户余额或其他信息，要求被询证者确认所函证的信息是否正确；另一种是在询证函中不列明账户余额或其他信息，而要求被询证者填写有关信息。

积极式函证适用于被审计单位内部控制水平不高，会计核算质量差、金额大、疑点多的情况。注册会计师采用积极式函证，只有收到回函，才能为财务报表认定提供审计证据。如果没有收到回函，无法证明所函证信息是否正确，必须实施替代程序。

2. 消极式函证

消极式函证只要求被询证者在不同意询证函列示信息的情况下才予以回函。这种方法适用于被审计单位内部控制水平高，会计核算质量高、金额少、预期不存在大量错误的情况。

一般情况下，消极式函证证明力不如积极式函证。在审计实务中，注册会计师也可将两种方式结合使用。通常，对大额的经济业务采用积极式函证，对小额的经济业务采用消极式函证。

为保证审计证据的可靠性，询证函的收发不能委托被审计单位代办，必须由注册计师控制。如果被审事项无法进行函证，应当采用替代程序。

(三)观察法

观察法是指注册会计师为获取审计证据，实地观察被审计单位的经营场所、实物资产或有关业务活动，以及内部控制的执行情况等。

但需要说明的是，观察法取得的证据，其本身不能作为充分的审计证据来使用，需要结合其他相关审计证据来佐证。观察提供的审计证据仅限于观察发生的时点，应避免让被观察者知晓。

(四)调节法

调节法是指在审查某个项目时，因为被审计单位结账日数据和审计日数据不一致，通过对有关项目数据进行调节，来证实结账日数据账实是否相符的审计方法。调节法通常用于以下两个方面。

1. 对未达账项的调节

通常，对未达账项的调节会通过编制银行存款余额调节表来进行。即对被审计单位与开户银行双方发生的未达账项进行增减调节，以验证银行存款账户的余额是否正确。

2. 对财产物资的调节

当财产物资的数量在盘存日与结账日不同时，结合实物盘存，将盘存日期与结账日期之间新发生的出入库数量，再通过计算公式，对盘存日有关财产物资的盘存数进行增减调节，以验证或推算结账日有关财产物资的应结存数。结账日数量的计算公式如下。

结账日数量=盘存日盘点数量+结账日至盘存日发出数量-结账日至盘存日收入数量

(五)鉴定法

鉴定法是指当对书面资料、实物和经济活动等的分析、鉴别超过注册会计师的能力和知识水平时，聘请有关专业部门或人员运用专门技术进行确定和识别以获取审计证据的方法。

鉴定法主要用于对实物性能、质量、价值的鉴定，对书面资料真伪的鉴定，以及对经济活动的合法性和有效性的鉴定等。应用鉴定法时，鉴定人员必须提供鉴定结论，且鉴定结论必须客观和准确，并作为一种独立的审计证据详细地记入审计工作底稿。

三、现代审计方法——审计抽样

除了上述两大类审计基本方法外，现代审计已经开始运用完善的抽样技术。审计抽样在审计界已被广泛采用，而抽样技术和方法运用于审计工作，是审计理论和实践的重大突破，实现了从详细审计到抽样审计的历史性飞跃。

(一)审计抽样的含义

审计抽样是指注册会计师对具有审计相关性的总体中低于百分之百的项目实施审计程序。审计抽样的所有抽样单元都有被选取的机会，为注册会计师对整个总体得出结论提供合理基础。

注意：审计抽样是审计人员在运用审计技术方法获取审计证据时，从某一特定的审计对象总体中，按一定方式选取一定数量的样本进行审查，并根据样本的审查结果，推断审计对象总体特征的一种方法。

审计抽样能够使注册会计师获取和评价有关被选取项目某一特征的审计证据，以形成或有助于形成有关总体结论。

总体是指注册会计师从中选取样本并期望据此得出结论的整个数据集合，是特定审计对象总体。

抽样单元是指构成总体的个体项目。总体可分为多层或子总体，每一层或子总体可予以分别检查。抽样单元是按一定方式选取的样本。

某一特征审计证据包含两层含义：一是控制测试的某一认定控制运行是否有效；二是细节测试的某一认定是否存在重大错报。

(二)审计抽样的特征

审计抽样应当具备以下三个基本特征。

(1) 对某类交易或账户余额中低于百分之百的项目实施审计程序，是从全部中抽取部分实施审计。

(2) 所有抽样单元都有被选取的机会，每个样本被抽到的概率都是相同的。

(3) 审计测试的目的是评价该账户余额或交易类型的某一特征，可以根据样本项目的测试结果推断有关抽样总体的结论。

(三)审计抽样的范围

审计抽样并不是在所有审计程序中都可以使用。注册会计师拟实施的审计程序将对运用审计抽样产生重要影响。在风险评估程序、控制测试和实质性程序中，有些审计程序可以使用审计抽样，有些审计程序则不宜使用审计抽样。

(1) 风险评估程序通常不涉及审计抽样。

(2) 对于控制测试有的可以使用审计抽样，有的则不宜使用审计抽样。通常是当控制的运行留下轨迹时，注册会计师可以考虑使用审计抽样实施控制测试。但当控制的运行未能留下轨迹时，注册会计师通常实施询问、观察、分析等审计程序，以获取有关控制运行有效性的审计证据，此时则不宜使用审计抽样。

(3) 在实质性程序中，审计抽样可广泛应用于检查、函证、重新计算等。实质性程序包括对各类交易、账户余额和披露的细节测试，以及实质性分析程序。在实施细节测试时，注册会计师可以使用审计抽样获取审计证据。

(四)正确理解审计抽样

1. 审计抽样不同于详细审计

详细审计是指对审计对象总体中的全部项目进行审计，并根据审计结果形成审计意见。

从审计对象总体中选取部分项目进行审计,并对审计对象总体发表审计意见的方法属于审计抽样。

2. 审计抽样不能完全等同于抽查

抽查作为一种技术,可以用来了解情况,确定审计重点,取得审计证据,其在使用中并无严格要求。

但是,审计抽样是一种方法,需要运用抽样技术选取样本,其工作内容是要根据审计目的及环境要求做出科学的抽样决策。

选取样本的基本方法包括使用随机数表或计算机辅助审计技术选样、系统选样(也称等距选样)和随意选样三种。

例如,分层:定义总体与抽样单元。

分层是指将一个总体划分为多个子总体的过程,每个子总体由一组具有相同特征(通常为货币金额)的抽样单元组成。如果总体项目存在重大的变异性,那么注册会计师可以考虑将总体分层。分层可以降低每层中项目的变异性,从而在抽样风险没有呈比例增加的前提下减小样本规模,提高审计效率。某一特征在各项目之间的差异越大,分层越有必要。

分层可以使注册会计师根据项目的重要性、变化频率或其他特征选取不同的样本量,并针对不同的层次,实施不同的审计程序。例如,为了函证应收账款,注册会计师可以将应收账款账户按其金额大小分为三层:一是账户金额在 100 000 元以上的,二是账户余额在 5 000~100 000 元的,三是账户金额在 5 000 元以下的。然后根据各层的重要性分别采取不同的选样方法选取进行函证的样本,如表 4-6 所示。

表 4-6 应收账款明细账户分层示例

层 次	分层标准	抽样方法	函证方式
1	余额在 100 000 元以上的	100%函证	积极式函证
2	5 000 到 100 000 元的	随机选样	积极式函证
3	5 000 元以下的	系统选样	消极式函证

对总体进行分层时,必须注意以下三点。

(1) 总体中的每一个抽样单位必须属于某一个层次,并且只属于这一个层次。
(2) 必须有事先确定的、具体的差别或标准来明确区分不同的层次。
(3) 必须能够事先确定每一层次中抽样单位的准确数字。

四、审计程序

(一)审计程序的定义

审计程序是指注册会计师在审计过程中的某个时间,对将要获取的某类审计证据如何进行收集的详细指令。在设计审计程序时,注册会计师通常使用规范的措辞或术语,以使审计人员能够准确理解和运用。注册会计师应当根据具体情况设计和实施恰当的审计程序,以获取充分、适当的审计证据。

注册会计师利用审计程序获取审计证据,主要涉及四个方面的决策。

(1) 选用何种审计程序。

(2) 对选定的审计程序，应当选取多大的样本规模。
(3) 应当从总体中选取哪些项目。
(4) 何时执行这些程序。

(二)针对两个层次重大错报风险的应对措施

1. 针对财务报表层次重大错报风险的总体应对措施

在财务报表重大错报风险的评估过程中，注册会计师应当确定已识别的重大错报风险是与特定的某类交易、账户余额和披露的认定相关，还是与财务报表整体广泛相关，进而影响多项认定。如果是后者，则属于财务报表层次的重大错报风险。

注册会计师应当针对评估的财务报表层次重大错报风险确定以下总体应对措施。
(1) 向项目组强调在收集和评价审计证据过程中保持职业怀疑的必要性。
(2) 指派更有经验或具有特殊技能的审计人员，或聘用专家工作。
(3) 提供更多的督导。审计项目组的高级别成员，要对其他成员提供更详细、更经常、更及时的指导和监督并加强项目质量复核。
(4) 在选择进一步审计程序时，应当注意使某些程序不被管理层预见或事先了解。
(5) 对拟实施审计程序的性质、时间安排和范围作出总体修改。

2. 针对认定层次重大错报风险的进一步审计程序

进一步审计程序相对风险评估程序而言，是指注册会计师针对评估的各类交易、账户余额、列报认定层次重大错报风险实施的审计程序，包括控制测试和实质性程序。

(1) 控制测试(必要时或决定测试时)。控制测试是指用于评价内部控制在防止、发现并纠正认定层次重大错报方面的运行有效性而实施的审计程序。

当存在下列情形之一时，控制测试是必要的：①在评估认定层次重大错报风险时，预期控制的运行是有效的；②仅实施实质性程序不足以提供充分、适当的审计证据。

注册会计师在审计工作中，如果出现下列情况之一则可以不进行控制测试，而是直接实施实质性程序：①相关内部控制不存在；②相关内部控制虽然存在，但未有效运行；③控制测试的工作量可能大于测试减少的实质性测试的工作量。

(2) 实质性程序。实质性程序包括对交易或账户余额的细节测试和分析程序，是指用于发现认定层次重大错报的审计程序，主要是通过研究数据之间的关系，识别某类交易、账户余额和披露是否存在错报。实质性分析程序通常更适用于存在可预期关系的大量交易。

相对于具体审计程序，上述风险评估程序和进一步审计程序(包括控制测试和实质性程序)又称为总体审计程序。总体审计程序图如图 4-2 所示。

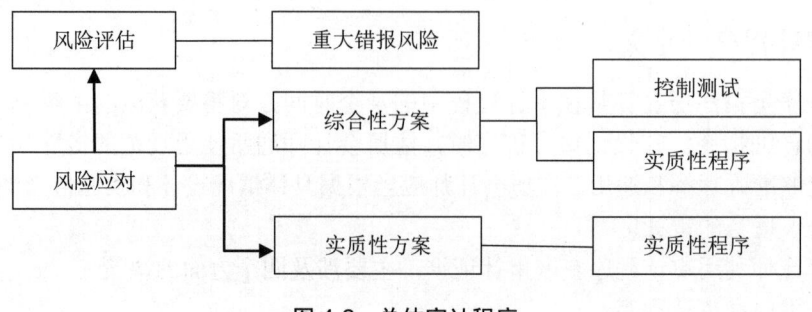

图 4-2 总体审计程序

3. 具体审计程序

具体审计程序包括检查、观察、询问、函证、重新计算、重新执行及分析程序。在实施风险评估程序、控制测试和实质性程序时，注册会计师可根据需要单独或综合运用以下七种具体审计程序，以获得充分、适当的审计证据。

(1) 检查。检查是对被审计单位内部或外部生成的，以纸质、电子或其他介质形式存在的记录和文件进行审查或对资产进行审查。

检查有形资产通常用于存货和现金等实物资产的审查，有时也适用于有价证券、应收票据和固定资产审计。检查有形资产主要为证实其存在性。

检查记录或文件可以提供可靠程度不同的审计证据。在检查内部记录或文件时，其可靠性取决于生成该记录或文件的内部控制的有效性。

检查程序具有方向性，如细节测试中的"顺查"和"逆查"。顺查是从原始凭证开始检查到明细账，侧重于"完整性"认定；逆查是从明细账追查至原始凭证或实物，侧重于"存在"认定。

(2) 观察。观察是指审计人员查看被审计单位相关人员正在从事的活动或实施的程序。

观察所提供的审计证据容易受时间、地点等条件的限制。注册会计师必须获取其他类型的佐证证据。因为观察提供的审计证据仅限于观察发生的时点，并且在相关人员已知被观察时，可能会影响注册会计师对真实情况的了解，所以有必要获取其他类型的佐证证据。

(3) 询问。询问是指注册会计师以书面或口头方式，向被审计单位内部或外部的知情人员获取财务信息和非财务信息，并对答复进行评价的过程。

询问这种方法广泛应用于整个审计过程中，但询问本身不足以发现认定层次存在的重大错报，也不足以测试内部控制运行的有效性。而且当注册会计师通过询问方式获得审计证据时，不一定完全真实准确，所以通过询问获得的审计证据一般不能独立作为证据，往往只提供线索，还需要通过其他审计程序获得相关信息来佐证。

(4) 函证。函证是注册会计师为了获取影响财务报表或相关披露认定的项目的信息，通过直接来自第三方的对有关信息和现存状况的声明，获取和评价审计证据的过程。

函证是指审计人员直接从第三方获取书面答复的过程。书面答复可能采用纸质、电子或其他介质等形式。函证的结果可靠性很高，但因成本因素会使其使用的场合受到限制。

(5) 重新计算。重新计算是指注册会计师使用手工方式或电子方式对记录或文件中的数据计算的准确性进行核对。

(6) 重新执行。重新执行是指注册会计师以人工方式或使用计算机辅助审计技术，独立执行原本作为被审计单位内部控制组成部分的程序或控制。重新执行仅适用于控制测试。

(7) 分析程序。分析程序是指注册会计师通过分析不同财务数据之间及财务数据与非财务数据之间的内在关系，对财务信息做出评价。

对于一些不太重要的项目，有时仅用分析性复核进行取证即可。如果分析性复核结果表明是合理的，则可适当减少审计证据的收集；如果表明存在异常变动，必要时要追加适当的审计程序。

在审计过程中，注册会计师可根据需要单独或综合运用以上七种具体审计程序。

4. 总体审计程序与具体审计程序的关系

在风险评估程序中，可以实施询问管理层和被审计单位内部其他人员，实施分析程序、观察和检查。

在实施控制测试时，采用的具体审计程序类型包括询问、观察、检查和重新执行。

在实施实质性程序时，除重新执行外，其他具体审计程序均可使用，只是分析程序为实质性分析程序。其他的五个程序称为细节测试。审计程序类型与获取方式的关系如图4-3所示。

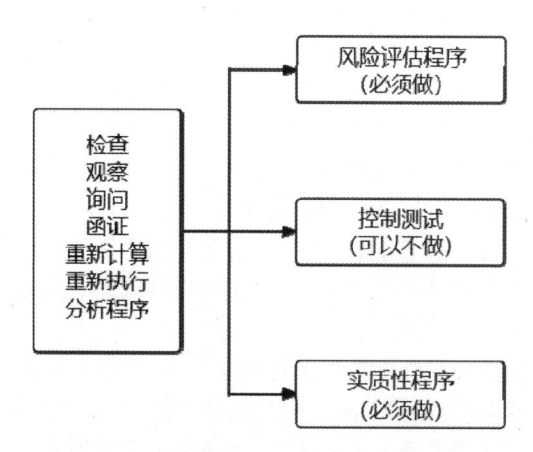

图 4-3　审计程序类型与获取方式的关系

任务解析

根据任务引例中的表4-5填写内容后如表4-7所示。

表 4-7　审计程序及其相关信息(已填)

序号	审计程序	实质性程序名称	审计证据	具体审计目标
1	从有关记录审查至"已付款"支票	交易细节测试	书面证据	发生
2	重新计算应付利息费用	余额细节测试	书面证据	计价与分摊
3	向管理层询问存货过时情况	余额细节测试	口头证据	计价与分摊
4	调节年末银行存款账户	余额细节测试	书面证据	
5	计算存货周转率并与同行资料相比较	分析程序	环境证据	整体合理性
6	向债务人函证应收账款余额	余额细节测试	书面证据	存在
7	从销售账簿记录审查至销售发票	交易细节测试	书面证据	发生
8	审查应该资本化却计入修理费的证据	余额细节测试	书面证据	完整性
9	分析行业成本数据变化趋势	分析程序	环境证据	计价与分摊
10	审查年度中所购买的土地所有权契约	交易细节测试	书面证据	权利
11	抽查报表日后销售收入、退货记录、发货单和货运凭证	交易细节测试	书面证据	截止
12	盘点库存现金	余额细节测试	实物证据	存在

任务三　编制审计工作底稿

任务描述

知 识 点	技能点及任务成果	课　时
1. 什么是审计工作底稿？ 2. 审计工作底稿分为哪些种类？ 3. 审计工作底稿的格式和要素。 4. 审计工作底稿的复核。 5. 审计工作底稿的保管。	1. 剖析审计工作底稿的定义。 2. 明确审计工作底稿的分类。 3. 明确审计工作底稿的格式和要素	1

任务引例

ABC 会计师事务所承接了 D 公司 2023 年度财务报表审计工作，审计报告日是 2024 年 3 月 15 日，提交审计报告的时间是 2024 年 3 月 17 日。同时约定下一年审计工作依然由 ABC 会计师事务所承接。ABC 会计师事务所于 2024 年 5 月 24 日完成审计工作底稿归档工作。

请回答下列问题：

(1) 简要回答 ABC 会计师事务所本次审计的审计工作底稿的归档期限是否正确，并说明理由。

(2) 审计工作底稿归档后，出现何种情形时可以调阅审计工作底稿？

(3) 简要说明本次审计工作底稿的保存期限。

知识准备

一、审计工作底稿的含义及编制目的

(一)审计工作底稿的含义

审计工作底稿是指注册会计师对制订的审计计划、实施的审计程序、获取的审计证据，以及得出的审计结论做出的记录。审计工作底稿是审计证据的载体，是指注册会计师在执行审计业务的过程中形成的全部审计工作记录和获取的资料。它是注册会计师形成审计结论、发表审计意见的直接依据。如果说审计工作底稿是"船"，那么审计证据就是船上的"货物"。

审计工作底稿形成于审计过程，同时也反映整个审计过程。

(二)审计工作底稿的要素

1. 审计工作底稿的标题

审计工作底稿的标题包括被审计单位的名称，即会计报表的编制单位。

2. 审计过程记录

审计过程记录是注册会计师的审计轨迹与专业判断的记录。注册会计师应将其实施的审计而达到审计目标的过程记录在审计工作底稿中。

审计过程记录包括两方面内容：一是被审计单位的未审情况，包括被审计单位的内部控制情况、有关会计账项的未审计发生额及期末余额；二是审计过程的记录，包括注册会计师实施的审计测试性质、测试项目、抽取的样本及检查的重要凭证、审计调整及重分类事项等。

【知识链接】

《中国注册会计师审计准则第 1131 号——审计工作底稿》第十二条规定，注册会计师应当及时记录与管理层、治理层和其他人员对重大事项的讨论，包括讨论的内容、时间、地点和参赛人员。

3. 审计结论

审计工作的每一部分都应当包含与已实施审计程序的结果及其是否实现既定审计目标相关的结论，还应包括审计程序识别的例外情况和重大事项如何得到解决的结论。

注册会计师恰当地记录审计结论非常重要，注册会计师需要根据所实施的审计程序及获取的审计证据得出结论，并以此作为对财务报表发表审计意见的基础。

4. 审计标识及其说明

审计标识是注册会计师为了便于表达审计含义而采用的符号。审计标识被用于已实施程序相关的工作底稿。每张审计工作底稿都应包含对已实施程序的性质、时间和范围所作的解释，以支持每一个标识的含义。

5. 索引号及编号

索引号是注册会计师为整理利用审计工作底稿，将其具有同一性质或反映同一具体审计事项的审计工作底稿分别归类，形成相互控制的特定编号。通常，审计工作底稿需要注明索引号及编号，以使相关审计工作底稿之间保持清晰的钩稽关系。

【知识拓展】

索引号和页次两者结合构成每一张审计工作底稿唯一的标识符号，因此索引号应准确表达对应审计工作底稿的类型和性质，相互之间既有紧密的关联作用和钩稽关系，又有明显的排他性和唯一性，不允许重复。

6. 编制人员和复核人员及执行日期

为了明确责任，在各自完成与特定工作底稿相关的任务之后，编制者和复核者都应在工作底稿上签名并注明编制日期和复核日期。

在需要项目质量控制复核的情况下，还需要注明项目质量控制复核人员及复核日期。通常，需要在每一张审计工作底稿上注明执行审计工作的人员和复核人员、完成该项审计工作的日期及完成复核的日期。

(三)审计工作底稿的编制目的

审计工作底稿的编制在计划和执行审计工作中发挥着重要作用。在符合相关审计准则要求的情况下，审计人员编制审计工作底稿会实现下列目的。

1. 作为注册会计师得出实现总体目标结论的基础

审计工作底稿是注册会计师形成审计结论、发表审计意见的直接依据。及时编制审计工作底稿有助于提高审计工作的质量，便于在出具审计报告之前，对取得的审计证据和得出的审计结论进行有效复核和评价；也有助于项目组计划和实施审计工作，使项目组对其工作负责，为以后的审计提供相关资料。

2. 证明审计人员按照审计准则和相关法律法规的规定计划和执行了审计工作

在会计师事务所因执业质量而涉及诉讼或有关监管机构进行执业质量检查时，审计工作底稿能够提供证据，证明会计师事务所是否按照审计准则和相关法律法规的规定计划和执行了审计工作。

【学中做 4-4　多项选择题】关于审计工作底稿的主要编制目的，以下说法中，恰当的有(　　)。

　　A. 提供证据，证明注册会计师已经按照审计准则和相关法律法规的规定计划和执行了审计工作
　　B. 有助于负责督导的项目组成员履行指导、监督与复核审计工作的责任
　　C. 提供充分、适当的记录，作为审计报告的基础
　　D. 保留对未来审计工作持续产生重大影响的事项的记录

【答案】AC。

二、审计工作底稿的种类

审计工作底稿的种类分为以下三种：①注册会计师直接编制的；②从被审计单位、有关部门取得的原始资料；③注册会计师接受并审阅他人代为编制的审计记录。其中②③两种是取得的。审计工作底稿按其性质和作用不同，可划分为综合类审计工作底稿、业务类审计工作底稿和备查类审计工作底稿。

(一)综合类审计工作底稿

综合类审计工作底稿是指审计人员在审计计划阶段和审计报告阶段，为规划、组织、协调、控制、监督和总结整个审计工作而形成的审计工作记录和收集的资料。它包括业务风险和环境控制的调查问卷、审计业务约定书、总体审计计划、未审财务报表、横向趋势分析表、纵向趋势分析表、比率趋势分析表、审计报告、已审财务报表及其附注等。

如果想要对一本审计工作底稿进行审计、复核的话，入手之初肯定为"综合类审计工作底稿"，因为综合类审计工作底稿集中体现审计工作的执行情况、执行结果，是所有审计工作底稿的灵魂和精髓。

(二)业务类审计工作底稿

业务类审计工作底稿是指审计人员在审计实施阶段为执行具体审计程序所形成的审计工作底稿。它包括控制测试中形成的内部控制问题调查表和流程图、实质性测试中形成的项目明细表、资产盘点表或调节表、询证函、分析性测试表、计价测试记录、截止测试记

录等。

(三)备查类审计工作底稿

备查类审计工作底稿是审计人员在审计过程中形成的，对审计工作仅具有备查作用的审计工作底稿。它主要包括被审计单位的设立批准证书、营业执照、合营合同、协议、章程、组织机构及管理人员结构图、董事会会议纪要、重要经济合同、相关内部控制制度、验资报告的复印件或摘录等。

通常备查类审计工作底稿是由被审计单位或第三方根据实际情况提供或代为编制的，因此注册会计师应认真审核，并对所取得的有关文件、资料说明其具体来源。

审计人员在出具审计报告前，要对各种记录材料也就是审计工作底稿进行复核。复核后的审计工作底稿是作出审计结论的基础，经过分类、整理、汇集后形成审计档案并可以归档。所以说，审计工作底稿是审计档案的重要组成部分。

三、审计工作底稿的复核——三级复核制度

根据 2020 年 11 月 19 日财政部批准印发《会计师事务所质量管理准则第 5101 号——业务质量管理》第 3 项中国注册会计师执业准则(以下统称质量管理相关准则)的要求，审计工作底稿复核的总体流程如图 4-4 所示。

项目组复核 → 部门复核 → 会计师事务所复核

图 4-4　审计工作底稿复核的总体流程

为保证审计工作底稿复核工作的质量，在社会审计中，一般会对审计工作底稿建立三级复核制度。三级复核制度是指审计工作底稿由项目经理(第一级复核)、部门经理(第二级复核)和审计机构的主任会计师或专职的复核机构(第三级复核)对审计工作底稿进行逐级复核的一种复核制度。

(一)项目组复核

项目组复核通常由项目经理完成。项目经理复核称为详细复核，要求项目经理对下属审计人员形成的审计工作底稿逐张复核，发现问题及时指出，并督促审计人员及时修改完善。

(二)部门复核

部门复核通常由部门经理复核，也称为一般复核，是在项目经理完成了详细复核之后，再对审计工作底稿中重要会计账项的审计、重要审计程序的执行及审计调整事项等进行复核。部门经理复核是对项目经理复核的一种再监督，也是对重要审计事项的重点把握。

(三)会计师事务所复核

会计师事务所复核由主任会计师复核，也称为重点复核，是对审计过程中的重大会计审计问题、重大审计调整事项及重要的审计工作底稿进行的复核。主任会计师复核既是对

前面两级复核的再监督,也是对整个审计工作的计划、进度和质量的重点把握。

审计工作底稿的三级复核制度如表4-8所示。

表4-8 审计工作底稿的三级复核制度表

级别	名称	复核人	复核内容
第一级	详细复核	项目经理	全部工作底稿
第二级	一般复核	部门经理	重要事项、重要程序、调整事项
第三级	重点复核	主任会计师	重大会计审计问题、重大调整项目

【学中做4-5 单项选择题】关于会计师事务所对审计工作底稿设计和实施适当的控制,以下说法中,不恰当的是(   )。

A. 审计工作底稿应当能够清晰地显示其生成、修改及复核的时间和人员
B. 未经授权不能改动底稿
C. 应当能够保护底稿信息的完整性和安全性
D. 非审计项目组成员不能接触底稿

【答案】D。

【解析】选项D不恰当。除了审计项目组成员外,其他经授权的人员为适当履行职责也是能够接触审计工作底稿的。比如,在审计上市公司财务报表时,根据项目质量控制复核的要求,事务所应当指派审计项目组以外有经验的专业人士对审计工作底稿进行项目质量控制复核。

四、审计工作底稿的保管

(一)审计档案的类别

审计工作底稿经过分类、整理、汇集、归档后,就形成了审计档案。在审计实务中,会计师事务所可以将审计档案分为永久性档案和当期档案。这一分类主要是基于具体工作中对审计档案使用时间长短而划分的。

永久性档案记录的内容一般变化不大,相对稳定,对以后的审计工作有直接影响,具有长期使用价值。比如,单位营业执照就属于永久性档案。

当期档案主要是供当期和下期使用,记录的内容有变化。比如,每次审计的计划书就属于当期档案。

(二)审计档案的归档期限和保管期限

1. 审计档案的归档期限

审计工作底稿归档期限为审计报告日后60天内。如果注册会计师没有完成审计业务,那审计工作底稿的归档期限就是审计业务中止后的60天内。

2. 审计档案的保管期限

自审计报告日起,对审计工作底稿至少保存10年。如果审计人员没有完成审计业务,那么会计师事务所应当自审计业务中止日起,对审计工作底稿至少保存10年。

审计工作底稿的所有权属于承接该项审计业务的审计机构。审计机构应当制定档案保管制度。在实际审计过程中存在一种情况，即由于审计的实际需要，当期的审计工作底稿里可能包含以前年度的资料，有的甚至年代久远或是 10 年以前的。虽然这些资料年代久远，但是属于本期审计档案不可缺少的内容，是本期做出审计结论的基础。所以，这些对当期有效的档案，应视为当期取得，并保存 10 年。

(三)审计档案的保密与调阅

审计机构应建立严格的审计工作档案保密制度，并由专人管理。除下列情况外，审计机构不得对外泄露审计档案中涉及的商业秘密。

(1) 法院及检察院因工作需要，在办理了规定的查阅手续后，可依法查阅审计档案中的有关审计工作底稿。

(2) 注册会计师协会对执业情况进行检查时，可查阅审计档案。

(3) 不同会计师事务所的注册会计师因审计工作的需要，并经委托人同意，办理了有关手续后，可要求查阅审计档案。

任务解析

(1) 本次审计的审计工作底稿的归档期限不正确。因为审计报告日是 2024 年 3 月 15 日，ABC 会计师事务所于 2024 年 5 月 24 日完成审计工作底稿归档工作，超过了报告日后 60 天归档期限。

(2) ①法院及检察院因工作需要，在办理了规定的查阅手续后，可依法查阅审计档案中的有关审计工作底稿。②注册会计师协会对执业情况进行检查时，可查阅审计档案。③不同会计师事务所的注册会计师因审计工作的需要，并经委托人同意，办理了有关手续后，可要求查阅审计档案。

(3) 审计报告日是 2024 年 3 月 15 日，至少保存 10 年，即本次审计工作底稿的保存期限为 2034 年 3 月 15 日。

职业判断能力训练

一、单项选择题

1. 下列证据中，属于外部证据的是(　　)。
   A. 被审计单位管理层声明书　　　B. 被审计单位的会计记录
   C. 被审计单位提供的购货发票　　D. 被审计单位提供的销货发票
2. 下列证据中，既属于书面证据，又属于内部证据的是(　　)。
   A. 存货监盘表　　　　　　　　　B. 材料入库单
   C. 应收账款函证回函　　　　　　D. 购货发票
3. 注册会计师重新编制被审计单位的银行存款余额调节表属于(　　)审计程序。
   A. 检查记录或文件　　　　　　　B. 检查有形资产
   C. 重新计算　　　　　　　　　　D. 重新执行

4. 注册会计师观察被审计单位原材料的收、发、存情况属于(　　)审计程序。
   A. 观察　　　　　　　　　　　　B. 检查有形资产
   C. 询问　　　　　　　　　　　　D. 分析程序
5. 关于审计程序的作用，以下说法中，不恰当的是(　　)。
   A. 检查有形资产可提供资产的权利和义务的全部审计证据
   B. 观察提供的审计证据仅限于观察发生的时点
   C. 对于询问的答复，注册会计师应当通过获取其他证据予以佐证
   D. 分析程序适用于调查识别出的、与其他相关信息不一致或与预期数据严重偏离的波动和关系
6. 下列有关审计证据的表述中，正确的有(　　)。
   A. 经过注册会计师检查的文件记录均应视为非常可靠的证据
   B. 检查有形资产不仅能够证明实物资产的存在，还能证明其归被审计单位所有
   C. 观察提供的审计证据只能证明在观察发生时点的情况
   D. 注册会计师通过询问程序也能证明被审计单位内部控制运行的有效性
7. 下列关于审计工作底稿归档的表述中，正确的是(　　)。
   A. 审计工作底稿的归档工作是业务性工作
   B. 针对客户的同一财务信息执行不同委托业务，可将其归整为一份审计档案
   C. 审计工作完成后，应于审计报告日后60天内归档
   D. 未完成审计工作的，应于审计业务中止后90天内归档
8. 下列有关审计方法的表述中，错误的是(　　)。
   A. 顺查法是指从检查原始凭证入手的审计方法
   B. 顺查法一般适用于业务规模较小、会计资料较少的被审计单位
   C. 逆查法是指从分析检查财务报表入手的审计方法
   D. 逆查法一般适用于存在问题较多的被审计单位
9. (　　)是由注册会计师到被审计单位现场盘点实物，以证实书面资料同有关财产物资相符的方法。
   A. 盘存法　　　B. 鉴定法　　　C. 观察法　　　D. 调节法
10. 充分性和适当性是审计证据的两个重要特征，下列关于审计证据的充分性和适当性表述中不正确的是(　　)。
    A. 充分性和适当性两者缺一不可，只有充分且适当的审计证据才是有证明力的
    B. 审计证据质量越高，需要的审计证据数量可能越少
    C. 如果审计证据的质量存在缺陷，仅靠获取更多的审计证据可能无法弥补其质量上的缺陷
    D. 如果审计证据的质量存在缺陷，注册会计师必须收集更多数量的审计证据，否则无法形成审计意见

二、多项选择题

1. 下列(　　)属于基本证据。
   A. 实物证据　　B. 书面证据　　C. 口头证据　　D. 环境证据

2. 下列各项中，属于环境证据的有(　　)。
   A. 企业内部控制情况
   B. 被审计单位各种管理条件和管理水平
   C. 被审计单位管理人员的素质
   D. 被审计单位管理层声明书
3. 下列获取的证据中，需要运用分析程序的是(　　)。
   A. 实物证据　　　B. 书面证据　　　C. 口头证据　　　D. 环境证据
4. 如果注册会计师发现被审计单位的重要文件记录有涂改变动的痕迹，那么以下措施中，恰当的有(　　)。
   A. 直接向与涂改信息相关的第三方询证
   B. 考虑利用专家的工作来评价文件记录的真伪
   C. 考虑内部控制的有效性
   D. 考虑账户或交易的性质
5. 下列有关审计证据可靠性的表述中，正确的有(　　)。
   A. 从内部取得的审计证据比从被审计单位外部获取的证据更可靠
   B. 原件形式的审计证据比复印件形式的审计证据更可靠
   C. 内部控制健全有效情况下形成的审计证据比内部控制无效情况下形成的审计证据更可靠
   D. 从被审计单位财务会计资料中直接采集的审计证据比经被审计单位加工处理后提交的审计证据更可靠
6. 以下有关分析程序在风险评估程序中的具体运用，正确的有(　　)。
   A. 注册会计师可以将分析程序与函证和监盘程序结合运用，以获取对被审计单位及其环境的了解，识别和评估财务报表层次及具体认定层次的重大错报风险
   B. 在运用分析程序时，注册会计师应重点关注关键的账户余额、趋势和财务比率关系等方面，对其形成一个合理的预期，并与被审计单位记录的金额、依据记录金额计算的比率或趋势相比较
   C. 如果分析程序的结果显示的比率、比例或趋势与注册会计师对被审计单位及其环境的了解不一致，并且被审计单位管理层无法提出合理的解释，或者无法获得相关的支持性文件证据，注册会计师应当考虑其是否表明被审计单位的财务报表存在重大错报风险
   D. 注册会计师无须在了解被审计单位及其环境的每一方面都实施分析程序
7. 注册会计师获取审计证据的程序，按审计程序的目的不同可分为(　　)。
   A. 风险评估程序　　B. 检查　　　　C. 控制测试　　　D. 实质性程序
8. 在考虑审计证据的相关性时，下列说法中正确的有(　　)。
   A. 特定的审计程序只为某些认定提供相关的审计证据，而与其他认定无关
   B. 针对同一项认定可以从不同来源获取审计证据或获取不同性质的审计证据
   C. 只与特定认定相关的审计证据并不能替代与其他认定相关的审计证据
   D. 审计证据的相关性是指审计证据只有与审计目标相关，才有证明力

9. 在对短期借款实施相关审计程序后，需对所取得的审计证据进行评价。下列关于短期借款审计证据可靠性的论述中，正确的有（　　）。
   A. 从第三方获取的有关短期借款的证据比直接从被审计单位获得的相关证据更可靠
   B. 短期借款的重大错报风险为低水平时产生的会计数据比重大错报风险为高水平时产生的会计数据更为可靠
   C. 短期借款的重大错报风险为高水平时产生的会计数据比重大错报风险为低水平时产生的会计数据更为可靠
   D. 被审计单位提供的借款合同尽管有借贷双方的签章，但如果没有其他证据佐证，也不可靠

10. 下列表述中，不正确的有（　　）。
    A. 注册会计师获取审计证据时，不论是重要的审计项目，还是一般的审计项目，均应考虑成本效益原则
    B. 审计证据的适当性是指审计证据的相关性和可靠性，相关性是指审计证据应与审计范围相关
    C. 从外部独立来源获取的审计证据一定比从其他来源获取的审计证据更可靠
    D. 注册会计师在考虑审计证据的相关性时，应当考虑的一个方面是直接获取的审计证据比间接获取或推导得出的审计证据更可靠

三、判断题

1. 审计是一个系统化的过程，通过了解被审计单位及其环境，识别和评估财务报表重大错报风险，设计和实施进一步审计程序，获取充分、适当的审计证据，发表审计意见，出具审计报告。（　　）
2. 为了保证审计证据的充分性，注册会计师应当收集尽可能多的审计证据。（　　）
3. 审计证据的充分性是对审计证据数量特征的描述。（　　）
4. 审计证据的适当性是关于审计证据质量特征的描述，包括审计证据的相关性和可靠性。（　　）
5. 实物证据不能完全证实实物资产归属被审计单位，也不能完全证实实物资产价值的正确性。（　　）

四、案例分析题

1. 甲注册会计师在对F公司2023年度会计报表进行审计时，收集到以下六组审计证据。
   (1) 收料单与购货发票。
   (2) 销货发票副本与产品出库单。
   (3) 领料单与材料成本计算表。
   (4) 工资计算单与工资发放单。
   (5) 存货盘点表与存货监盘记录。
   (6) 银行询证函回函与银行对账单。
   【要求】请分别说明每组审计证据中哪种审计证据较为可靠，并简要说明理由。

2. 在注册会计师协会组织对会计师事务所审计工作底稿的质量检查中，检查人员发现信达公司 2023 年财务报表审计工作底稿存在如下问题。

(1) 审计工作底稿杂乱，底稿中没有交叉索引。

(2) 库存现金盘点数与账面记录相差 34.5 元，没有进一步的说明或补充证据。

(3) 应收账款回函约 30 份装订在一起，没有"应收账款回函汇总表"，且对于回函不相符者，没有补充审计说明或补充审计证据。

(4) "无形资产审定表"中确认的"无形资产——药品批号"320 万元，但在无形资产审定表后面附有的该药品批号文件显示，该药品批号归信达公司的母公司——荣华公司所有。

(5) 在审计工作底稿形成的过程中，重视数据、资料的归集，缺少审计人员、审计轨迹和专业判断的记录。于是，检查人员认为该项目负责人的项目组内部复核没有真正实施，但项目负责人以为项目组成员已经在每一份底稿中签名，实施了项目组内部有经验的人员、项目负责人的复核。

【要求】

(1) 回答项目负责人对项目组内部复核的基本要求。

(2) 结合本案例，分别指出该审计工作底稿在编制与复核中存在的问题。

3. 王婷注册会计师负责审计甲公司 2023 年财务报表。甲公司 2023 年 12 月 31 日应收账款存在重大错报风险，决定选取金额较大及金额较高的应收账款明细账账户实施函证程序，选取的应收账款明细账账户余额合计为 1 800 万元。审计过程中遇到以下事项。

(1) 审计项目组成员要求被询证的甲公司客户将回函直接寄到会计师事务所，但甲公司客户将回函寄到了甲公司财务部，审计项目组成员取得该回函，并将其归入审计工作底稿。

(2) 对于审计项目组以传真方式收到的回函，审计项目组成员与被询证方取得了电话联系，确认回函信息，并在审计工作底稿中记录了电话内容与时间、对方姓名与职位，以及实施程序的审计项目组成员姓名。

(3) 审计项目组成员根据甲公司财务人员提供的电子邮件地址，向甲公司境外客户乙公司发送了询证应收账款余额的电子邮件，并收到了电子邮件回复。乙公司确认余额准确无误。审计项目组成员将电子邮件打印后归入审计工作底稿。

(4) 甲公司客户丁公司的回函确认金额比甲公司账面余额少 150 万元。甲公司销售部人员解释，是由于甲公司于 2023 年 12 月月末销售给丁公司的一批产品，在 2023 年年末尚未开具销售发票，丁公司因此未入账。A 注册会计师认为该解释合理，未实施其他审计程序。

(5) 实施函证的 1 800 万元应收账款余额中，审计项目组未收到回函的余额合计 950 万元，审计项目组对此实施了替代程序：发现其中的 500 万元存在期后收款凭证；对没有期后收款记录的 450 万元，检查了与这些余额相关的销售合同和发票，未发现例外事项。

(6) 鉴于对 60% 应收账款余额实施函证程序未发现错报，A 注册会计师推断其余 40% 的应收账款余额也不存在错报，无须实施进一步审计程序。

【要求】针对上述第(1)至(6)项，逐项指出 A 注册会计师或审计项目组的做法是否恰当。若不恰当，简要说明理由。

微课视频

扫一扫，获取本项目相关微课视频。

项目四　控制测试

项目四　审计抽样的分类

项目四　审计抽样的含义及特征范围

项目四　审计证据的含义及内容

项目四　实质性程序

项目四　总体应对措施

项目五

计划审计工作

【学习任务】

通过对计划审计工作项目的学习,需要完成如下工作任务。
1. 填写初步业务活动工作底稿。
2. 编写审计业务约定书。
3. 编制总体审计策略、具体审计计划。

【学习目标】

知识目标	能力目标	素养目标
★熟悉初步业务活动的含义及主要内容;	★能够根据所收集的资料填写初步业务活动工作底稿;	
★掌握审计业务约定书的基本内容;	★能够根据所收集的资料填写审计业务约定书;	★培养学生的全局观和大局意识
★熟悉总体审计策略、具体审计计划的内容	★能够根据审计总体策略编制具体审计计划	

【案例导入】

谋定而后动 万事皆有法

2014年2月12日，证监会公布利安达会计师事务所(以下简称"利安达")及其三名注册会计师黄程、温京辉、汪国海的行政处罚决定。经查，利安达存在以下违法事实：利安达及其注册会计师在审计河南天丰节能板材科技股份有限公司(以下简称"天丰节能")IPO和执行首次公开发行股票公司审计业务专项核查工作时未勤勉尽责，2013年2月17日出具的审计报告和2013年3月28日出具的利安达会计师事务所有限责任公司关于河南天丰节能板材科技股份有限公司落实《〈关于做好首次公开发行股票公司2012年度财务报告专项检查工作的通知〉的自查报告》(以下简称"自查报告")存在虚假记载。

根据证监会的调查，利安达对天丰节能IPO审计的计划类工作底稿缺失或没有在计划中对评估出的重大错报风险作出恰当的应对措施，没有设计进一步审计程序，没有对舞弊风险进行评估和计划应对，违反《中国注册会计师审计准则第1231号——针对评估的重大错报风险采取的应对措施》第五条、第六条和《中国注册会计师审计准则第1141号——财务报表审计中与舞弊相关的责任》第十三条、第十六条、第十七条的规定。具体事实如下：①利安达IPO审计工作底稿(2010年)无计划类工作底稿，无总体审计策略、具体审计计划、重要性水平确定表等；无风险评估汇总表或其他风险评估底稿。②利安达IPO审计工作底稿(2011年)无总体审计策略、具体审计计划；无风险评估汇总表或其他风险评估底稿。③利安达IPO审计工作底稿(2012年)具体审计计划中将"评估的重大错报风险"索引至C47，但未见该份底稿。2012年风险评估汇总表中将销售收款循环评估为财务报表层次的重大错报风险，最高风险，并将对报表的影响描述为虚增营业收入和虚增应收账款；将固定资产循环评估为高风险，对报表的影响描述为虚增资产，涉及在建工程、固定资产科目。但总体应对措施仅描述为"控制测试及实质性测试"，也没有就认定层次重大错报风险设计进一步审计程序。④利安达IPO审计工作底稿(2010—2012年)中没有舞弊风险评估的相关底稿。

证监会还发现，利安达及其注册会计师在执行应收账款函证、银行账户函证、固定资产审计、关联识别和披露审计、关联方核查程序中也存在严重失职，未勤勉尽责。

(资料来源：中国证券监督管理委员会官网：中国证监会行政处罚决定书
(利安达会计师事务所、黄程、温京辉等4名责任人)〔2014〕21号.)

好的计划是成功的开始。本例中的会计师事务所和注册会计师在审计中竟然未制定审计计划，因此在执行具体审计程序时错漏百出也就不足为奇了。那么，请思考：什么是审计计划？审计计划的作用是什么？审计计划应包含哪些内容？审计计划如何更新、修改及记录？本项目我们将带着这些问题详细介绍审计计划的相关知识。

任务一　开展初步业务活动

任务描述

工作任务	技能点及任务成果	课　时
开展初步业务活动	1. 明确初步业务活动的目的和内容。 2. 能够填写审计业务初步活动工作底稿。 3. 完成任务引例	1

任务引例

乙公司主营百货文化用品、五金家电、油墨及印刷器材、家具、食品、针纺织品、日用杂品、烟酒等,自 2021 年上市以来,业务迅速扩张,股价也不断攀升。2022 年和 2023 年的会计报表及其前任注册会计师的审计报告显示,公司 2022 年和 2023 年分别实现主营业务收入 34.82 亿元和 70.46 亿元,同比增长 152.69%和 102.35%,同时,总资产也分别增长了 178.25%和 60.43%。但利润率从 2019 年开始出现了明显下降,由 2019 年的 2%下降到 2020 年的 0.69%,远远低于商贸类上市公司的平均水平 3.77%。

2023 年公司利润总额中 40%为投资收益,这些投资收益系乙公司利用银行承兑汇票(承兑期长达 3~6 个月)进行账款结算,从回笼货款到支付货款之间 3 个月的时间差,把这笔巨额资金委托丙证券进行短期套利所得。

自上市以来,乙公司已经更换了两次会计师事务所。

请思考以下问题:

1. 在承接乙公司业务委托前,如何进行初步了解和评估?
2. 请讨论在承接乙公司业务委托时,注册会计师应关注哪些履约风险?为什么?
3. 如果会计师事务所要承接乙公司 2023 年度的财务报表审计,那么请综合考虑注册会计师应当关注被审计单位的哪些风险?
4. 如果征得乙公司的同意,注册会计师与前任注册会计师联系时,应当如何沟通?

知识准备

初步业务活动是指注册会计师在本期审计业务开始时开展的有利于计划和执行审计工作,实现审计目标的活动的总称。

一、初步业务活动的目的

《中国注册会计师审计准则第 1201 号——计划审计工作》第七条指出,注册会计师开展初步业务活动有助于确保在计划审计工作时达到下列要求。

(1) 注册会计师已具备执行业务所需要的独立性和专业胜任能力。
(2) 不存在因管理层诚信问题而影响注册会计师保持该项业务意愿的情况。
(3) 与被审计单位不存在对业务约定条款的误解。

二、初步业务活动的内容

开展初步业务活动是审计工作的准备阶段,通常是审计人员实施具体审计之前所做的各项基础工作,是整个审计过程的起点和基础。一般来说,初步业务活动主要包括以下工作。

(1) 针对保持客户关系和具体业务实施相应的质量控制程序。
(2) 评价遵守相关职业道德要求的情况。
(3) 就审计业务约定条款达成一致意见。

虽然保持客户关系及具体审计业务和评价职业道德的工作贯穿审计业务的全过程,但是这两项活动需要安排在其他审计工作之前，以确保注册会计师已具备执行业务所需要的独立性和专业胜任能力，且不存在因管理层诚信问题而影响注册会计师保持该业务意愿等情况。在连续审计的业务中，这些初步业务活动通常是在上期审计工作结束后不久或将要结束时就已经开始了。

初步业务活动的内容结构如图 5-1 所示。

```
"瞧客户" → 是否接受与保持审计业务委托 ← "照自己"
                    ↓
            确定审计前提是否存在
                    ↓
        就审计业务约定书条款与被审计单位达成一致意见
                    ↓
            签订审计业务约定书
```

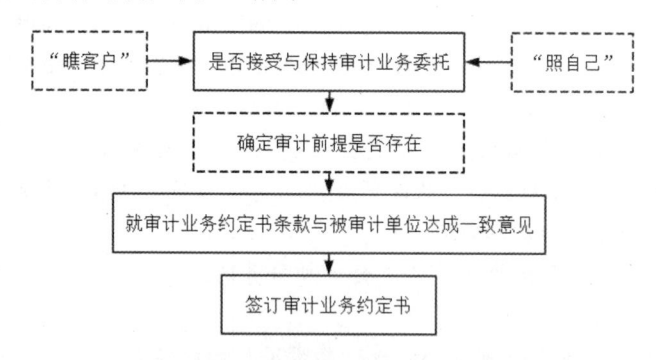

图 5-1　初步业务活动的内容结构

【学中做 5-1　多项选择题】注册会计师在与管理层就审计业务约定条款达成一致意见。在双方签订"审计业务约定书"前需要在下列(　　)环节开展初步业务活动。

A. 了解被审计单位及其环境，包括了解内部控制，评估重大错报风险
B. 针对保持客户关系和具体审计业务实施相应的质量控制程序
C. 评价事务所与审计项目组遵守职业道德要求的情况
D. 判断是否就审计业务达成了一致意见

【答案】BCD。

【解析】选项 A 是注册会计师承接业务后进行的，属于计划审计工作的内容，不是承接业务前或承接业务过程中的工作。

三、初步业务活动的时间

注册会计师在承接业务、计划审计工作前，需要开展初步业务活动。

注册会计师在首次接受委托时，计划审计工作是在初步业务活动之后，而初步业务活动的结果体现在注册会计师已经与管理层就审计业务约定条款达成一致意见，并签订了"审计业务约定书"。

【学中做 5-2　单项选择题】计划审计工作十分重要，对于任何一项审计业务，注册会计师在执行具体审计程序之前，都必须根据具体情况制订科学、合理的计划，使审计业务以有效的方式得到执行。以下说法中正确的是(　　)。

A. 为保持一定的独立性，被审计单位的相关人员不可以介入审计工作底稿的编制工作
B. 如果会计师事务所的注册会计师均不具备专业胜任能力，那么可以借助专家的工作
C. 在商定审计费用时，注册会计师可按照审计后资产总额的一定比例确定本次审计费用
D. 在编制审计计划前，需要开展初步业务活动

【答案】D。

【解析】被审计单位的财会人员及相关人员在适当情况下可以为注册会计师提供必要的

工作条件和协助,如代编某些工作底稿等,因此选项 A 不正确;如果会计师事务所所有的注册会计师均不具备专业胜任能力,应当拒绝接受委托,假如仅仅在某些特殊领域不了解,则可以借助专家的工作,因此选项 B 不正确;在商定审计费用时,不可以以审计后资产总额的一定比例确定审计费用,这属于或有收费,可以以审计前资产总额的一定比例确定审计费用,因此选项 C 不正确。

四、编制初步业务活动程序表与业务承接评价表

在审计实务中,初步业务活动通常要编制初步业务活动程序表与业务承接评价表,如表 5-1 和表 5-2 所示。

表 5-1 初步业务活动程序表

初步业务活动目标:确定是否接受业务委托;如接受业务委托,确保在计划审计工作时达到下列要求。
(1) 注册会计师已具备执行业务所需要的独立性和专业胜任能力。
(2) 不存在因管理层诚信问题而影响注册会计师承接或保持该项业务意愿的情况。
(3) 与被审计单位不存在对业务约定条款的误解。

初步业务活动程序	索引号	执行人
1. 如果是首次接受审计委托,实施下列程序:		
(1)与被审计单位面谈,讨论下列事项		
①审计的目标		
②审计报告的用途		
③管理层对财务报表的责任		
④审计范围		
⑤执行审计工作的安排,包括出具审计报告的时间要求		
⑥审计报告格式和对审计结果的其他沟通形式		
⑦管理层提供必要的工作条件和协助		
⑧注册会计师不受限制地接触任何与审计有关的记录、文件和所需要的其他信息		
⑨利用被审计单位专家或内部审计人员的程度(必要时)		
⑩审计收费		
(2)初步了解被审计单位及其环境,并予以记录		
(3)征得被审计单位书面同意后,与前任注册会计师沟通		
2. 如果是连续审计,实施下列程序:		
(1)了解审计的目标,审计报告的用途,审计范围和时间安排等		
(2)查阅以前年度审计工作底稿,重点关注非标准审计报告涉及的说明事项,管理建议书的具体内容,重大事项概要等		
(3)初步了解被审计单位及其环境发生的重大变化,并予以记录		
(4)考虑是否需要修改业务约定条款,以及是否需要提醒被审计单位注意现有的业务约定条款		
3. 评价是否具备执行该项审计业务所需要的独立性和专业胜任能力		
4. 完成业务承接评价表或业务保持评价表		
5. 签订审计业务约定书(适用于首次接受业务委托,以及连续审计中修改长期审计业务约定书条款的情况)		

表 5-2　业务承接评价表

1. 客户法定名称(中/英文)：
2. 客户地址：
　　电　话：　　　　　　　　传　真：
　　电子信箱：　　　　　　　网　址：
　　联 系 人：
3. 客户性质(国有/外商投资/民营/其他)：
4. 客户所属行业、业务性质与主要业务：
5. 最初接触途径(详细说明)：
(1) 本所职工引荐
(2) 外部人员引荐
(3) 其他(详细说明)
6. 客户要求我们提供审计服务的目的及出具审计报告的日期：
7. 治理层及管理层关键人员：

姓　名	职　位	姓　名	职　位

8. 主要财务人员：

姓　名	职　位	姓　名	职　位

9. 直接控股母公司、间接控股母公司、最终控股母公司的名称、地址、相互关系、主营业务及持股比例：
10. 子公司的名称、地址、相互关系、主营业务及持股比例：
11. 合营企业的名称、地址、相互关系、主营业务及持股比例：
12. 联营企业的名称、地址、相互关系、主营业务及持股比例：
13. 分公司的名称、地址、相互关系、主营业务：
14. 客户主管税务机关：
15. 客户法律顾问或委托律师(机构、经办人、联系方式)：
16. 客户常年会计顾问(机构、经办人、联系方式)：
17. 前任注册会计师(机构、经办人、联系方式)，变更会计师事务所的原因，以及最近三年变更会计师事务所的频率：
18. 根据对客户及其环境的了解，记录下列事项：

(1)客户的诚信
信息来源：
考虑因素：
(2)经营风险
信息来源：
考虑因素：

任务解析

(1) 在承接乙公司业务委托前，注册会计师应当初步了解和评估以下因素(见表5-3)，以决定是否承接业务，并初步了解和评价风险。

表5-3 评估因素

项　目	因　素
注册会计师可控因素	专业知识和人员配备：事务所员工是否具备或能够获取必要的专业知识，可以按照执业准则及时完成审计业务
	独立性：事务所是否独立于客户，能够提供无偏见的结论
注册会计师必须加以评估的因素	诚信：公司管理当局的诚信是否足以让事务所有理由相信管理当局不会有意进行重大欺诈或做出违法行为
	声誉和形象：公司的声誉是否良好，事务所接受其作为客户是否会给事务所带来损失或麻烦
	会计实务：公司是否积极遵守会计准则，其财务报表是否能全面、公允地反映公司的财务状况及经营业绩
	财务状况：公司是否存在很差的业绩或其他负面因素导致其近期内面临停业的风险
	盈利情况：接受并完成这项审计业务约定是否能给事务所带来合理的利润

(2) 在承接客户业务委托时，注册会计师应当关注的履约风险及其原因如下。

① 被起诉。如果事务所因为客户破产、存在舞弊或违法行为而被起诉，那么即使打赢了这场官司也极有可能遭受损失。因为很多情况下，事务所虽然胜诉了，但因诉讼而花费的成本会比承接该审计业务所取得的收入要多。

② 职业名誉的损失。如果事务所与一家声名狼藉的客户合作，那很可能会失去一些潜在的名誉较好的客户，因为这些客户通常会认为与名声败坏的公司有联系的事务所很可能有不诚信的嫌疑。

③ 缺乏营利性。在审计任务完成时，事务所可能会发现所获得的收入尚不足以弥补其成本，而客户也不愿意再多掏钱。事实上，除非存在一个很好的继续业务合作的理由，否则事务所是不会承接没有盈利的业务的。

(3) 注册会计师应当关注以下风险。

① 经营风险。乙公司2022年和2023年主营业务收入同比增长152.69%和102.35%，同时，总资产也分别增长了178.25%和60.43%，但利润率从2022年开始出现了明显的下降，由2022年的2%下降到2023年的0.69%，远远低于商贸类上市公司平均水平的3.77%。

2023年公司利润总额的40%为投资收益，这些投资收益系乙公司利用银行承兑汇票(承兑期长达3～6个月)进行账款结算，从回笼货款到支付货款之间有3个月的时间差，把这笔巨额资金委托华南证券进行短期套利所得。

这说明乙公司2023年的经营情况出现了问题，正常经营下滑，依靠投资收益才能有些利润，但投资收益的取得风险很大。

② 事务所更换风险。由于乙公司的经营每况愈下，且自上市以来，已经两次更换了

会计师事务所，因此存在事务所更换风险。

（4）征得乙公司的同意，注册会计师与前任注册会计师联系时，应当从以下五个方面与前任注册会计师讨论。

① 更换注册会计师的原因。

② 前任注册会计师与管理层发生冲突的性质。

③ 重要风险领域的确定。

④ 在欺诈、违法行为和内部控制等方面与客户交流的情况。

⑤ 沟通获得前一年度的审计工作底稿。

任务二　审计业务约定书的基本内容及签订

任务描述

工作任务	技能点及任务成果	课时
签订审计业务约定书	1. 掌握审计业务约定书的含义及填写方法。 2. 完成任务引例	2

任务引例

乙股份有限公司委托甲会计师事务所对其财务报表进行审计，甲会计师事务所在了解了客户的基本情况并初步评价了审计风险后，决定接受委托，双方签订的审计业务约定书如下。

审计业务约定书

甲方：乙股份有限公司

乙方：甲会计师事务所

甲方委托乙方对甲方2023年度财务报表进行审计，经双方协商达成如下约定。

1. 委托目的和审计范围

（1）委托目的：年度财务报表审计。

（2）审计范围：甲方2023年12月31日的资产负债表；2023年度的现金流量表。

2. 双方的责任与义务

（1）乙方的责任与义务。

① 乙方应按照《中华人民共和国注册会计师法》《中国注册会计师执业准则》的要求，对被审计单位提供的财务报表和有关资料，实施必要的审计程序，出具真实、合法的审计报告。

② 乙方在审计过程中，如发现被审计单位的内部控制有重大缺陷，也应将情况报告给委托方。乙方在适当的情况下应出具管理建议书。

③ 乙方按照约定的时间完成审计业务，出具审计报告。

（2）甲方的责任与义务。

① 甲方对乙方开展审计工作应给予充分的合作，提供必要的条件，并按乙方的要求，

提供被审计单位完整的会计资料及其他各种与审计业务有关的资料。

② 甲方应按照约定的条件，及时足额地支付审计费用。

③ 甲方的会计责任是建立、健全内部机制，保证资产的安全、完整，保证会计资料的真实、合法和完整。财务报表由被审计单位负责乙方的审计责任并不能替代、减轻或免除被审计单位的会计责任。

3. 出具审计报告的时间要求

甲方应于签订审计业务约定书后的 15 日内提供审计所需的全部资料，受托方应于委托方提供审计所需的全部资料后的 45 日内出具审计报告。

如果在审计过程中出现不可预见的、影响审计工作如期完成的情况或者其他情况，均须经过双方协商变更约定事项。

4. 审计费用及支付方式

本项业务审计费用为人民币 2 万元整。上述审计费用应在审计业务约定书签订后先支付 50%，审计报告完成时，再支付剩下的 50%。

5. 本约定书经双方签署后生效，约定事项全部完成后失效

6. 违约责任

双方按照《中华人民共和国民法典》承担违约责任。

……

甲方：乙股份有限公司(盖章) 代表：(签字)

乙方：甲会计师事务所(盖章) 代表：(签字)

请思考下列问题：

上述审计业务约定书是否存在问题？如果存在问题，请指出来，并做出相应的修改。

知识准备

审计业务约定书是指会计师事务所与被审计单位签订的，用以记录和确认审计业务的委托与受托关系、审计目标和范围、双方的责任及报告的格式等事项的书面协议。审计业务约定书具有经济合同性质，一经约定各方签字或盖章认可，即成为法律上生效的契约，对各方均具有法律约束力。

会计师事务所承接的任何审计业务，都应与被审计单位签订审计业务约定书。

【学中做 5-3　多项选择题】下列有关审计业务约定书的说法中，正确的是(　　)。

A. 审计业务约定书是会计师事务所与被审计单位签订的

B. 审计业务约定书的具体内容和格式不会因被审计单位的不同而不同

C. 审计业务约定书具有经济合同的性质，其目的是明确约定各方的权利和义务。约定书一经约定各方签字认可，即成为法律上生效的契约，对各方均具有法定约束力

D. 会计师事务所承接任何审计业务，均应与被审计单位签订审计业务约定书

【答案】ACD。

一、审计业务约定书的基本内容

审计业务约定书的内容包括审计业务约定书的必备条款，在需要时应考虑增加的其他

条款，以及实施集团财务报表审计时的特殊考虑。审计业务约定书的具体内容可能因被审计单位的不同而存在差异，但应当包括下列主要方面。

(1) 财务报表审计的目标。
(2) 管理层对财务报表的责任。
(3) 管理层编制财务报表采用的会计准则和相关会计制度。
(4) 审计范围，包括指明在执行财务报表审计业务时遵守的中国注册会计师审计准则。
(5) 执行审计工作的安排，包括出具审计报告的时间要求。
(6) 审计报告格式对审计结果的其他沟通形式。
(7) 由于测试的性质和审计的其他固有限制，以及内部控制的固有局限性，不可避免地存在着某些重大错报可能仍然未被发现的风险。
(8) 管理层为注册会计师提供必要的工作条件和协助。
(9) 注册会计师不受限制地接触任何与审计有关的记录、文件和所需要的其他信息。
(10) 管理层对其作出的与审计有关的声明予以书面确认。
(11) 注册会计师对执业过程中获得的信息保密。
(12) 审计收费，包括收费的计算基础和收费安排。
(13) 违约责任。
(14) 解决争议的方法。
(15) 签约双方法定代表人或其授权代表的签字盖章，以及签约双方加盖的公章。

二、签订审计业务约定书

审计业务约定书的样式如下。

审计业务约定书

甲方：××公司
乙方：××会计师事务所
兹由甲方委托乙方对年度财务报表进行审计，经双方协商，达成以下约定。
一、审计目标和范围
(1) 乙方接受甲方委托，对甲方按照企业会计准则编制的＿＿＿年＿＿月＿＿日资产负债表，年度的利润表、现金流量表及财务报表附注(以下统称"财务报表")进行审计。
(2) 乙方通过执行审计工作，对财务报表的下列方面发表审计意见：①财务报表是否在所有重大方面按照企业会计准则的规定编制；②财务报表是否在所有重大方面公允反映了甲方＿＿＿年＿＿月＿＿日的财务状况及年度的经营成果和现金流量。
二、甲方的责任与义务
(1) 根据《中华人民共和国会计法》及《企业财务会计报告条例》，甲方及甲方负责人有责任保证会计资料的真实性和完整性。因此，甲方管理层有责任妥善保存和提供会计记录(包括但不限于会计凭证、会计账簿及其他会计资料)，这些记录必须真实、完整地反映甲方的财务状况、经营成果和现金流量。
(2) 按照企业会计准则的规定编制和公允列报财务报表是甲方管理层的责任，这种责任包括：①设计、执行和维护必要的内部控制，以使财务报表不存在由于舞弊或错误导致的重大错报；②选择和运用恰当的会计政策；③做出合理的会计估计。

(3) 及时为乙方的审计工作提供与审计有关的所有记录、文件和所需的其他信息(在____年__月__日之前提供审计所需的全部资料，如果在审计过程中需要补充资料，也应及时提供)，并保证所提供资料的真实性和完整性。

(4) 确保乙方不受限制地接触其认为必要的甲方内部人员和其他相关人员。

(5) 甲方管理层对其做出的与审计有关的声明予以书面确认。

(6) 为乙方派出的有关工作人员提供必要的工作条件和协助，主要事项将由乙方于外勤工作开始前提供主要事项清单。

(7) 按照本约定书的约定及时并足额支付审计费用，以及乙方人员在审计期间的交通、食宿和其他相关费用。

(8) 乙方的审计不能减轻甲方及甲方管理层的责任。

三、乙方的责任与义务

(1) 乙方的责任是在执行审计工作的基础上对甲方的财务报表发表审计意见。乙方按照《中国注册会计师审计准则》(以下简称"审计准则")的规定执行审计工作。审计准则要求注册会计师遵守中国注册会计师职业道德守则，计划和执行审计工作以对财务报表是否不存在重大错报获取合理保证。

(2) 审计工作涉及实施审计程序，以获取有关财务报表金额和披露的审计证据。选择的审计程序取决于乙方的判断，包括对由于舞弊或错误导致的财务报表重大错报风险的评估。在进行风险评估时，乙方考虑与财务报表编制和公允列报相关的内部控制，以设计恰当的审计程序，但目的并非对内部控制的有效性发表意见。审计工作还包括评价管理层选用会计政策的恰当性和做出会计估计的合理性，以及评价财务报表的总体列报。

(3) 由于审计和内部控制的固有限制，即使按照审计准则的规定适当地计划和执行审计工作，仍不可避免地存在财务报表的某些重大错报可能未被乙方发现的风险。

(4) 在审计过程中，乙方若发现甲方存在乙方认为值得关注的内部控制缺陷，应以书面形式向甲方治理层或管理层通报。但乙方通报的各种事项，并不代表已全面说明所有可能存在的缺陷或已提出所有可行的改进建议。甲方在实施乙方提出的改进建议前应全面评估其影响。未经乙方书面许可，甲方不得向任何第三方提供乙方出具的沟通文件。

(5) 按照约定时间完成审计工作，出具审计报告。乙方应于____年__月__日前出具审计报告。

(6) 除下列情况外，乙方应当对执行业务过程中知悉的甲方信息予以保密：①法律法规允许披露，并取得甲方的授权；②根据法律法规的要求，为法律诉讼、仲裁准备文件或提供证据，以及向监管机构报告发现的违法行为；③在法律法规允许的情况下，在法律诉讼、仲裁中维护自己的合法权益；④接受注册会计师协会或监管机构的执业质量检查，答复其询问和调查；⑤法律法规、执业准则和执业道德规范规定的其他情形。

四、审计收费

(1) 本次审计服务的收费是以乙方各级别工作人员在本次工作中所耗费的时间为基础计算的。乙方预计本次审计服务的费用总额为人民币____元。

(2) 甲方应于本约定书签署之日起____日内支付____%的审计费用，其余款项于审计报告草稿完成日结清。

(3) 如果由于无法预见的原因，致使乙方从事本约定书所涉及的审计服务实际时间较本约定书签订时预计的时间有明显增加或减少时，甲、乙双方应通过协商，相应调整本部分第1段所述的审计费用。

(4) 如果由于无法预见的原因，致使乙方人员抵达甲方的工作现场后，本约定书所涉及的审计服务中止，甲方不得要求退还预付的审计费用；如上述情况发生于乙方人员完成现场审计工作，并离开甲方的工作现场之后，甲方应另行向乙方支付人民币＿＿＿元作为补偿费，该补偿费应于甲方收到乙方的收款通知之日起＿＿＿日内支付。

(5) 与本次审计有关的其他费用(包括交通费、食宿费等)由甲方承担。

五、审计报告和审计报告的使用

(1) 乙方按照《中国注册会计师审计准则》规定的格式和类型出具审计报告。

(2) 乙方向甲方提供审计报告一式＿＿＿份。

(3) 甲方在提交或对外公布乙方出具的审计报告及其后附的已审计财务报表时，不得对其进行修改。当甲方认为有必要修改会计数据、报表附注和所作的说明时，应当事先通知乙方，乙方需考虑有关的修改对审计报告所造成的影响，必要时，将重新出具审计报告。

六、本约定书的有效期间

本约定书自签署之日起生效，并在双方履行完本约定书约定的所有义务后终止。但其中第三项第6段、第四项、第五项、第七项、第八项、第九项、第十项并不因本约定书的终止而失效。

七、约定事项的变更

如果出现不可预见的情况，影响审计工作如期完成，或需要提前出具审计报告，甲、乙双方均可要求变更约定事项，但应及时通知对方，并由双方协商解决。

八、终止条款

(1) 如果根据乙方的职业道德及其他有关专业职责、适用的法律法规或其他任何法定的要求，乙方认为已不适合继续为甲方提供本约定书约定的审计服务，乙方可以采取向甲方提出合理通知的方式终止履行本约定书。

(2) 在本约定书终止的情况下，乙方有权就其于本约定书终止之日前对约定的审计服务项目所做的工作收取合理的费用。

九、违约责任

甲、乙双方按照《中华人民共和国民法典》中的规定承担违约责任。

十、适用法律和争议解决

本约定书的所有方面均应依照中华人民共和国法律进行解释并受其约束。本约定书履行地为乙方出具审计报告所在地，因本约定书所引起的或与本约定书有关的任何纠纷或争议(包括关于本约定书条款的存在、效力或终止，或无效之后果)，应由双方协商确定采取以下第＿＿＿种方式予以解决。

(1) 向有管辖权的人民法院提起诉讼。

(2) 提交仲裁委员会仲裁。

十一、双方对其他有关事项的约定

本约定书一式两份，甲、乙方各执一份，具有同等法律效力。

甲方：××公司(盖章)　　　　　　　　　乙方：××会计师事务所(盖章)

授权代表：　　　　　　　　　　　　　　授权代表：

　　　　　　年　月　日　　　　　　　　　　　　　　年　月　日

任务解析

以下是该审计业务约定书存在的问题及修改。

(1) 审计范围表述不恰当，还应当包括 2023 年度的利润表。

(2) 缺少审计报告的使用责任，甲方应正确使用审计报告，由于使用不当所造成的后果，与乙方无关。

(3) 缺少保密条款，乙方对在执行业务过程中知悉的商业秘密负有保密责任。

(4) 缺少签订日期。

任务三　计划审计工作

任务描述

工作任务	技能点及任务成果	课　时
计划审计工作	1. 明确计划审计工作的内容。 2. 能够编制总体审计策略、具体审计计划。 3. 完成任务引例	1

任务引例

A 注册会计师是乙公司 2023 年度财务报表审计业务的项目合伙人，关于其制订审计计划的情况如下。

(1) 总体审计策略用于确定审计范围、时间安排、审计方向及审计资源的分配。

(2) 具体审计计划仅在审计开始阶段进行。

请思考下列问题：

针对上述情况，分别指出 A 注册会计师在计划审计工作的过程中是否存在不当之处，简要说明原因。

知识准备

注册会计师为了使审计业务有效执行，应制订切实可行的计划，作为审计工作的参考。合理的审计计划有助于审计人员关注重点审计领域，及时发现并解决潜在问题，恰当组织、管理审计工作，使审计工作有效开展。充分的计划审计可帮助审计项目负责人对项目组成员进行恰当分工、指导监督，复核其工作，有助于协调专家和其他审计人员的工作。

计划审计工作是审计工作的起点，也是审计工作中重要的环节之一。

一、审计计划的两个层次

审计计划分为总体审计策略和具体审计计划两个层次，统称为计划审计工作。计划审计工作是对审计预期的性质、时间和范围制定一个总体战略和一套详细方案。总体审计策略是具体审计计划的指导，具体审计计划是总体审计策略的延伸。计划审计工作对于审人员顺利完成审计工作和控制审计风险具有非常重要的意义。

注册会计师应当针对总体审计策略中所识别的不同事项，制订具体审计计划，并考虑通过有效利用审计资源以实现审计目标。值得注意的是，虽然制定总体审计策略的过程通常是在具体审计计划之前，但两项计划活动并不是孤立、不连续的，而是内在紧密联系，对其中一项的决定可能会影响甚至改变对另外一项的决定。

【学中做 5-4　单项选择题】下列关于计划审计工作的说法中正确的是(　　)。
A. 计划审计工作前需要充分了解被审计单位及其环境，一旦确定，无须进行修改
B. 计划审计工作通常由项目组中经验较多的人完成，项目合伙人审核批准
C. 小型被审计单位无须制定总体审计策略
D. 项目合伙人和项目组中其他关键成员应当参与计划审计工作

【答案】D。

【解析】计划审计工作并非审计业务的一个孤立阶段，而是一个持续的、不断修正的过程，贯穿于整个审计业务的始终，因此选项 A 不正确；项目合伙人和项目组中其他关键成员应当参与计划审计工作，因此选项 B 不正确，选项 D 正确；在小型被审计单位的审计过程中，总体审计策略可以相对简单，但并不是无须制定总体审计策略，因此选项 C 不正确。

二、总体审计策略

注册会计师应当为审计工作制定总体审计策略。总体审计策略用以确定审计范围、时间和方向，并指导具体审计计划的制订。

(一)审计范围

注册会计师应当确定审计业务的特征，包括采用的会计准则和相关会计制度、特定行业的报告要求及被审计单位组成部分的分布等，以确定审计范围。

(二)报告目标、时间安排及所需沟通的性质

制定总体审计策略时应当明确审计业务的报告目标，用以确定计划审计的时间安排和所需沟通的性质，包括提交审计报告的时间要求、预期与管理层和治理层沟通的重要日期等。

(三)审计方向

总体审计策略的制定应当考虑影响审计业务的重要因素，以确定项目组的工作方向，包括确定适当的重要性水平，初步识别可能存在较高的重大错报风险的领域，初步识别重要的组成部分和账户余额，评价是否需要针对内部控制的有效性获取审计证据，识别被审计单位、所处行业、财务报告要求及其他相关方面最近发生的重大变化等。

(四)审计资源

总体审计策略应能清楚地说明审计资源的规划和调配，包括确定执行审计业务所必需的审计资源的性质、时间安排和范围。

1. 具体审计领域调配的资源

具体审计领域调配的资源包括向高风险领域分派有适当经验的项目组成员，就复杂问题利用专家工作等。

2. 具体审计领域分配资源的数量

具体审计领域分配资源的数量包括安排到重要存货存放地观察存货盘点的项目组成员数量，对其他注册会计师工作的复核范围，对高风险领域安排的审计时间预测等。

3. 资源调配安排

资源调配安排包括期中审计阶段、关键的截止日期调配资源等。

4. 管理、指导、监督资源的利用

管理、指导、监督资源的利用包括预期召开项目组预备会和总结会，预期项目负责人、经理进行复核，是否需要实施项目质量控制复核等。

总体审计策略如表 5-4 所示。

表 5-4　总体审计策略

1. 审计范围

报告要求	范　围
适用的会计准则和相关会计制度	
适用的审计准则	中国注册会计师审计准则
与财务报告相关的行业特别规定	
需要审计的集团内组成部分的数量及所在地点	
需要阅读的含有已审计财务报表的文件中的其他信息	
制定审计策略需考虑的其他事项	

2. 审计业务时间安排

(1) 对外报告时间安排。

公司在＿＿＿＿证券交易所预约披露＿＿＿＿年年报的时间为＿＿＿年＿＿月＿＿日，能够在要求的时间内完成审计工作并出具审计报告。

(2) 执行审计时间安排。

执行审计时间安排	时　间
了解被审计单位及其环境，并评估重大错报风险的时间	
要求客户准备完相关资料及填列完相关表格的时间	
存货监盘时间	
应收账款询证函时间	
观察固定资产的时间	
完成现场工作的时间	
最终复核完成时间	
确定报表及报告意见时间	

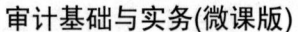

(3) 沟通的时间安排。

所需沟通	时　间
与管理层及治理层的会议	
项目组预备会	
项目组总结会	
与专家或有关人士的沟通	
与前任注册会计师的沟通	

3. 影响审计业务的重要因素

(1) 重要性。

确定的重要性水平	索　引　号

(2) 可能存在较高重大错报风险的领域。

可能存在较高重大错报风险的领域	索　引　号

(3) 重要的组成部分和账户余额。

重要的组成部分和账户余额	索　引　号

4. 人员安排

职　位	姓　名	主要职责
项目负责人		
项目经理		
组员		
组员		
组员		

三、具体审计计划

注册会计师应当为审计工作制订具体审计计划。具体审计计划是依据总体审计策略制订的，但比总体审计策略更加详细。具体审计计划的内容包括：风险评估程序、进一步审计程序和其他审计程序。

1. 风险评估程序

为了能够识别和评估财务报表重大错报风险而实施的程序称为风险评估程序。

2. 进一步审计程序

进一步审计程序，即针对评估的认定层次的重大错报风险，注册会计师计划实施的审计程序。进一步审计程序可以分为进一步审计程序的总体方案和拟实施的具体审计程序(包括进一步审计程序的具体性质、时间和范围)两个层次。进一步审计程序的总体方案主要是指注册会计师针对各类交易、账户余额和列报决定采用的总体方案，包括实质性方案或综合性方案。具体审计程序则是对进一步审计程序的总体方案的延伸和细化，通常包括控制测试和实质性程序的性质、时间和范围。

3. 其他审计程序

根据《中国注册会计师审计准则》的规定，注册会计师针对审计业务需要实施的其他审计程序，包括上述审计程序计划中没有涵盖的、根据其他审计准则要求注册会计师应当执行的既定程序。例如，阅读含有已审计财务报表的文件中的其他信息，以及与被审计单位律师直接沟通等。

四、审计过程中对计划的修改

总体审计策略和具体审计计划不是孤立的、不连续的过程，而是具有内在的紧密联系。具体审计计划是依据总体审计策略制订的，是对实施总体审计策略所需要的审计程序的性质、时间和范围等所作的详细规划与说明。具体审计计划比总体审计策略更加详细，其内容包括为获取充分、适当的审计证据及将审计风险降至可接受的低水平，而由项目组成员拟实施的审计程序的性质、时间和范围。审计计划应由审计项目负责人编制形成书面文件，经有关业务负责人审核批准，在工作底稿中加以记录。

计划审计工作并非审计业务的一个孤立阶段，而是一个持续的、不断修正的过程，贯穿整个审计业务的始终。由于未预期事项、条件的变化或在实施审计程序中获取了新审计证据等原因，注册会计师应当在审计过程中对总体审计策略和具体审计计划做出必要的更新和修改。

【学中做 5-5　多项选择题】以下事项属于注册会计师制订具体审计计划时应当考虑的内容的有(　　)。

　　A. 识别、评估与应对舞弊嫌疑或舞弊指控
　　B. 对销售业务流程内部控制的了解、评价及设计的拟实施控制测试性质、时间安排和范围
　　C. 确定的财务报表整体重要性水平
　　D. 对被审计单位重要会计估计事项进行职业判断，必要时考虑利用专家的工作

【答案】ABD。

【解析】具体审计计划的内容涉及财务报表项目认定层次的审计程序，也涉及特殊项目风险的识别、评估与应对，选项 AD 属于针对特殊项目的具体审计计划，选项 B 属于风险评估程序中用来了解被审计单位内部控制的具体审计计划，选项 C 属于总体审计策略的内容。

任务解析

(1) 不存在不当之处。

(2) 存在不当之处。计划审计工作并非审计业务的一个孤立阶段,而是一个持续的、不断修正的过程。

职业判断能力训练

一、单项选择题

1. 具体审计计划的内容不包括(　　)。
   A. 风险评估程序　　B. 进一步审计程序　C. 初步业务活动　　D. 其他审计程序
2. 注册会计师应该为审计工作制订具体审计计划。下列关于具体审计计划的说法中,错误的是(　　)。
   A. 具体审计计划的核心是确定审计程序的性质、时间安排和范围
   B. 计划实施的进一步审计程序分为总体审计方案和具体审计程序
   C. 具体审计计划可以因为非预期事项等情况变化进行必要的修改
   D. 若对审计计划进行了更新和修改,也无须修正相应的审计工作
3. 审计计划通常是由(　　)于现场审计工作开始之前起草的。
   A. 会计师事务所主要负责人　　　　B. 审计项目参与人
   C. 审计项目负责人　　　　　　　　D. 会计师事务所的法人代表

二、多项选择题

1. 关于注册会计师执行审计工作的前提,下列说法中正确的有(　　)。
   A. 管理层、治理层认可并理解其对财务报表的责任是注册会计师执行审计工作的前提
   B. 如果管理层、治理层不认可其对财务报表的责任,那么表明执行审计工作的前提不存在,注册会计师不能承接该审计业务委托
   C. 管理层、治理层对财务报表责任的认可和理解是注册会计师能否承接并执行的
   D. 执行审计工作的前提是管理层、治理层编制的财务报表不存在任何错误或舞弊
   E. 审计工作一旦开始执行,就不可以进行修改、修正
2. 以下事项中属于注册会计师制订具体审计计划时应当考虑的内容有(　　)。
   A. 识别、评估与应对舞弊嫌疑或舞弊指控
   B. 对销售业务流程内部控制的了解、评价
   C. 确定的财务报表整体重要性水平
   D. 利用专家或其他第三方工作
   E. 设计的拟实施控制测试的性质、时间安排和范围
3. 初步业务活动有利于确保注册会计师在计划审计工作中达到下列要求(　　)。
   A. 注册会计师已具备执行业务所需要的独立性和专业胜任能力
   B. 不存在因管理层诚信问题而影响注册会计师保持该项业务意愿的情况
   C. 与被审计单位不存在对业务约定条款的误解
   D. 对被审计单位有一个更加详尽的了解
   E. 减少审计程序

三、判断题

1. 小型被审计单位无需制定总体审计策略。（   ）
2. 为保证审计计划的严肃性，审计计划一旦制订，在执行过程中就不能做任何修改。（   ）
3. 注册会计师可以同被审计单位就总体审计策略进行讨论，并协调工作，因此总体审计策略可以由注册会计师和被审计单位共同编制。（   ）
4. 审计业务约定书具有与其他商业合同类似的法律效用。（   ）
5. 具体审计计划应当包括风险评估程序、计划实施的进一步审计程序和其他审计程序。（   ）

四、案例分析题

某大型跨国公司近期面临市场压力，业绩波动显著。为确保财务报告的准确性和合规性，公司决定进行年度审计。作为审计负责人，需要设计并评估一个全面的审计计划。

【要求】请结合该公司现状，设计一个审计计划，并简述评估其有效性的关键指标。

微课视频

扫一扫，获取本项目相关微课视频。

项目五　具体审计计划

项目五　审计过程中对计划的修改

项目五　审计计划

项目五　审计业务约定书实训任务单

项目五　总体审计策略

项目六 采购与付款循环审计

【学习任务】

通过对采购与付款循环审计项目的学习，需要完成如下工作任务。
1. 了解采购与付款循环。
2. 了解和测试采购与付款循环内部控制。
3. 对固定资产及累计折旧进行审计。
4. 对应付账款进行审计。

【学习目标】

知识目标	能力目标	素养目标
★熟悉采购与付款循环的业务流程及内部控制要点； ★掌握采购与付款循环主要账户的审计	★根据被审计单位资料，学会进行该业务循环内部控制制度的测试； ★根据被审计单位资料，学会判断相关账户审计的目标，进行相关账户的实质性测试，运用各种审计技术方法，编制审计工作底稿	★通过采购与付款循环审计的学习，使学生在认清各种违法竞争行为的基础上，自觉抵制各种违法竞争行为； ★法律是治国之重器，法治是国家治理体系和治理能力的重要依托； ★社会主义核心价值观

【案例导入】

世事一场大梦，人生几度秋凉

从卖花女到上市的绿大地生物科技股份有限公司(以下简称"绿大地")的董事长，再到锒铛入狱的阶下囚，昔日风光无限的云南女首富何学葵的经历让人唏嘘。这一切源于一度举国震惊的绿大地财务造假案。

2010 年 3 月，在绿大地进行现场稽查的证监会稽查大队敏感地捕捉到绿大地财务报告疑点，将突破口选在绿大地招股说明书上列出的千万重金买下的土地上。经过一系列调查，稽查队发现绿大地 2004 年购买的 960 亩马龙县旧县村委会的土地成本仅为 50 余万元，经过绿大地造假团队的"会计魔术"，入账后竟成了 955 万元，虚增高达 18 倍。通过同样的手法，2004—2009 年间绿大地总计虚增资产约 3.37 亿元。

更让人瞠目结舌的是，在已经通过会计手段虚增土地的入账价值之后，绿大地造假团队又使出了让人啼笑皆非的造假奇招。根据绿大地的公告，被建设成绿大地马鸣基地的土地上有三处深水井，计入固定资产 216 万元，也就是每口井 72 万元。事实上，打一口深水井的费用最高不过万元。根据最终的稽查结果，绿大地对于马鸣基地，地价虚增高达 3 200 万元，地上物虚增将近 2 000 万元。这样肆无忌惮的造假竟然瞒过了注册会计师的眼睛。

(资料来源：中国证券监督管理委员会官网：中国证监会行政处罚决定书
(云南绿大地生物科技股份有限公司、赵国权、胡虹等 12 名责任人)〔2013〕23 号.)

在上述案例中，绿大地通过明目张胆地操控采购成本，实现了虚增固定资产的目的。那么，注册会计师在采购与付款的审计中，应当如何对公司的采购真实性进行核查？在采购与付款循环的审计中，又应当注意哪些要点？

任务一　了解采购与付款循环

任务描述

工作任务	技能点及任务成果	课　时
了解采购与付款循环	1. 明确采购与付款循环的主要业务活动。 2. 明确采购与付款循环涉及的主要凭证与会计记录	1

任务引例

某公司最近进行了一次采购活动，涉及向供应商购买原材料。以下是采购与付款流程中的一些关键信息。

(1) 采购部门根据生产需求制订了采购计划，并向供应商发出了采购订单。

(2) 供应商按照采购订单的要求发货，并附了发货清单和发票。

(3) 公司的仓库管理人员对收到的货物进行了验收，并在发货清单上签字确认。

(4) 财务部门收到经仓库管理人员签字确认的发货清单和发票后，进行了付款处理。

请思考下列问题:

分析以上采购与付款流程中可能存在的审计风险点,并提出相应的审计建议。

> **知识准备**

采购与付款循环是外部商品和劳务的购置及付款过程。审计人员通过了解该循环性质,分析审计风险;通过对内部控制的了解、测试,评价控制风险;拟定审计方案,进行相关的实质性程序。

根据财务报表项目与业务循环的相关程度,采购与付款循环涉及的财务报表项目主要包括的资产负债表项目有:预付账款、固定资产、在建工程、工程物资、固定资产清理、无形资产、开发支出、长期待摊费用、应付票据和长期应付款等;利润表项目主要是管理费用。

一、采购与付款循环的业务流程

采购与付款循环是从处理请购单开始,包括订货、签订合同、验收、确认付款、付款等环节。通过了解采购与付款循环的业务流程,可掌握与采购及付款活动相关的会计信息生产全过程、所涉及的主要环节以及各环节中所对应的责任部门、责任岗位与人员、相关凭证与记录,为明确该循环的关键控制点、执行控制测试和实质性程序提供充分的基础。

采购与付款循环的业务流程如图6-1所示。

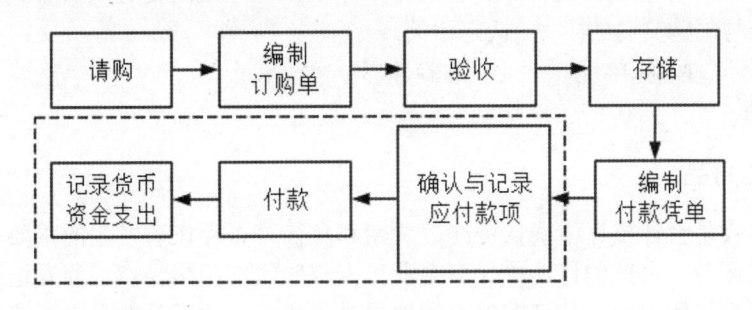

图6-1 采购与付款循环的业务流程

(一)请购商品和劳务

仓库负责对需要购买的已列入存货清单的项目填写请购单,其他部门也可以对所需要购买的未列入存货清单的项目编制请购单。大多数企业对正常经营所需物资的购买均做一般授权。例如,仓库在现有库存达到再订购点时就可直接提出采购申请,其他部门也可为正常的维修工作和类似工作直接申请采购有关物品。但对资本化支出和租赁合同,企业则通常要求做特别授权,只允许指定人员提出请购。请购单可由手工或计算机编制。由于企业内不少部门都可以填列请购单,可能不便事先编号,为加强控制,每张请购单必须经过对这类支出预算负责的主管人员签字批准。

请购单是证明有关采购交易的"发生"认定的凭据之一,也是采购交易轨迹的起点。

【学中做 6-1 单项选择题】在采购与付款循环的审计中,对于请购单的处理,正确的有( )。

A. 请购单只能由仓库负责填写

B. 大多数企业对正常经营所需物资的购买均作特别授权

C. 租赁合同与资本化支出，通常不要求作特别授权

D. 每张请购单必须经过对这类支出预算负责的主管人员签字批准

【答案】D。

【解析】请购单可以由仓库填写，也可以由其他部门编制，所以 A 错误；大多数企业对正常经营所需物资的购买均作一般授权，而对资本支出以及租赁合同通常要求作特别授权，只允许指定人员提出请购，所以 B、C 说法不正确。

(二)编制订购单

采购部门在收到请购单后，只对经过批准的请购单发出订购单。对每张订购单，采购部门应确定最佳的供应来源。对一些大额、重要的采购项目，应采取竞价方式来确定供应商，以保证供货的质量、及时性和成本的低廉。

订购单应正确填写所需要商品的品名、数量、价格、厂商名称和地址等，预先给予顺序编号并需经过被授权的采购人员签名。其正联应送交供应商，副联则送至企业内部的验收部门、应付凭单部门和编制请购单的部门。随后，应独立检查订购单的处理，以确定是否确实收到商品并正确入账。

这项检查与采购交易的"完整性"和"发生"认定有关。

【学中做 6-2　单项选择题】独立检查订购单的处理，确定是否确实收到商品并正确入账，这项检查与采购交易的(　　)认定相关。

A. 发生　　　B. 完整性　　　C. 准确性　　　D. 截止

【答案】B。

(三)验收商品

货物的验收是会计核算中确认资产、费用和负债是否存在和发生的重要依据，是购进交易中的重要环节。有效的订购单代表企业已授权验收部门接受供应商发运来的商品。验收部门首先应比较所收商品与订购单上的要求是否相符，如商品的品名、摘要、数量、到货时间等，然后再盘点商品并检查商品有无损坏。

验收后，验收部门应对已收货的每张订购单编制一式多联、预先按顺序编号的验收单，作为验收和检验商品的依据。验收人员将商品送交仓库或其他请购部门时，应取得经过签字的收据，或要求其在验收单的副联上签收，以确保他们对所采购的资产应负的保管责任。验收人员还应将其中的一联验收单送交应付凭单部门。

验收单是支持资产或费用以及与采购有关的负债的"存在或发生"认定的重要凭证。定期独立检查验收单的顺序以确定每笔采购交易都已编制凭单，则与采购交易的"完整性"认定有关。

【学中做 6-3　单项选择题】企业验收商品时，首先应将所收商品与(　　)相核对。

A. 订购单的要求　　　　　　B. 验收单的记录

C. 付款单的金额　　　　　　D. 供应商发票的数量

【答案】A。

【解析】有效的订购单代表企业已授权验收部门接受供应商发运来的商品。验收部门首

先应比较所收商品与订购单上的要求是否相符。

(四)储存已验收的商品

将已验收商品的保管与采购的其他职责相分离,可减少未经授权的采购和盗用商品的风险。存放商品的仓储区应相对独立,无关人员不得接近。

这些控制与商品的"存在"认定有关。

(五)编制付款凭单

记录采购交易之前,应付凭单部门应编制付款凭单。这项功能的控制包括以下六个方面。

(1) 确定供应商发票的内容与相关的验收单、订购单的一致性。

(2) 确定供应商发票计算的正确性。

(3) 编制有预先顺序编号的付款凭单,并附上支持性凭证(如订购单、验收单和供应商发票等)。这些支持性凭证的种类,因交易对象的不同而不同。

(4) 独立检查付款凭单计算的正确性。

(5) 在付款凭单上填入应借记的资产或费用账户名称。

(6) 由被授权人员在凭单上签字,以示批准根据此凭单要求付款。所有未付凭单的副联应保存在未付凭单档案中,以待日后付款。经适当批准和有预先编号的凭单为记录采购交易提供了依据,因此,这些控制与"存在""发生""完整性""权利和义务""计价和分摊"等认定有关。

(六)确认与记录应付款项

正确确认已验收货物和已接受劳务的债务,要求准确、及时地记录负债,该记录对企业财务报表和实际现金支出具有重大影响。与应付账款确认和记录相关的部门一般有责任核查购置的财产,并在应付凭单登记簿或应付账款明细账中加以记录。在收到供应商发票时,应付账款部门应将发票上所记载的品名、规格、价格、数量、条件及运费与订购单上的有关资料核对,如有可能,还应与验收单上的资料进行比较。

应付账款确认与记录的一项重要控制是要求记录现金支出的人员不得经手现金、有价证券和其他资产。恰当的凭证、记录与记账手续,对业绩的独立考核和应付账款职能而言是必不可少的控制。

在手工系统下,应将已批准的未付款凭单送达会计部门,据以编制有关记账凭证和登记有关账簿。会计主管应监督为采购交易而编制的记账凭证中账户分类的适当性;通过定期核对编制记账凭证的日期与凭单副联的日期,监督入账的及时性。而独立检查会计人员则应核对所记录的凭单总数与应付凭单部门送来的每日凭单汇总表是否一致,并定期独立检查应付账款总账余额与应付凭单部门未付款凭单档案中的总金额是否一致。

这些控制主要与"存在或发生""完整性""计价和分摊"等认定有关。

(七)付款

通常是由应付凭单部门负责确定未付凭单在到期日付款。企业有多种款项结算方式,以支票结算方式为例,编制和签署支票的有关控制包括以下六点。

(1) 独立检查已签发支票的总额与所处理的付款凭单总额的一致性。
(2) 应由被授权的财务部门的人员负责签署支票。
(3) 被授权签署支票的人员应确定每张支票都附有一张已经适当批准的未付款凭单，并确定支票收款人姓名和金额与凭单内容一致。支票一经签署就应在其凭单和支持性凭证上用加盖印戳或打洞等方式将其注销，以免重复付款。
(4) 支票签署人不应签发无记名空白的支票。
(5) 支票应预先按顺序编号，保证支出支票存根的完整性和作废支票处理的恰当性。
(6) 应确保只有被授权的人员才能接近未使用的空白支票。

这些控制主要与"存在或发生""完整性""计价和分摊"等认定有关。

(八)记录货币资金支出

仍以支票结算方式为例，在手工系统下，会计部门应根据已签发的支票编制付款记账凭证，并据以登记银行存款日记账以及其他相关账簿。以记录银行存款支出为例，有关控制包括以下三点。

(1) 会计主管应独立检查记入银行存款日记账和应付账款明细账的金额的一致性，以及与支票汇总记录的一致性。
(2) 通过定期比较银行存款日记账记录的日期与支票副本的日期，独立检查入账的及时性。
(3) 独立编制银行存款余额调节表。

这些控制主要与"存在或发生""完整性""计价和分摊"等认定有关。

二、采购与付款循环的主要凭证与会计记录

我们可以用表格来说明在采购与付款循环中各经济业务的相关凭证记录，如表6-1所示。

表 6-1 采购与付款循环的主要凭证与会计记录

业务活动	原始凭证与记录	记账凭证与账簿	会计分录
请购	请购单		
编制订购单	订购单 购货合同	记账凭证、材料采购明细账与总账、应交税费明细账与总账、应付账款明细账与总账	借：材料采购 　　应交税费——应交增值税 　　(进项税额) 贷：应付账款
验收	验收单	记账凭证、材料采购明细账与总账、原材料明细账与总账	借：原材料 贷：材料采购
支付货款	付款凭单 供应商发票 支票等	付款凭证、现金、银行存款日记账与总账、应付账款明细账与总账	借：应付账款 贷：银行存款

【学中做6-4 单项选择题】( )是由产品制造、资产使用等部门的有关人员填写，送交采购部门，申请购买商品、劳务或其他资产的书面凭证。

A. 请购单　　B. 订购单　　C. 验收单　　D. 供应商发票

【答案】A。

任务解析

在以上采购与付款流程中，可能存在以下四个审计风险点。

(1) 采购计划的合理性：审计应关注采购计划是否基于实际生产需求制定，是否存在过度采购或采购不足的情况。建议审计人员对采购计划与实际生产情况进行对比分析，评估采购计划的合理性。

(2) 供应商管理的合规性：审计应关注供应商的选择是否符合公司的供应商管理政策，是否存在未经批准的供应商。建议审计人员对供应商名单进行审查，确保供应商选择的合规性。

(3) 货物验收的准确性：审计应关注独立验收员是否严格按照采购订单和发货清单进行货物验收，并确保货物的数量和质量符合要求。建议审计人员对货物验收过程进行抽查，核实验收的准确性和合规性。

(4) 付款处理的正确性：审计应关注财务部门在收到经仓库管理人员签字确认的发货清单和发票后，是否按照公司规定的付款流程进行付款处理。建议审计人员对付款凭证进行审查，确保付款金额、付款时间和付款方式等信息的正确性。

任务二　了解和测试采购与付款循环内部控制

任务描述

工作任务	技能点及任务成果	课时
了解和测试采购与付款循环内部控制	1. 明确采购与付款循环的关键控制活动。 2. 明确如何进行采购与付款循环的控制测试。 3. 完成任务引例	2

任务引例

乙食品有限公司材料消耗较大，平时库存数量较多。审计人员 A 在对乙食品有限公司 2023 年度财务报表进行审计时，非常关注该公司材料内部控制情况。在对材料内部控制情况进行调查时，审计人员 A 发现以下情况。

(1) 采购部根据使用部门或仓库提交的请购单，与供应商签订采购合同(零星采购除外)。

(2) 根据仓库验收到货的材料，填制一式二份验收单，一份留存，一份交财务部。

(3) 财务部会计人员将验收单和供应商发票进行核对，并据以登记购货和应付账款明细账。

(4) 由会计人员开具付款通知单，后附收料及发票有关资料，交出纳员付款。

(5) 材料由仓库保管员保管和登记明细账。

(6) 各使用部门有材料的消耗额度，领用材料时填制一式二份领用单，一份留存，一份仓库留存。

(7) 仓库发货后，在使用部门账册中进行登记，并于月底将各部门领用的材料编制汇总表，向财务部报送。

(8) 仓库与使用部门和财务部对材料使用、结余情况不定期核对。

(9) 从其中一些领用部门了解到,从财务部报来的材料耗用数常常与实际耗用的有较大出入,原因不明。

请思考下列问题:

指出乙食品有限公司材料内部控制存在的问题,并向乙食品有限公司管理当局提出改进内部控制的管理建议。

知识准备

一、采购与付款循环的内部控制

我们可以继续用表格来说明在采购与付款循环中各经济业务和关键的控制活动,如表6-2所示。

表6-2 采购与付款循环的关键控制活动

业务活动	主要凭证与会计记录	关键控制活动	目标和相关认定
制订采购计划	采购计划	生产、仓库等部门定期编制采购计划,经部门负责人或适当的管理人员审批后提交采购部门	与采购交易的"发生"认定、应付账款的"存在"认定相关
供应商认证及信息维护	供应商清单	企业对合作的供应商事先进行资质等审核,将通过审核的供应商信息录入系统,形成完整的供应商清单,并及时对其信息变更进行更新。采购部门只能向通过审核的供应商进行采购	与采购交易的"发生"认定、应付账款的"存在"认定相关
		询价与确定供应商应当职责分离	
请购	请购单	生产部门、仓库部门和其他部门对所需要购买的商品或劳务编制请购单,请购单可由手工或计算机编制	与采购交易的"发生"认定、应付账款的"存在"认定相关
		企业各部门可以分别各部门设置请购单的连续编号,每张请购单必须经过主管人员签字批准	
编制订购单	订购单	采购部门对经过恰当批准的请购单发出订购单	与采购交易的"完整性"和"发生"、应付账款的"完整性"和"存在"认定有关
		订购单应预先顺序编号并经过被授权的采购人员签名,其正联应送交供应商,副联则送至企业内部的验收部门、应付凭单部门和编制请购单的部门	

续表

业务活动	主要凭证与会计记录	关键控制活动	目标和相关认定
验收	验收单	采购与验收应当职责分离，验收部门应比较所收到商品与订购单上的要求是否相符，并检查商品有无损坏	与存货的"存在"和"完整性"、应付账款的"存在"和"完整性"相关
		验收部门编制一式多联、预先按顺序编号的验收单，其中的一联验收单送交应付凭单部门。定期独立检查验收单的顺序	
		验收人员将商品送交仓库或其他请购部门时，应取得经过签字的收据，或要求其在验收单的副联上签收确认	
存储	入库单	已验收商品的保管与采购的其他职责应当相分离	与存货的"存在"认定有关
		存放商品的仓储区应相对独立，无关人员不得接近	
编制付款凭单	付款凭单	应付凭单部门应核对订购单、验收单和供应商发票的一致性并编制付款凭单，付款凭单预先按顺序编号	与采购交易的"完整性"和"发生"、应付账款的"完整性"和"存在"认定有关
		由被授权人员在凭单上签字，以示批准照此凭单要求付款	
确认与记录应付款项	供应商发票 记账凭证 应付账款明细账 供应商对账单	将已批准的未付款凭单送达会计部门，据以编制有关记账凭证和登记有关账簿	与采购交易的"完整性"和"发生"、应付账款的"完整性"和"存在"认定有关
		会计主管应监督为采购交易而编制的记账凭证；通过定期核对编制记账凭证的日期与凭单副联的日期，监督入账的及时性	
		对于每月月末尚未收到供应商发票的情况，则需根据验收单和订购单暂估相关的负债	与存货、应付账款的"完整性"认定有关
付款	支票等	独立检查已签发支票的总额与所处理的付款凭单的总额的一致性	
		应由被授权的财务部门的人员负责签署支票；被授权签署支票的人员应确定每张支票都附有一张已经适当批准的未付款凭单，并确定支票收款人姓名和金额与凭单内容一致	

续表

业务活动	主要凭证与会计记录	关键控制活动	目标和相关认定
记录货币资金资产	现金、银行存款日记账	会计主管应独立检查记入银行存款日记账和应付账款明细账金额的一致性，以及与支票汇总记录的一致性	
		通过定期比较银行存款日记账记录的日期与支票副本的日期，独立检查入账的及时性	
		独立编制银行存款余额调节表	

综合上述业务活动中设计的内部控制，可以看出，在采购与付款循环中，企业通常从以下方面设计和执行内部控制。

(一)适当的职责分离

适当的职责分离有助于防止各种有意或无意的错误的发生。企业应当建立采购与付款交易的岗位责任制，明确相关部门和岗位的职责、权限，确保办理采购与付款交易的不相容岗位相互分离、制约和监督。采购与付款交易不相容岗位至少包括：请购与审批；询价与确定供应商；采购合同的订立与审批；采购与验收；采购、验收与相关会计记录；付款审批与付款执行等。这些都是对企业提出的、有关采购与付款交易相关职责适当分离的基本要求，以确保办理采购与付款交易的不相容岗位相互分离、制约和监督。

【学中做 6-5 单项选择题】下列不能防止和发现采购与付款循环中发生错误或舞弊的内部控制制度的是(　　)。

A. 采购部门在收到经批准的请购单后，由采购部门职员询价并确定供应商

B. 验收后验收部门应编制一式多联事先连续编号的验收单

C. 收到供应商发票后，应与订购单、验收单核对是否相符

D. 应由授权的财务部门的人员签署支票

【答案】A。

【解析】询价与确定供应商属于不相容职务，由采购人员同时询价并确定供应商很容易产生舞弊。

(二)恰当的授权审批

在授权审批方面，注册会计师需要注意以下关键点：一是在采购之前，请购单已经正确审批；二是订购单在未经正当审批之前，不得进行采购；三是审批人应当在授权范围内进行审批，不得超越审批权限。前两项控制的目的是防止企业盲目地进行采购从而导致浪费、积压等问题；第三项控制的目的是防止因审批人决策失误而造成严重损失。

(三)充分的凭证和记录

凭证是控制的平台。只有具备充分的记录手续，才有可能实现其他各项控制目标。例如，验收部门应编制一式多联、预先按顺序编号的验收单，其中的一联验收单送交应付凭

单部门，用于编制付款凭单。

(四)凭证的预先、连续编号

对凭证预先进行编号，为了防止采购后遗漏向供应商开具账单或登记入账，也可防止重复开具账单或重复记账。如果不清点凭证的编号，预先编号就会失去其控制意义。

(五)按月寄出对账单

由不负责现金的出纳和采购及应付账款记账的人员按月向供应商寄发对账单，能促使供应商在发现应收账款余额不正确后及时反馈有关信息。为了使这项控制更加有效，最好将账户余额中出现的所有核对不符的账项，指定一位不掌管货币资金也不记录采购和应付账款的主管人员处理。

(六)内部核查程序

企业应当建立对采购与付款交易内部控制的监督检查制度。采购与付款交易内部控制监督检查的主要内容如表6-3所示。

表6-3 内部核查程序

内部控制	内部核查程序
采购与付款交易相关岗位及人员的设置情况	是否存在采购与付款交易不相容职务混岗的现象
采购与付款交易授权批准制度的执行情况	重点检查大宗采购与付款交易的授权批准手续是否健全，是否存在越权审批的行为
应付账款和预付账款的管理	应付账款和预付账款支付的正确性、时效性和合法性
有关单据、凭证和文件的使用和保管情况	凭证的登记、领用、传递、保管、注销等手续是否健全，使用和保管制度是否存在漏洞

二、采购与付款循环的控制测试

如果在评估认定层次重大错报风险时预期控制的运行是有效的，注册会计师应当实施控制测试，就控制在相关期间或时点的运行有效性获取充分、适当的审计证据。这意味着注册会计师无须测试针对采购与付款交易的所有控制活动。只有认为控制设计合理，能够防止或发现并纠正认定层次的重大错报，注册会计师才有必要对控制运行的有效性实施测试。

采购与付款循环的控制测试如表6-4所示。

表6-4 采购与付款循环的控制测试

内部控制目标	控制测试
职责分离	观察有关人员的活动，与这些人员进行讨论。通常对职责分离的控制测试是询问、观察

续表

内部控制目标	控制测试
授权审批	检查凭证在前述三个关键点上是否经过审批，对审批的控制测试不仅要检查有无审批人员签字，还要检查审批的适当性
凭证预先连续编号	清点、追查凭证，检查凭证的编号是否连续，主要是检查有无缺号与重号
按月寄出对账单	观察寄送对账单，检查供应商复函档案和管理层审阅记录
内部核查	检查内部审计人员的报告或核查人员的签字

三、固定资产的内部控制

在本教材的五大循环划分中，固定资产归属采购与付款循环，固定资产与一般的商品在内部控制和控制测试问题上固然有许多共性的地方，但固定资产还有其一定的特殊性，有必要单独加以说明。

就许多从事制造业的被审计单位而言，固定资产在其资产总额中占有很大的比重，固定资产的购建会影响其现金流量，而固定资产的折旧、维修等费用则是影响其损益的重要因素。固定资产管理一旦失控，所造成的损失将远远超过一般的商品存货等流动资产。所以，为了确保固定资产的真实、完整、安全且可以被有效利用，被审计单位应当建立和健全固定资产的内部控制。

(一)固定资产的预算制度

预算制度是固定资产内部控制中最重要的一部分。通常，大中型企业应编制旨在预测与控制固定资产增减和合理运用资金的年度预算；小规模企业即使没有正规的预算，对固定资产的购建也要事先加以计划。

(二)授权批准制度

完善的授权批准制度包括：企业的资本性预算只有经过董事会等高层管理机构批准方可生效；所有固定资产的取得和处置都需要经企业管理层的书面认可。

(三)账簿记录制度

除固定资产总账外，被审计单位还需设置固定资产明细分类账和固定资产登记卡，按固定资产类别、使用部门和每项固定资产进行明细分类核算。固定资产的增减变化都应该有原始凭证。

(四)职责分工制度

对固定资产的取得、记录、保管、使用、维修、处置等，均应明确划分责任，由专门部门和专人负责。

(五)资本性支出和收益性支出的区分制度

企业应制定区分资本性支出和收益性支出的书面标准。通常需明确资本性支出的范围和最低金额，凡是不属于资本性支出的范围、金额低于下限的任何支出，均应列作费用并抵减当期收益。

(六)固定资产的处置制度

固定资产的处置包括投资转出、报废、出售等,均要有一定的申请报批程序。

(七)固定资产的定期盘点制度

对固定资产的定期盘点是验证账面各项固定资产是否真实存在、了解固定资产放置地点和使用状况以及发现是否存在未入账固定资产的必要手段。

(八)固定资产的维护保养制度

固定资产应有严密的维护保养制度,以防止因各种自然和人为的因素而遭受损失,并应建立日常维护和定期检修制度,以延长固定资产的使用寿命。

严格地讲,固定资产的保险不属于企业固定资产的内部控制范围,但它作为一项针对企业重要资产的特别保障,往往对企业非常重要。

固定资产的关键控制点和控制测试程序如表 6-5 所示。

表 6-5 固定资产的关键控制点和控制测试程序

内部控制	关键控制点	控制测试程序
预算制度	固定资产增减应编制预算,它是固定资产内部控制中最重要的一部分。大企业要有年度预算,小企业即使没有正规的预算,对固定资产的购建也要事先加以计划	检查固定资产的取得与处置是否依据预算,对实际支出与预算之间的差异以及未列入预算的特殊事项,以及检查是否履行特别的审批手续
授权批准制度	企业的资本性支出预算只有经过董事会等高层管理机构批准方可生效;所有固定资产的取得和处置都需要经企业管理层的书面认可	不仅要检查授权批准制度本身是否完善,还要关注授权批准制度是否得到切实执行
账簿记录制度	设置总账、明细账、固定资产登记卡;按类别、使用部门、每项固定资产进行明细分类核算;固定资产的增减变化均要有原始凭证	检查明细账与登记卡设置的完善性,固定资产增减变化时原始凭证的充分性
职责分工制度	对固定资产的取得、记录、保管、使用、维修、处置(不相容职务)等,都应该明确划分责任,由专门部门和专人负责	检查与观察分工的恰当性
划分资本性支出和收益性支出的制度	书面标准:区分资本性支出和收益性支出;明确资本性支出的范围和最低金额	检查标准制定的合理性与执行的有效性
处置制度	投资转出、报废、出售等均要有一定申请报批程序	检查报批程序的合理性与执行有效性
定期盘点制度	确定数量、存放地点、使用状况。定期盘点制度的作用:验证账面各项固定资产是否真实;了解固定资产的放置地点和使用状况;发现是否存在未入账的固定资产	注册会计师应了解和评价企业固定资产盘点制度,并注意查询盘盈、盘亏固定资产的处理情况
维护保养制度	建立日常维护、定期检修制度	检查制度的合理性与实际执行情况

【学中做 6-6　多项选择题】 下列选项中，属于与固定资产内部控制相关的制度有（　　）。

A. 固定资产预算制度与授权审批制度

B. 账簿记录制度与职责分工制度

C. 资本性支出与收益性支出的区分制度

D. 固定资产处置、定期盘点和维护保养制度

【答案】ABCD。

任务解析

1. 乙公司材料内部控制存在如下的问题。

(1) 由仓库验收材料不符合职责分工的要求。

(2) 验收后未将验收单同时送交采购部，采购部不能及时了解实际到货情况。

(3) 会计人员开具付款凭单后未经领导批准就由出纳付款。

(4) 材料由仓库保管员 1 人保管和登记明细账，违反不相容职责规定。

(5) 仓库与使用部门和财务部对材料的使用、结余情况未定期核对。

(6) 领用部门实际耗用的材料与财务部报来耗用数常常有较大出入，很可能存在重大错误或舞弊。

2. 管理建议具体如下。

(1) 仓库验收材料，不利于对材料的核算和管理，建议由专人进行验收。

(2) 验收后未将验收单同时送交采购部，造成采购部不能及时了解实际到货情况，不利于采购部对供应方的违约行为进行交涉。建议增加一联验收单送交采购部。

(3) 会计人员开具付款凭单后未经领导批准就由出纳付款，容易导致盲目付款，建议每张付款凭单须经领导签字后才可付款。

(4) 材料由仓库保管员 1 人保管和登记明细账，容易产生错误或舞弊，建议由两人分别担任保管员和记账员。

(5) 仓库与使用部门和财务部对材料的使用、结余情况未定期核对，不易及时发现存在的错误或舞弊，建议定期核对。

(6) 领用部门实际耗用的材料与财务部报来耗用数常常有较大出入，其中很可能存在重大错误或舞弊，建议予以高度关注，进一步查明原因。

任务三　固定资产及累计折旧审计

任务描述

工作任务	技能点及任务成果	课　时
进行固定资产及累计折旧审计	1. 明确如何实地检查重要固定资产。 2. 明确如何检查固定资产的增加和减少。 3. 完成任务引例。	2

项目六　采购与付款循环审计

任务引例

甲会计师事务所的注册会计师A按照审计小组的人员分工，专门负责审查乙公司2023年度财务报表中的固定资产及累计折旧项目。在审计开始时，A通过实施实质性分析程序，发现乙公司的固定资产原值与上年相比有显著上升。根据在其他企业审查固定资产项目的经验，A确定了以下两个重要的项目审计目标：①本年新增的固定资产是否真实，计价是否正确；②本年减少的固定资产是否均已进行会计记录。

请回答下列问题：

1. 对于以一笔款项同时购入多项没有单独标价的固定资产，A应当检查哪些文件与凭证，以证实其真实性；乙公司应如何进行会计处理，A才能确认其计价的正确性？

2. 为检查乙公司是否存在未作会计记录的固定资产减少业务，A应当实施哪些具体的实质性程序。

知识准备

一、固定资产的审计目标

固定资产是指同时具有下列两个特征的有形资产：①为生产商品、提供劳务、出租或经营管理而持有的资产。②使用寿命超过一个会计年度。这里的使用寿命是指企业使用固定资产的预计期间，或者该固定资产所能生产产品或提供劳务的数量。固定资产只有同时满足下列两个条件才能予以确认：①与该固定资产有关的经济利益很可能流入企业。②该固定资产的成本能够可靠地计量。

固定资产折旧则是指在固定资产的使用寿命内，按照确定的方法对应累计折旧额进行系统分摊。

由于固定资产在企业资产总额中一般都占有较大的比例，固定资产的安全、完整对企业的生产经营影响极大，注册会计师应对固定资产的审计给予高度重视。

固定资产的审计目标一般包括：①确定资产负债表中记录的固定资产是否存在(存在)。②确定所有应记录的固定资产是否均已记录(完整性)。③确定记录的固定资产是否由被审计单位拥有或控制(权利和义务)。④确定固定资产以恰当的金额记录在财务报表中，与之相关的计价或分摊已恰当记录(计价和分摊)。⑤确定固定资产原价、累计折旧和固定资产减值准备是否已按照企业会计准则的规定在财务报表中做出恰当的列报(列报)。

【学中做6-7　单项选择题】以下审计程序最能证实固定资产的存在认定的是(　　)。

A. 以固定资产明细账为起点，追查至采购合同和发票

B. 以固定资产实物为起点，追查至固定资产明细账

C. 以固定资产明细账为起点，追查至固定资产实物

D. 获取或编制固定资产明细表，复核计算是否正确

【答案】C。

【解析】选项A证实的是固定资产的权利和义务认定；选项B证实的是固定资产的完整性认定；选项D证实的是固定资产的计价和分摊认定。

二、固定资产的实质性程序

(一)获取或编制固定资产和累计折旧分类汇总表(计价和分摊)

获取或编制固定资产和累计折旧分类汇总表，检查固定资产的分类是否正确并与总账数和明细账合计数核对是否相符，结合累计折旧、减值准备科目与报表数核对是否相符。

固定资产和累计折旧分类汇总表又称一览表或综合分析表，是审计固定资产和累计折旧的重要工作底稿，其参考格式如表6-6所示。

表6-6 固定资产和累计折旧分类汇总表

类别	固定资产				累计折旧					
	期初余额	本期增加	本期减少	期末余额	折旧方法	折旧率	期初余额	本期增加	本期减少	期末余额
合计										

汇总表包括固定资产与累计折旧两部分，应按照固定资产类别分别填列。需要解释的是期初余额栏，注册会计师对其审计应分以下三种情况：①在连续审计的情况下，应注意与上期审计工作底稿中的固定资产和累计折旧的期末余额审定数核对相符。②在变更会计师事务所时，后任注册会计师应查阅前任注册会计师的有关工作底稿。③如果被审计单位属于首次接受审计，注册会计师应对期初余额进行较全面的审计。尤其是当被审计单位的固定资产数量多、价值大、占资产总额比重较高时，最理想的方法是全面审计被审计单位自从设立以来"固定资产"和"累计折旧"账户中的所有重要的借贷记录。这样，既可核实期初余额的真实性，又可从中加深对被审计单位固定资产管理和会计核算工作的了解。

(二)对固定资产实施实质性分析程序(存在/完整性、计价和分摊)

对固定资产实施实质性分析程序，验证其总体合理性。

(1) 基于对被审计单位及其环境的了解，通过进行以下比较并考虑有关数据之间关系的影响，建立有关数据的期望值，分类计算本期计提折旧额与固定资产原值比率，并与上期比较；计算固定资产修理及维护费用占固定资产原值的比例，并进行对本期各月及本期与以前各项的比较。

(2) 确定可接受的差异额。

(3) 将实际情况与期望值相比较，识别需要进一步调查的差异。

(4) 如果其差额超过可接受的差异额，调查并获取充分的解释和恰当的佐证审计证据，如检查相关凭证。

(5) 评估实质性分析程序的测试结果。

(三)实地检查重要固定资产(存在/完整性)

实地检查重要固定资产(如为首次接受审计，应适当扩大检查范围)，确定其是否存在，注意是否存在已报废但仍未核销的固定资产。

实施实地检查审计程序时，注册会计师可以以固定资产明细分类账为起点，进行实地追查，以证明会计记录中所列固定资产确实存在，并了解其目前的使用状况；也可以以实地为起点，追查至固定资产明细分类账，以获取实际存在的固定资产均已入账的证据。

当然，注册会计师实地检查的重点是本期新增加的重要固定资产，有时观察范围也会扩展到以前期间增加的重要固定资产。观察范围的确定需要依据被审计单位内部控制的强弱、固定资产的重要性和注册会计师的经验来判断。如果是首次接受审计，则应适当扩大检查范围。

【学中做 6-8　判断题】注册会计师应对固定资产明细账中所列示的全部固定资产进行实地观察，以确定其所有权。（　　）

【答案】错误。

【解析】实地观察的重点应是本年度增加的重要固定资产的存在。

(四)审查固定资产的所有权或控制权(权利和义务)

对各类固定资产，注册会计师应收集不同的证据以确定其是否的确归被审计单位所有：对外购的机器设备等固定资产，通常根据审核采购发票、采购合同等予以确定；对于房地产类固定资产，需查阅有关的合同、产权证明、财产税单、抵押借款的还款凭据及保险单等书面文件；对融资租入的固定资产，应验证有关融资租赁合同，证明其并非经营租赁；对汽车等运输设备，应验证有关运营证件等；对受留置权限制的固定资产，通常还应审核被审计单位的有关负债项目等予以证实。

不同固定资产应审查的证明文件如表 6-7 所示。

表 6-7　不同固定资产应审查的证明文件

固定资产类别	应检查的证明文件
房屋建筑物	房屋产权证明文件
外购的机器设备等	采购发票、采购合同等
房地产类	有关的合同、产权证明、财产税单、抵押借款的还款凭据、保险单等
融资租入的固定资产	融资租赁合同
汽车等运输设备	有关运营证件

(五)检查本期固定资产的增加(存在/完整性、权利和义务、计价和分摊)

被审计单位如果不正确核算固定资产的增加，将对资产负债表和利润表产生长期的影响。因此，审计固定资产的增加，是固定资产实质性程序中的重要内容。

固定资产的增加有购置、自制自建、投资者投入、更新改造增加、债务人抵债增加等多种途径，审计时应注意以下三个方面。

(1) 询问管理层当年固定资产的增加情况，并与获取或编制的固定资产明细表进行核对。

(2) 检查本年度增加固定资产的计价是否正确，手续是否齐全，会计处理是否正确。

① 对于外购的固定资产，通过核对采购合同、发票、保险单、发运凭证等资料，抽查测试其入账价值是否正确，授权批准手续是否齐全，会计处理是否正确；如果购买的是

房屋建筑物，还应检查契税的会计处理是否正确；检查分期付款购买固定资产入账价值及会计处理是否正确。

② 对于在建工程转入的固定资产，应检查固定资产确认时点是否符合会计准则的规定，入账价值与在建工程的相关记录是否核对相符，是否与竣工决算、验收和移交报告等一致；对于已经达到预定可使用状态，但尚未办理竣工决算手续的固定资产，检查其是否已按估计价值入账，并按规定计提折旧。

③ 对于投资者投入的固定资产，检查投资者投入的固定资产是否按投资各方确认的价值入账，并检查确认价值是否公允，交接手续是否齐全；涉及国有资产的，是否有评估报告并经国有资产管理部门评审备案或核准确认。

④ 对于更新改造增加的固定资产，检查通过更新改造而增加的固定资产，增加的原值是否符合资本化条件，是否真实，会计处理是否正确；重新确定的剩余折旧年限是否恰当。

⑤ 对于融资租赁增加的固定资产，获取融资租入固定资产的相关证明文件，检查融资租赁合同的主要内容，并结合长期应付款、未确认融资费用科目检查相关的会计处理是否正确。

⑥ 对于企业合并、债务重组和非货币性资产交换增加的固定资产，检查产权过户手续是否齐全，检查固定资产入账价值及确认的损益和负债是否符合规定。

⑦ 对于通过其他途径增加的固定资产，应检查增加固定资产的原始凭证，核对其计价及会计处理是否正确，法律手续是否齐全。

(3) 检查固定资产是否存在弃置费用，如果存在弃置费用，检查弃置费用的估计方法和弃置费用现值的计算是否合理，会计处理是否正确。

(六)检查本期固定资产的减少(存在/完整性、计价和分摊)

固定资产的减少主要包括出售、向其他单位投资转出、向债权人抵债转出、报废、毁损、盘亏等。有的被审计单位在全面清查固定资产时，经常出现固定资产账存实无的情况，这可能是由于固定资产管理或使用部门不了解报废固定资产与会计核算两者之间的关系，擅自报废固定资产而未及时通知财务部门做相应的会计核算所致，这样势必会造成财务报表反映失真。

审计固定资产减少的主要目的在于查明业已减少的固定资产是否已做适当的会计处理，其审计要点如下。

(1) 固定资产清理科目，抽查固定资产账面转销额是否正确。

(2) 检查出售、盘亏、转让、报废或毁损的固定资产是否经授权批准，会计处理是否正确。

(3) 检查因修理、更新改造而停止使用的固定资产的会计处理是否正确。

(4) 检查投资转出固定资产的会计处理是否正确。

(5) 检查债务重组或非货币性资产交换转出固定资产的会计处理是否正确。

(6) 检查转出的投资性房地产账面价值及会计处理是否正确。

(七)检查固定资产的后续支出(存在/完整性)

检查固定资产的后续支出，确定固定资产有关的后续支出是否满足资产确认条件；如不满足，该支出是否在该后续支出发生时计入当期损益。

(八)调查未使用和不需用的固定资产(存在、计价与分摊)

注册会计师应调查被审计单位有无已完工或已购建但尚未交付使用的新增固定资产、因改建扩建等原因暂停使用的固定资产，以及多余或不适用的需要进行处理的固定资产；如有则应做彻底调查，以确定其是否真实。同时，还应调查未使用、不需用固定资产的购建启用及停用时点，并进行记录。

(九)检查固定资产的抵押、担保情况(权利和义务、列报)

结合对银行借款等的检查，了解固定资产是否存在抵押、担保情况。如存在，应取证、记录，并提醒被审计单位做必要披露。

(十)检查固定资产是否已在资产负债表上恰当披露(列报)

财务报表附注通常应说明固定资产的标准、分类、计价方法和折旧方法，各类固定资产的预计使用年限、预计净残值和折旧率，分类别披露固定资产在本期的增减变动情况，并应披露用作抵押、担保和本期从在建工程转入数、本期出售固定资产数、本期置换固定资产数等情况。

三、检查累计折旧

(一)获取或编制累计折旧分类汇总表

获取或编制累计折旧分类汇总表，复核加计是否正确，并与总账数和明细账合计数进行核对是否相符。

(二)对固定资产累计折旧实施分析程序

注册会计师首先应对本期增加和减少固定资产及使用年限长短不一和折旧方法不同的固定资产做适当调整，然后，用应计提折旧的固定资产乘以本期的折旧率。如果总的计算结果与被审计单位的折旧总额相接近，且固定资产及累计折旧内部控制较健全时，则可以适当减少累计折旧和折旧费用的其他实质性测试工作量。

注册会计师还应计算本期计提折旧额占固定资产原值的比率并与上期相比较，分析本期折旧计提额的合理性和准确性；计算累计折旧额占固定资产原值的比率，评估固定资产的老化率，并估计因闲置、报废等原因可能发生的固定资产损失。

(三)检查被审计单位固定资产折旧政策的执行情况

注册会计师应当检查被审计单位制定的折旧政策和方法是否符合企业会计准则的规定。确定其所采用的折旧方法能否在固定资产预计使用寿命内合理分摊其成本。前后期是否一致，预计使用寿命和预计净残值是否合理。例如，有无扩大或缩小固定资产折旧范围、随意变更固定资产折旧方法的问题。

(四)检查折旧费用的计提和分配

注册会计师应审阅、复核固定资产折旧计算表，并对照记账凭证、固定资产卡片和固定资产分类表，通过核实月初固定资产原值、分类或个别折旧率，复核折旧额的计算是否正确，折旧费用的分配是否合理，分配方法与上期是否一致。

(五)检查折旧费用计入成本的合理性

将"累计折旧"账户贷方的本期计提折旧额与相应的成本费用中的折旧费用明细账户的借方进行比较，以查明所计提折旧金额是否全部摊入本期产品的成本费用。一旦发现差异，应及时追查原因，并考虑是否应建议被审计单位做适当调整。

(六)检查累计折旧的披露是否恰当

如果被审计单位是上市公司，通常应在其财务报表附注中按固定资产类别列示累计折旧期初金额、本期计提额、本期减少额及期末余额。

> **任务解析**

(1) 为验证外购固定资产的真实性，注册会计师 A 应检查乙公司此笔业务的授权审批手续是否齐全，在此基础上核对购货合同、购货发票、保险单和货运文件。对于以一笔款项同时购入多项没有单独标价的固定资产的情况，注册会计师 A 应当检查乙公司是否按照各项固定资产公允价值的比例对总成本进行分配，分别确定各项固定资产的入账价值。

(2) 为检查乙公司是否存在未做会计记录的固定资产减少业务，A 应当实施以下实质性程序：①结合固定资产清理科目，抽查固定资产账面转销额是否正确；②检查出售、盘亏、转让、报废或毁损的固定资产是否经授权批准，会计处理是否正确；③检查因修理、更新改造而停止使用的固定资产的会计处理是否正确；④检查投资转出固定资产的会计处理是否正确；⑤检查债务重组或非货币性资产交换转出固定资产的会计处理是否正确；⑥检查转出的投资性房地产账面价值及会计处理是否正确；⑦检查其他减少固定资产的会计处理是否正确。

任务四　应付账款审计

> **任务描述**

工作任务	技能点及任务成果	课　时
进行应付账款审计	1. 明确如何做应付账款账龄分析。 2. 明确如何正确实施应付账款函证。 3. 完成任务引例	2

任务引例

注册会计师 A 正在对乙公司的应付账款项目进行审计。根据需要，假定注册会计师 A 决定对乙公司下列四个明细账户中的两个进行函证，如表 6-8 所示。

表 6-8 应付账款明细账户

应付账款明细账户	应付账款年末余额	本年度进货总额
A 公司	22 650	46 100
B 公司	0	1 980 000
C 公司	65 000	75 000
D 公司	190 000	2 123 000

要求：指出注册会计师应该选择哪两位供货商进行函证，并说明理由。

知识准备

一、应付账款的审计目标

应付账款是企业在正常经营过程中，因购买材料、商品和接受劳务供应等经营活动而应付给供应商的款项。注册会计师应结合赊购交易进行应付账款的审计。

应付账款的审计目标一般包括以下五点。

(1) 确定资产负债表中记录的应付账款是否存在(存在)。

(2) 确定所有应当记录的应付账款是否均已记录(完整性)。

(3) 确定记录的应付账款是否为被审计单位应履行的现时义务(权利和义务)。

(4) 确定应付账款是否以恰当的金额包括在财务报表中，与之相关的计价调整是否已恰当记录(计价和分摊)。

(5) 确定应付账款是否已按照企业会计准则的规定在财务报表中做出恰当列报(列报)。

二、应付账款的实质性程序

(一)获取或编制应付账款明细表(计价和分摊)

(1) 复核加计正确，并与报表数、总账数和明细账合计数核对是否相符。

(2) 检查非记账本位币应付账款的折算汇率及折算是否正确。

(3) 分析出现借方余额的项目，查明原因，必要时，做重分类调整。

(4) 结合预付账款等往来项目的明细余额，调查有无同时挂账的项目、异常余额或与购货无关的其他款项(如关联方账户或雇员账户)，如有，应做出记录，必要时做调整。

(二)对应付账款执行实质性分析程序(存在)

(1) 将期末应付账款余额与期初余额进行比较，分析波动原因。

(2) 分析长期挂账的应付账款，要求被审计单位做出解释，判断被审计单位是否缺乏偿债能力或利用应付账款隐瞒利润；并注意检查其是否可能无须支付，对确实无须支付的应付账款的会计处理是否正确，依据是否充分；关注账龄超过三年的大额应付账款在资产负债表日后是否偿还，检查偿还记录、单据及披露情况。

(3) 计算应付账款与存货的比率，应付账款与流动负债的比率，并与以前年度相关比率对比分析，评价应付账款整体的合理性。

(4) 分析存货和营业成本等项目的增减变动，判断应付账款增减变动的合理性。

(三)函证应付账款(存在、权利和义务)

一般情况下，并不必须函证应付账款，这是因为函证不能保证查出未记录的应付账款，况且注册会计师能够取得采购发票等外部凭证来证实应付账款的余额。但如果控制风险较高，某应付账款明细账户金额较大或被审计单位处于财务困难阶段，则应进行应付账款的函证。

(1) 函证的对象。在进行函证时，注册会计师应选择较大金额的债权人，以及那些在资产负债表日金额不大，甚至为零，但是为被审计单位重要供应商的债权人，作为函证对象。

(2) 函证方式。函证最好采用积极函证方式，并具体说明应付金额。

(3) 函证的控制。同应收账款的函证一样，注册会计师必须对函证的过程进行控制，要求债权人直接回函，并根据回函情况编制与分析函证结果汇总表，对未回函的，应考虑是否再次函证。

(4) 函证替代程序。如果存在未回函的重大项目，注册会计师应采用替代审计程序。例如，可以检查决算日后应付账款明细账及库存现金日记账和银行存款日记账，核实其是否已支付，同时检查该笔债务的相关凭证资料，如合同、发票、验收单，核实应付账款的真实性。

【学中做6-9 多项选择题】对应付账款的函证，以下说法正确的是( )。

A. 一般情况下，应付账款必须函证
B. 一般情况下，应付账款并非必须函证
C. 如果控制风险较高，应付账款明细账金额较大，则应考虑进行应付账款的函证
D. 对于在资产负债表日账户余额为零的债权人，注册会计师均不应该进行函证

【答案】BC。

【解析】一般情况下，应付账款并非必须函证，因为函证不能保证查出未记录的应付账款，所以A是错误的，B是正确的。如果控制风险较高，应付账款明细账金额较大，则应考虑进行应付账款的函证，所以C正确。而函证的对象包括金额较大的债权人以及那些在资产负债表日金额不大，甚至为零，但是为被审计单位重要供应商的债权人，所以D是错误的。

(四)检查应付账款是否计入正确的会计期间，是否存在未入账的应付账款(完整性)

(1) 检查债务形成的相关原始凭证，如供应商发票、验收报告以及入库单等，查找有无未及时入账的应付账款，确定应付账款期末余额的完整性。

(2) 检查资产负债表日后应付账款明细账贷方发生额的相应凭证，关注其供应商发票

的日期，确认其入账时间是否合理。

（3）获取被审计单位与其供应商之间的对账单(应从非财务部门，如采购部门获取)，并将对账单和被审计单位财务记录之间的差异进行调节(如在途款项、在途货物、付款折扣、未记录的负债等)，查找有无未入账的应付账款，确定应付账款金额的准确性。

（4）针对资产负债表日后付款项目，检查银行对账单及有关付款凭证(如银行划款通知、供应商收据等)，询问被审计单位内部或外部的知情人员，查找有无未及时入账的应付账款。

（5）结合存货监盘程序，检查被审计单位在资产负债日前后的存货入库资料(验收报告或入库单)，检查是否存在大额料到单未到的情况，确认相关负债是否计入了正确的会计期间。

如果注册会计师通过这些程序发现某些未入账的应付账款，应将有关情况详细记入工作底稿，然后根据其重要性确定是否需建议被审计单位进行相应的调整。

(五)检查已偿付的应付账款的相关凭证(完整性)

针对已偿付的应付账款，追查至银行对账单、银行付款单据和其他原始凭证，检查其是否在资产负债表日前真实偿付。

(六)检查异常或大额交易(存在/完整性)

针对异常或大额交易及重大调整事项，如大额的购货折扣或退回、会计处理异常的交易、未经授权的交易，或缺乏支持性凭证的交易等，检查相关原始凭证和会计记录，以分析交易的真实性、合理性。

(七)确定应付账款的列报是否恰当(列报)

一般来说，应付账款项目应根据"应付账款"和"预付账款"科目所属明细科目的期末贷方余额的合计数填列。如果被审计单位为上市公司，则通常在其财务报表附注中说明有无欠持有5%以上(含5%)表决权股份的股东单位账款，说明账龄超过3年的大额应付账款未偿还的原因，并在期后事项中反映资产负债表日之后是否偿还。

任务解析

A注册会计师应选择B公司和D公司进行应付账款余额的函证。选择B公司是因为它与A、C公司相比本年度进货总额较大，但年末余额为零，这一般不符合实际情况；选择D公司是因为它是甲公司的本年度最大供应商，非常重要，存在漏记负债业务的可能性更大。函证的目的在于查实有无未入账负债，而不在于验证具有较大年末余额的债务。

职业判断能力训练

一、单项选择题

1. 在注册会计师设计的下列审计程序中，不能通过实施这些审计程序获取证据从而证实采购交易记录的完整性认定存在错报的是(　　)。

A. 从连续编号的订购单追查至相应的验收单和应付账款明细账
B. 从连续编号的验收单追查至供应商发票和应付账款明细账
C. 以应付账款明细账为起点追查至相应的供应商发票、验收单和订购单
D. 从供应商发票追查至验收单和应付账款明细账

2. 在设计应对乙公司 2023 年应付账款错报风险的以下审计程序中，最有可能获取审计证据来证明已记录的应付账款存在认定不存在错报的是(　　)。
A. 以应付账款明细账为起点，追查至采购相关的原始凭证，如采购交易单、供应商发票和验收单等
B. 检查采购订单文件以确定是否预先连续编号
C. 从采购交易订购单、供应商发票和验收单等原始凭证，追查至应付账款明细账
D. 向采购供应商函证零余额的应付账款

3. 在对乙公司采购交易设计进一步审计程序时，拟从乙公司 2023 年 12 月 31 日的验收单追查至相应的供应商发票、订购单，同时再追查至应付账款明细账，注册会计师设计的该审计路径主要是为了获取审计证据以证明应付账款的(　　)认定不存在错报。
A. 存在　　　　B. 完整性　　　　C. 计价和分摊　　　　D. 准确性

4. 在拟定的下列审计程序中，与查找未入账应付账款最不相关的是(　　)。
A. 检查财务报表日后现金支出的主要凭证
B. 检查财务报表日后未付购货款项的主要原始凭证，包括供应商发票和验收单等
C. 追查财务报表日前签发的验收单、相关的供应商发票
D. 以截止到 2023 年 12 月 31 日的应付账款明细账为起点选取异常项目追查至相关验收单、供应商发票以及订购单等原始凭证

5. 在拟定的下列审计程序中，注册会计师最有可能获取审计证据从而证明乙公司 2023 年财务报表存在未入账负债的是(　　)。
A. 审查财务报表日后货币资金支出情况
B. 审查批准采购价格和折扣标记
C. 审查应付账款、应付票据的函证回函
D. 审查供应商发票与债权人名单

6. 对应付账款实质性审计时，抽查明细账的主要目的是(　　)。
A. 确定应付账款期末余额变动的合理性
B. 审查有无漏记的应付账款
C. 查明应付账款期末余额的实有额和真实性
D. 调节应付账款

7. 审计应付账款时，下列审计程序中可完全交给被审计单位办理的是(　　)。
A. 根据应付账款明细表核对总账
B. 对选定的账户向债权人发询证函
C. 检查、核对应付账款分类账及过账
D. 编制应付账款明细表

8. 审计某企业"应付账款"项目，发现"应付账款"账户中包含本期估价入库的采购商品 300 万元。经审核，未附有供应商名称、商品品种、数量及金额计算等凭证，审计人

员应采取的措施是( )。

A. 认可被审计单位的处理　　　B. 取得估价入库商品的详细资料
C. 作为虚假事项处理　　　　　D. 不必过问

9. 审计乙企业应付账款时，发现应付丙公司货款 210 万元，账龄已有 2 年。审计人员通过审阅凭证、询问被审计单位有关人员，未能取得证据来证实负债是否真实存在。审计人员应( )。

A. 函证债权人　　　　　　　　B. 做出账实不符结论
C. 核对报表　　　　　　　　　D. 直接调整账项

10. 被审计单位采用计算机处理采购业务，订货单、验收单均没有纸质凭证。审计人员准备对应付账款准确性进行测试，最佳审计程序是( )。

A. 以供应商为抽样总体，抽查付款准确性
B. 抽查大额应付账款，追踪相应的原始凭证
C. 以付款业务为抽样总体，抽取样本与储存在计算机中的订货单、验收单及发票核对
D. 以月末验收单为重点，追踪相应付款环节

二、多项选择题

1. 采购与付款循环的主要过程包括( )。

A. 由采购部门填写请购单　　　B. 采购部门验收商品
C. 仓库填写请购单　　　　　　D. 采购并由独立的验收部门进行验收
E. 财务部门确认债务并付款

2. 采购与付款循环内部控制主要职责分工有( )。

A. 提出采购申请与批准采购申请相互独立
B. 批准请购与采购部门相互独立
C. 验收部门与财务部门相互独立
D. 应付账款记账员不能接触现金、有价证券
E. 内部检查与相关的执行和记录工作相互独立

3. 采购与付款循环审计目标应包括( )。

A. 确定应付账款存在性
B. 确定应付账款发生及偿还记录完整性
C. 确定应付账款分类准确性
D. 确定采购与付款业务记录截止期准确性
E. 确定存货发出计价准确性

4. 可以防止或发现采购与付款业务发生错误或舞弊的内部控制有( )。

A. 所有订货单均经授权部门批准，订货单副本及时递交财务部门
B. 由用料单位提出请购申请，经批准交采购部门办理
C. 由采购部门提出请购申请，并由采购部门办理
D. 收到购货发票后，及时递交财务部门确认其与订货单、验收单的一致性
E. 对现金折扣专门记录，并严格审核是否出现折扣损失

5. 注册会计师实施的下列审计程序中，能证实采购交易记录存在认定的有( )。

A. 复核采购明细账、总账及应付账款明细账，注意是否有大额或不正常的金额
B. 检查卖方发票、验收单、订购单和请购单的合理性和真实性
C. 追查存货的采购至存货永续盘存记录
D. 检查取得的固定资产
E. 检查应收账款明细表，注意金额是否存在异常

三、判断题

1. 通常由采购部门提出请购，并由其办理采购业务。　　　　　　　　　（　）
2. 为了提高作业效率，可由财务部门对收到的材料进行验收。　　　　　（　）
3. 某一应付账款明细账户年末余额为零，审计人员可不必将其列为函证对象。（　）
4. 抽查应付账款明细账是为了确定其期末余额变动的合理性。　　　　　（　）
5. 询证供应商是查明未入账应付账款最有效的方法。　　　　　　　　　（　）

四、案例分析题

1. 甲会计师事务所接受委托，对乙股份有限公司 2023 年度会计报表进行审计。A 注册会计师发现该公司 2023 年度会计报表有关固定资产原价和累计折旧附注内容如表 6-9 和表 6-10 所示。

表 6-9　固定资产原价

单位：万元

类　别	固定资产原价			
	年初数	本年增加	本年减少	年末数
房屋及建筑物	20 930	2 655	21	23 564
通用设备	8 612	1 158	62	9 708
专用设备	10 008	3 854	121	13 741
运输工具	1 681	460	574	1 567
土地使用权	472			472
其他设备	389	150	11	528
合　计	42 092	8 277	789	49 580

表 6-10　累计折旧

单位：万元

类　别	累计折旧			
	年初数	本年增加	本年减少	年末数
房屋及建筑物	3 490	898	31	4 357
通用设备	863	865	34	1 694
专用设备	3 080	1 041	20	4 101
运输工具	992	232	290	934
土地使用权		15		15
其他设备	115	83	3	195
合　计	8 540	3 134	378	11 296

【要求】(1) 请分别指出上述附注内容中可能存在的不合理之处，并简要说明理由。

(2) 指出在审计固定资产与累计折旧中需要编制的主要审计工作底稿的名称。

2. 乙公司是甲会计师事务所的常年审计客户。A 注册会计师负责审计乙公司 2023 年度财务报表。A 注册会计师在审计工作底稿中记录了实施的控制测试，部分内容摘录如表 6-11 所示。

表 6-11 相关控制与控制测试

相关控制	控制测试
(1) 财务总监负责审批金额超过 100 万元的付款申请单，并在系统中进行电子签署	A 注册会计师从系统中导出已经由财务总监审批的付款申请单，抽取样本进行检查
(2) 财务人员将原材料订购单、供应商发票和入库单核对一致后，编制记账凭证(附上述单据)并签字确认	A 注册会计师抽取了若干记账凭证，检查是否经由财务人员签字

【要求】假设不考虑其他条件，请指出上述控制测试是否恰当，如不恰当，请说明理由。

3. 2024 年 4 月，甲审计组对乙公司 2023 年度财务收支进行了审计。在对该公司固定资产业务进行审计时，发现如下情况。

(1) 乙公司与设备采购有关的部分内部控制如下：采购部门确定设备需要量，提出设备购置申请书，报送设备管理部门；设备管理部门根据申请书会同财会部门、计划部门编制设备采购计划；采购计划经批准后，设备管理部门下达采购通知单，交采购部门执行；采购的设备到货后，由采购部门组织验收。

(2) 审计人员对乙公司的固定资产实施监盘时发现，X 设备在固定资产明细账及固定资产卡片的记录均为 3 台，但实物盘点的结果是 4 台。

(3) 审计人员在对乙公司的固定资产入账价值进行审查时，发现 2023 年年初购入 Y 设备的入账价值只包括买价，将包装费、运杂费和成本安装等计入了当期管理费用。

(4) 审计人员在对固定资产入账价值进行审查时，通过分析性复核所发现的线索，经进一步追查，发现 2023 年年初购进的 Z 设备至审计时尚未计提折旧，其价值占年末固定资产原值的比例为 15%。

【要求】针对上述事项代替会计师指出存在的问题。

4. 甲会计师事务所首次接受委托，负责审计乙股份有限公司 2023 年的财务报表，以下为乙公司 2023 年度发生的相关交易和事项及其会计处理：

(1) 乙公司会计政策规定，采用平均年限法计提固定资产折旧，每年年度终了对固定资产进行逐项检查，考虑是否计提固定资产减值准备。乙公司的办公大楼于 2022 年 1 月启用，原价值为 5 500 万元，预计使用年限为 20 年，预计净残值为 500 万元。2023 年 7 月 1 日至 2023 年年底，乙公司对该项固定资产进行了更新改造，乙公司因此未计提更新改造期间的折旧。

(2) 乙公司在建工程项目中有房屋建筑物(仓库)1 000 万元，本年 6 月已完工交付使用，但乙公司未结转固定资产(该公司房屋建筑物的残值率 5%，使用年限 20 年)。

【要求】针对上述事项，请分别回答注册会计师是否应该提出审计处理建议。若建议应当做出审计调整的，请直接列示审计调整分录。

微课视频

扫一扫，获取本项目相关微课视频。

项目六　采购与付款循环的内部控制

项目六　采购与付款循环的主要凭证及记录

项目六　采购与付款循环的主要业务活动

项目六　固定资产的内部控制

项目六　固定资产账面余额实质性审计程序

项目六　应付账款实训任务单(FD-1)

项目六　应付账款实训任务单(FD-2)

项目六　应付账款实训任务单(FD-3-1)

项目六　应付账款实质性审计程序

项目七

生产与存货循环审计

【学习任务】

通过对生产与存货循环审计项目的学习,需要完成如下工作任务。
1. 了解企业生产与存货循环的业务流程。
2. 通过对内部控制的了解和测试,对生产与存货循环风险做出客观的评价。
3. 明确生产与存货循环的审计目标,掌握存货监盘等审计程序。

【学习目标】

知识目标	能力目标	素养目标
★熟悉和理解生产与存货循环涉及的主要业务活动及其内部控制与控制测试; ★掌握存货审计的目标、实质性程序、存货监盘、存货计价测试和截止测试	★根据指定的审计目标、确认审计范围和执行控制测试与实质性程序; ★能够比较熟练地将所获取的审计证据记录于审计工作底稿	★在掌握生产与存货循环审计相关的工作程序和工作方法的基础上,强化职业素养,培养学生坚持原则、客观公正的职业道德品质; ★能够准确辨析每一项制造费用,培养"清、诚、细、勤"的工匠精神; ★能够对存货一一确认,培养"严谨细致"的工作习惯

【案例导入】

獐子岛：扇贝去哪了

獐子岛公司是一家以海产品养殖为主的综合性海洋产业领域的龙头企业，公司于 2006 年在深圳证券交易所挂牌上市，此后 5 年公司业绩保持强劲增长。然而好景不长，到 2012 年，公司的辉煌业绩却戛然而止，当年獐子岛公司的营业收入和净利润分别同比下降了 11.2%和 78.78%。公司自 2014 年发生"扇贝跑路"事件之后，业绩又呈现一年亏损一年盈利的特点。2015—2018 年公司净利润分别为-2.43 亿元、7 959 万元、-7.23 亿元、3 211 万元。

从 2011—2018 年，这 8 年期间獐子岛的年报审计机构都是委托大华会计师事务所。獐子岛公司屡次业绩大变脸，将自身形象和投资者的利益置于水深火热之中，同时也将为其提供审计服务的大华会计师事务所推上了风口浪尖。2014 年大华会计师事务所认为獐子岛公司的财务报表在所有重大方面合法、公允。2017 年和 2018 年，大华会计师事务所连续两年对獐子岛的财务报表出具了保留意见，并且对其持续经营能力存有疑虑。

2014 年獐子岛公司上演了 A 股市场上的"黑天鹅"事件，因为异常冷水团的影响，虾夷扇贝绝收，前三季度业绩亏损约 8 亿元。次年 6 月，这批遭遇强劲冷水团的虾夷扇贝又"死而复生"，獐子岛公司声称其生长符合要求，并不存在减值风险，此为獐子岛扇贝的第一次跑路事件。根据獐子岛的公告，公司于 2014 年 9 月 15 日至 10 月 12 日采用拖网配合视频的方法对虾夷扇贝进行了为时 28 天的抽测盘点，共抽测了 8 亩多海域，但和 105 万亩的总面积相比只是冰山一角。针对冷水团事件，大华会计师事务所在专项说明会中强调，由于受海上风浪影响，一个月的盘点工作，审计人员只有 3 天能下海去进行监盘。

对獐子岛的存货监盘，大华会计师事务所采用的是小样本抽样盘点的方法。根据 2018 年獐子岛公司关于存货盘点的公告，2016 年年底的虾夷扇贝总面积为 60.80 万亩，注册会计师实施监盘面积为 1 615.89 亩，抽测占比仅为 0.27%。

2018 年 1 月，獐子岛公司称因气温异常，大量扇贝瘦死、饿死，公司对扇贝进行年末盘点后发现扇贝异常，预计 2017 年再次巨亏。2018 年 1 月月底公司发布业绩修正报告，业绩出现"大变脸"，2017 年第三季度的业绩由预计盈利修正为高达 7.2 亿元的巨额亏损。针对此情况，獐子岛公司又进行了为时 4 天的重新盘点，最终把亏损金额确定为 6.29 亿元，原因就是自然环境变化导致饲料生物剧减，将损失金额全部计入了 2017 年度。针对扇贝的第二次大规模"跑路"，注册会计师用了 11 天的时间完成了对公司 2017 年年末的存货监盘程序。

2020 年 6 月 15 日，中国证监会对獐子岛公司 16 名责任人员做出行政处罚决定，从三方面对獐子岛公司存在的财务造假问题进行了公告：一是獐子岛公司内部控制存在重大缺陷，其披露的 2016 年、2017 年的年度报告存在虚假记载；二是獐子岛公司在 2017 年、2018 年披露的关于其消耗性生物资产虾夷扇贝的盘点公告严重失实；三是獐子岛公司未及时进行信息披露。至此，这场源自 2014 年"扇贝去哪了"的闹剧基本尘埃落定。

(资料来源：中国证券监督管理委员会官网：中国证监会行政处罚决定书
(獐子岛集团股份有限公司、吴厚刚等 16 名责任人员)〔2020〕29 号.)

上述案例在存货的内部控制方面存在重大问题，请问：如何加强存货的内部控制，以及如何进行特殊存货的盘点？

任务一　了解生产与存货循环

任务描述

工作任务	技能点及任务成果	课　时
1. 了解企业生产与存货循环过程。 2. 根据案例企业存货的特点，分析生产与存货循环的主要风险	1. 明确生产与存货循环的主要业务活动。 2. 明确生产与存货循环涉及的主要凭证与会计记录	1

任务引例

农副食品加工企业的存货兼具制造业企业存货和农业企业存货的双重特点。一是存货种类繁多且数量巨大，在生产运营中存货成本的计算、归集分配复杂。二是农副食品加工的原材料主要是农产品，存货的采购环节受农产品的生长种植周期及采购地分布的影响大。

请思考下列问题：

农副食品加工企业的存货在采购环节、存储环节、生产环节、发出环节的重点管理流程。

知识准备

生产与存货循环涉及的内容主要是存货的管理及生产成本的计算等。该循环所涉及的资产负债表项目主要是存货、待摊费用、应付工资、应付职工福利费、预提费用等，其中，存货包括物资采购或在途物资、原材料、包装物、低值易耗品、材料成本差异、自制半成品、库存商品进销差价、委托加工物资、委托代销商品、分期收款发出商品、生产成本、制造费用、劳务成本、存货跌价准备、代销商品款等；生产循环所涉及的利润表项目主要是主营业务成本等项目。

一、生产与存货循环的主要业务活动

(一)计划和安排生产

生产计划部门的职责是根据客户订购单或者对销售预测和产品需求分析来决定生产授权。该部门通常应将发出的所有生产通知单顺序编号并加以记录控制。此外，该部门还需要编制一份材料需求报告，列示所需要的材料、零件及其库存。

【学中做7-1　单项选择题】(　　)是企业下达制造产品等生产任务的书面文件，是通知生产车间组织制造、供应部门组织发料、会计部门组织产品成本计算的依据。

A. 发料单　B. 领料单　C. 生产通知单　D. 客户订购单

【答案】C。

【解析】生产计划部门是根据客户订购单来决定生产授权。但是决定授权生产，就要签发预先顺序编号的生产通知单。

(二)发出原材料

仓库部门的责任是根据从生产部门收到的领料单发出原材料。领料单上必须列示所需材料的数量和种类,以及领料部门的名称。领料单可以一料一单,也可以多料一单,通常是一式三联。仓库发料后,将其中一联连同材料一起交给领料部门,一联留在仓库登记材料明细账,一联送会计部门进行材料收发核算和成本核算。

(三)生产产品

生产部门在收到生产通知单并领取原材料后,便将生产任务分解到每一个生产工人,同时将所领取的原材料交给生产工人,据以执行生产任务。生产工人在完成生产任务后,将完成的产品交由生产部门查点,然后转交检验员验收并办理入库手续;或是将所完成的产品移交下一个部门,作进一步加工。

(四)核算产品成本

为了正确核算并有效控制产品成本,必须建立健全成本会计制度,将生产控制和成本核算有机结合起来。

1. 实物流转记录

生产过程中的各种记录、生产通知单、领料单、入库单等文件资料都要汇集到会计部门,由会计部门对其进行检查和核对,了解和控制生产过程中存货的实物流转。

2. 成本会计核算

会计部门需要设置相应的会计账户,会同有关部门对生产过程中的成本进行核算和控制。成本会计制度可以非常简单,只是在期末记录存货余额;也可以是完善的标准成本制度,持续地记录所有材料处理、在产品和产成品,并形成对成本差异的分析报告。

(五)储存产成品

产成品入库,须由仓库部门先行点验和检查,然后签收。签收后,将实际入库数量告知会计部门。据此,仓库部门确立了本身应承担的责任,并对验收部门的工作进行验证。除此之外,仓库部门还应根据产成品的品质特征分类存放,并填制标签。

(六)发出产成品

产成品的发出须由独立的发运部门完成。装运产成品时必须持有经有关部门核准的发运通知单,并据此编制出库单。出库单至少一式四联,一联交仓库部门,一联发运部门留存,一联送交顾客,一联作为给顾客开发票的依据。

二、生产与存货循环的主要凭证与会计记录

生产与存货循环所涉及的主要凭证和会计记录有生产指令、领发料凭证、产量和工时记录、工薪汇总表和人工费用分配表、材料费用分配表、制造费用分配汇总表、成本计算单和存货明细账等。

(一)生产指令

生产指令,又称"生产任务通知单"或"生产通知单",是企业下达制造产品等生产任务的书面文件,用以通知供应部门组织材料发放,生产车间组织产品制造,会计部门组织成本计算。

(二)领发料凭证

领发料凭证是指企业为控制材料发出所采用的各种凭证,如材料发出汇总表、领料单、限额领料单、领料登记簿、退料单等。

(三)产量和工时记录

产量和工时记录是登记工人或生产班组在出勤时间内完成产品数量、质量和生产这些产品所耗费工时数量的原始记录。常见的产量和工时记录主要有工作通知单、工序进程单、生产班组产量报告、产量通知单、产量明细表、废品通知单等。

(四)工薪汇总表及工薪费用分配表

工薪汇总表是为了反映企业全部工薪的结算情况,并据以进行工薪总分类核算和汇总整个企业工薪费用而编制的,是企业进行工薪费用分配的依据。工薪费用分配表反映了各生产车间各产品应负担的生产工人工薪及福利费。

(五)材料费用分配表

材料费用分配表是汇总反映各生产车间各产品所耗费的材料费用的原始记录。

(六)制造费用分配汇总表

制造费用分配汇总表是汇总反映各生产车间各产品所应负担的制造费用的原始记录。

(七)成本计算表

成本计算表是用来归集某一成本计算对象所应承担的生产费用、总成本和单位成本。

(八)存货明细账

存货明细账是用来反映各种存货增减变动情况和期末库存数量及相关成本信息的会计记录。

【学中做 7-2 单项选择题】下列有关生产与存货循环涉及的主要凭证与会计记录的说法中,错误的是(   )。

A. 生产任务通知单是企业下达制造产品等生产任务的书面或口头文件,用以通知供应部门组织材料发放,生产车间组织产品制造,会计部门组织成本计算。

B. 领发料凭证是企业为控制材料发出所采用的各种凭证,如材料发出汇总表、领料单、限额领料单、领料登记簿、退料单等。

C. 产量和工时记录是登记工人或生产班组在出勤时间内完成产品数量、质量和生产这些产品所耗费工时数量的原始记录。

D. 工薪汇总表是为了反映企业全部工薪的结算情况，并据以进行工薪总分类核算和汇总整个企业工薪费用而编制的，它是企业进行工薪费用分配的依据。

【答案】A。

【学中做 7-3　多项选择题】下列属于生产与存货循环凭证的是(　　)。

A. 生产指令　B. 领料单　C. 入库单　D. 发运凭证

【答案】AB。

任务解析

对于农副食品加工企业而言，在存货采购环节，要做好存货的采购计划，根据当年的订单情况及农产品原材料的产出情况，合理地确定订货源和订货数量，在存货储存环节，需要特别注意其分类存放，并且创造符合其存储条件的场所，如对于谷物类的存货要保持干燥透风。对于存货的进出库要做好相应的入库及调拨手续，并且及时记录；在存货生产环节，由生产部门负责相应的生产及监控。生产负责人根据产量进行相关人员及机器的配备，确保相关生产任务的完成，对生产相应的产品进行记录，并由成本会计对各类产品进行成本的配比及核算，存货发出环节，仓储部门应核对经过审批的领料单或销售发货通知单的内容，做到单据齐全，名称、规格、计量单位准确，符合条件的准予领用或发出，并与领用人当面核对、点清交付、签字确认。

任务二　生产与存货循环的内部控制和控制测试

任务描述

工作任务	技能点及任务成果	课　时
1. 分析企业生产与存货的内部控制。 2. 从审计人员的角度向公司提出改善内部控制的建议	1. 掌握企业生产与存货循环的内部控制。 2. 掌握生产与存货循环内部控制测试的步骤与方法	2

任务引例

黄河公司生产与存货循环内部管理的要求主要包括：仓库保管员负责登记存货明细账，以便对仓库中所有存货项目的收、发、存进行永续记录。当收到验收部门送交的存货和验收单后，根据验收单登记存货明细账。平时，各车间或其他部门如果需要领用原材料，都应该填写领料单，仓库保管员根据领料单发出原材料。公司辅助材料的用量很少，因此领取辅助材料时，没有要求填写领料单。各车间经常有辅助材料剩余，这些材料由车间自行保管，无须通知仓库。如果仓库保管员有时间，偶尔也会对存货进行实地盘点。

请思考下列问题：

上述生产与存货的管理存在什么缺陷？简要说明该缺陷可能导致的错弊，并针对该企业管理上的弱点提出改进建议。

> 知识准备

一、生产与存货循环的内部控制

总体来看,生产与存货循环的内部控制主要包括存货的内部控制、成本会计制度的内部控制两项内容。

(一)存货的内部控制

1. 岗位分工控制

(1) 建立存货业务的岗位责任制,明确相关部门和岗位的职责权限,确保办理存货业务的不相容岗位相互分离、制约和监督。

(2) 存货业务的不相容岗位:存货的采购、验收与付款;存货的保管与清查;存货的销售与收款;存货处置的申请与审批、审批与执行;存货业务的审批、执行与相关会计记录。

(3) 不得由同一部门或个人办理存货业务的全过程。

【学中做 7-4 多项选择题】按不相容职务分离的基本要求,担任被审计单位存货保管职务的人员不得再兼任的职务有( )。

A. 存货的采购 B. 存货的清查 C. 存货的验收 D. 存货处置的申请

【答案】BC。

【解析】选项 A,在存货的保管和采购之间还有个验收工作,负责保管的人员不能负责验收,所以负责保管的人员负责采购,然后由其他人员进行验收,是符合要求的;选项 B,不符合财政部相关的要求;选项 C,存货的验收与保管职务不相容;选项 D,存货处置的申请由保管人员兼任可以提高工作效率。

2. 授权批准控制

(1) 明确审批人对存货业务授权批准的方式、程序和相关控制措施,规定审批人的权限责任,审批人不得越权审批。

(2) 明确经办人的职责范围和工作要求。对于审批人超越授权范围审批的存货业务,经办人有权拒绝办理,并及时向审批人的上级授权部门报告。

(3) 严禁未经授权的机构和人员办理存货业务。

(4) 编制存货业务流程,明确存货的取得、验收与入库,仓储与保管,领用、发出与处置等环节的控制要求,设置相应的记录或凭证。

3. 取得、验收与入库控制

(1) 外购存货,应符合《内部会计控制规范——采购与付款》的有关规定。

(2) 接受投资投入的存货,其实有价值和质量状况应当经过评估和检验。

(3) 严格执行存货验收制度,重点对取得存货的品种、规格、数量、质量和其他相关内容进行验收。

(4) 按照国家规定的会计规范进行存货的会计核算。

(5) 设置存货明细账。加强对代管、代销、暂存、受托加工存货的管理。

4．仓储与保管控制

(1) 根据销售计划、生产计划、采购计划、资金筹措计划等制订仓储计划，合理确定库存机构和数量。

(2) 加强对存货的日常管理，严格限制未经授权的人员接触存货。

(3) 建立存货的分类管理制度，对贵重物品、生产使用的关键备件、精密仪器、危险品等重要存货，应采取额外控制措施。

(4) 建立健全存货清查盘点制度，定期或不定期地对各类存货进行实地清查和盘点。

5．领用、发出和处置控制

(1) 建立健全领用材料等存货的审批手续等制度。

(2) 销售存货，应符合《内部会计控制销售与收款》的有关规定。

(3) 对外投资、对外捐赠的存货，应当签订相应的协议或合同，履行审批手续。

(4) 建立存货处置环节控制制度，明确存货处置的范围、标准、程序、审批权限和责任。

(5) 建立健全存货取得、验收、入库、保管、领用发出及处置等各环节凭证、资料的保管制度。

6．监督检查

(1) 定期检查存货业务相关岗位及人员的设置情况。

(2) 定期检查存货业务授权批准制度的执行情况。

(3) 定期检查存货发出、保管制度的执行情况。

(4) 定期检查存货处置制度的执行情况。

(5) 定期检查存货会计核算制度的执行情况。

(二)成本会计制度的内部控制

成本会计制度的内部控制主要分为四个部分：直接材料的内部控制、直接人工的内部控制、制造费用的内部控制、产成品和在产品的内部控制。

1．直接材料的内部控制

对直接材料进行审计，主要的内部控制活动有三个方面：第一是授权批准制度，主要看领料单的签发是否经授权批准；第二是复核制度，主要看成本计算单上的金额和数量是否得到复核；第三是定期核对制度，主要是针对材料费用汇总表的材料计价方法是否恰当，是否与成本计算单保持一致。

2．直接人工的内部控制

直接人工可分为计件工资制和计时工资制，其主要的控制活动是定期核对。

在计件工资制下，核对主要包括以下两个方面：一方面是将实际产量记录与产量统计报告进行核对，查看是否账实相符；另一方面是将成本计算单与人工费用分配表进行核对，查看数额是否相符。

在计时工资制下，核对主要包括以下两个方面：一方面是将实际工时记录与工时台账进行核对，查看是否账实相符；另一方面将成本计算单与人工费用分配表进行核对，查看数额是否相符。

3. 制造费用的内部控制

制造费用的内部控制主要包括定期核对与复核。一方面是对成本计算单与制造费用明细账进行定期核对，确认是否无误；另一方面，将制造费用分配表进行复核，测试其分配标准是否恰当。

4. 产成品和在产品的内部控制

对于产成品和在产品的审计，主要指生产成本在当期完工产品与在产品之间的分配，其内部控制包括以下三个方面：①定期核对。核对在产品盘存表，检查数量是否相符；核对成本计算单，检查金额是否相符。②完备的复核制度。计算总成本与单位成本，并进行验算。③测试成本分配标准。

【学中做 7-5　多项选择题】成本会计制度的测试包括(　　)。

A. 直接材料成本控制测试
B. 直接人工成本控制测试
C. 制造费用控制测试
D. 生产成本在当期完工产品与在产品之间分配的控制测试

【答案】ABCD。

二、生产与存货循环的控制测试

(一)了解生产与存货循环内部控制

审计人员可以通过设计调查表、询问被审计单位相关人员、观察其工作、获取相关的内部控制资料或文件等方式，了解被审计单位内部控制设计情况，以及制定的内部控制与实际执行是否相符、一致。根据实际情况，审计人员可采用文字说明、调查表或流程图将了解的情况记录或描述下来并纳入审计工作底稿。以调查表为例，详细内容如表 7-1 所示。

表 7-1　生产与存货循环内部控制调查表

被审计单位：	调查人员：	复核人员：	执行日期：			
业务活动	调查内容		是	否	不适用	备注
1. 计划和安排生产	生产通知单是否经生产相关部门授权批准；使用的生产通知单是否预先编号					
2. 发出原材料	发料单是否经相关部门授权批准					
3. 生产产品	是否使用记工单来记录产品所耗用的工时；人工耗用汇总表是否包含在生产活动报告中					
4. 成本核算	制造费用分配率及标准成本是否经管理层授权审批；工薪是否经授权审批；结转已完成产成品成本时所使用资料是否与完工生产报告中的资料相符					

续表

业务活动	调查内容	是	否	不适用	备注
5. 产成品入库	仓库部门是否签收产品转移单并经相关人员签字				
6. 存货保管	是否只有经过授权的人员才能进入仓库接近原材料和产成品等存货；存货的验收与生产部门是否分离；存货的保管和记录是否分离；存货的领用和发出是否经过审批；是否定期盘点存货，并将盘点结果与相应账簿核对				

(二)初步评价生产与存货循环内部控制

通过了解生产与存货循环的内部控制，审计人员需要评估其内部控制制度设计的合理性并确定其是否得到执行，以及有效与否。评价时审计人员应注意分析生产与存货循环中可能发生哪些潜在的错报，哪些控制可以防止或者发现并更正这些错报。如果审计人员认为本循环现有内部控制不足以防止或检查错报，则可以考虑减少内部控制测试的范围，扩大实质性测试的范围。

(三)生产与存货循环内部控制测试

生产与存货循环内部控制测试，即在了解和描述本循环内部控制的基础上，对其在实际业务中的执行与实施情况及过程进行检查与观察，以确定所制定的内部控制与实际执行的内部控制是否相符、一致。常用的控制测试程序如表7-2所示。

表7-2 生产与存货循环控制测试一览表

内部控制测试内容	常用内部控制测试程序
存货内部控制测试	1. 检查存货的领用是否严格按照授权批准程序发货； 2. 检查存货入库是否有严格的验收手续，是否就名称、规格、型号、数量和价格与合同、原始单证进行核对； 3. 检查存货的出库是否附有经批准的领料单和提货单； 4. 核对存货发出凭证和存货明细账，检查存货的发出是否均已入账； 5. 检查存货收发登记簿与相应的会计记录是否一致，并是否有定期核对记录； 6. 检查存货的管理是否良好，是否有巡视记录； 7. 询问和观察存货的盘点过程，检查是否定期盘点存货，对发生的盘盈、盘亏、毁损和报废等情况是否及时按规定处理
成本会计制度控制测试	1. 检查生产通知单、领料单和工薪汇总表中是否有恰当的授权审批； 2. 选取样本测试各项成本核算是否按企业确定的成本核算流程和账务处理流程进行核算和账务处理； 3. 检查有关成本核算的记账凭证是否附有生产通知单、领料凭证、产量工时记录、人工费用分配表、材料费用分配表、制造费用分配表等原始凭证，有无未附原始单据的记账凭证； 4. 检查所有已发生的料、工、费的耗费是否均已及时准确地计入生产成本中，有无未入账的原始凭证； 5. 测试成本计算方法和费用分配方法是否合理且具有一贯性

【学中做 7-6　案例分析题】审计人员发现，甲公司仓库保管员承担了以下职责。

(1) 将产品入库单信息输入计算机系统。

(2) 根据产品出库单登记永续盘存记录。

(3) 单独对仓储物资进行定期盘点，盘点结果交给财务部门作为调整存货账面价值的依据。

(4) 批准仓储物资的报废核销。

【要求】在资料中，哪些是不应该由仓库保管员承担的职责？

【解析】资料中的第(2)(3)(4)项，不符合职责分离原则，所以不应由仓库保管员承担职责。

【学中做 7-7　案例分析题】注册会计师在了解天河企业存货与仓储循环的内部控制时，在工作底稿中作了如下记载。

(1) 将某材料直接存放在生产车间，平时由车间直接投入生产，期末根据盘点结果得出耗用量，据以计算产品生产成本中的材料成本。

(2) 主要材料因库存量太大，无法进行盘点，所以一直未能盘点库存量，一直根据明细记录得出库存量。

(3) 生产成本账户余额为零。

(4) 企业某种主要原料采用计划成本核算，必要时分摊材料成本差异到生产成本。

(5) 企业所属三个车间职工人数相同，因此根据工薪总额平均分配工薪费用，分别计入三个车间的制造费用。

【要求】对注册会计师编制的审计工作底稿所记载的事项进行分析，指出存在的不合理之处。

【解析】(1) 材料采购回企业后，应验收材料质量并清点数量，然后入库保管，使用时再从仓库领取，企业将材料直接存放在生产车间，无法对材料成本实施控制，也无法保证材料的完整性。

(2) 根据准则规定，企业应定期对存货进行盘点，做到账实相符，不进行实地盘点，只根据明细记录得到库存量，将无法发现材料保管过程中出现的非正常耗损。另外，库存量过大，可能也存在占用过多资金。

(3) 在一个持续经营的企业内，生产活动是川流不息的，期末产成品分别处于不同的生产工序。一般情况下，生产成本账户都有余额，反映在产品的数量和金额。

(4) 主要原料采用计划成本核算后，应定期分摊材料成本差异而不是必要时分摊材料成本差异，否则，材料成本差异便成了调节成本水平的工具。

(5) 企业生产工人的薪酬应根据企业采用的工薪制度(计时工资、计件工资)及相应原始凭证准确核算后计入相应的成本项目中，而不能根据工薪总额平均分配工资费用；另外，生产工人的工薪支出应根据实际情况分别计入"生产成本"或"制造费用"科目，而不应全部计入"制造费用"科目。

任务解析

1. 存在的缺陷和可能导致的错弊

(1) 存货的保管和记账职责未分离。将可能导致存货保管人员监守自盗，并通过篡改存货明细账来掩饰舞弊行为，存货可能被高估。

（2）仓库保管员收到存货时不填制入库通知单，而是以验收单作为记账依据，将可能导致一旦存货在数量或质量上发生问题，无法明确是验收部门还是仓库保管人员的责任。

（3）领取原材料未进行审批控制。将可能导致原材料的领用失控，造成原材料的浪费或被贪污以及生产成本的虚增。

（4）领取辅助材料时未填制领料单和进行审批控制，对剩余的辅助材料缺乏控制。将可能导致辅助材料的领用失控，造成辅助材料的浪费或被贪污以及生产成本的虚增。

（5）未实行定期盘点制度，将可能导致存货出现账实不符的现象。

2. 改进建议

（1）建立永续盘存制，仓库保管人员设置存货台账，按名称登记存货收、发、存的数量；财务部门设置存货明细账，按名称分别登记存货收、发、存的数量、单价和金额。

（2）仓库保管员在收到验收部门送交的存货和验收单后，根据入库情况填入库通知单，并据以登记存货收、发、存台账。入库通知单应事先按顺序编号，并由交接各方签字后留存。

（3）对原材料和辅助材料等各种存货的领用实行审批控制，即各车间根据生产计划编制领料单，经授权人员批准签字，经仓库保管员检查手续齐全后，办理领用。

（4）对剩余的辅助材料实施假退库控制。

（5）实行存货的定期盘点制度。

任务三　存货审计

任务描述

工作任务	技能点及任务成果	课时
分析注册会计师在监盘时存在的问题，并提出相关建议	1. 明确存货审计的目标。 2. 掌握存货审计的方法	2

任务引例

法尔莫公司是美国俄亥俄州的一家连锁药店。该公司发展速度远超同行，在十几年的发展历程中，法尔莫从一家药店发展到全国 300 余家药店。但这一切辉煌都是建立在存货造假基础之上，法尔莫公司的舞弊行为最终导致了破产。

法尔莫公司的创始人莫纳斯是一个雄心勃勃的人。莫纳斯为了把他的小店扩展到全国，他实施的策略是通过提供大比例折扣来销售商品。莫纳斯把并不盈利且未经审计的药店报表拿出来并为其加上并不存在的存货和利润，这种夸张的造假让他在一年之内骗取了足够的资金。在长达 10 年的过程中，莫纳斯精心设计、如法炮制，制造了至少 5 亿美元的虚假利润。法尔莫公司的财务总监对低于成本出售商品的扩张方式提出质疑，但是莫纳斯坚持认为只要公司发展得足够大就可以掩盖住一切。所以，在多年经营过程中，法尔莫公司都保持了两套账簿，一套应付外部审计，一套反映真实情况。法尔莫公司的财务魔术师们的造假手段是：他们先将所有的损失归入一个所谓的"水桶账户"，然后再将该账户的金额通过虚增存货的方式重新分配到公司的数百家成员药店中。他们仿造购货发票编制增加存货并减少销售成本的虚假记账凭证、确认购货却不同时确认负债、多计或加倍计算存货的数量。

财务部门之所以可以隐瞒存货短缺，是因为注册会计师只对 300 家药店中的其中 4 家进行了存货监盘，而且他们会提前数月通知法尔莫公司他们将检查哪些药店。管理人员随之会将那 4 家药店堆满实物存货，而把那些虚增的部分分配到其余的 296 家药店。如果不进行会计造假，法尔莫公司实际早已破产。审计机构为自己的不够谨慎付出了沉重的代价。这项审计失败使会计师事务所在民事诉讼中损失了 3 亿美元。法尔莫公司管理人员也不可避免地遭受了一场牢狱之灾。财务总监被判 33 个月的监禁，莫纳斯本人则被判入狱 5 年。

(资料来源：贺文昱. 基于内部控制视角对上市公司财务舞弊的研究——以法尔莫公司为例[J]. 现代营销(学苑版)，2021(07)：146-147.)

请思考下列问题：
存货监盘应该如何实施？存货审计应该注意哪些问题？

> **知识准备**

一、存货审计的目标

存货是指企业在日常经营活动中持有的待出售的产成品或商品，处在生产过程中的在产品，以及在生产过程或提供劳务过程中耗用的材料和物料等。存货具有品种繁多、流动性强、周转速度较快、变换频繁等特点，导致存货核算比较复杂，对应的会计账项较多，有多种计价方法可供选择。通常，存货的重大错报会对流动资产、营运资本、销售成本、毛利润及净利润等产生直接影响，也会对利润分配和所得税等产生间接影响。因此，存货审计具有十分重要的意义。

存货的审计目标包括以下五项内容。

(一)证实存货的真实性、所有权与完整性

审计人员通过审查账目、监盘存货，确认企业的全部存货业务均已记入有关账户，有关账户中的存货确实存在并归企业所有，且记录的有关存货的金额是实际发生的。查明有无漏列或虚列存货，从而导致财务报表所反映的存货不真实。

(二)证实存货计价的正确性

存货计价方法有多种，各自的计价结果又不相同，而且不同存货项目可根据需要采用不同的计价方法。审计人员必须对存货计价进行审核，取得充分证据，对选用计价方法的合理性、计价结果的正确性及相邻会计期间计价方法的一贯性进行证实，进而证实财务报表及有关存货账户的期末余额正确无误。

按照会计准则规定，存货应当按照成本进行计量。审计人员应通过对账簿和有关凭证的审查，揭示任意扩大或缩小存货成本开支范围、间接费用分配不合理、适用会计准则不恰当及贪污舞弊等行为，证实存货成本计量的正确性。

(三)证实存货采购和销售业务的合法性

审计人员应通过抽查账目和有关凭证，必要时调查走访有关部门和人员，证实企业发生的存货采购和销售业务符合国家有关方针、政策、法规及企业的规章制度，揭露在存货采购和销售业务中存在的各种违法违规行为。

(四)证实存货账务处理和存货记录截止期的正确性

通过审查账目和有关会计凭证，确认存货采购和加工、存货发出等账务处理正确无误，并证实企业购入与销售的各种存货已按规定计入相应的会计期间。

(五)证实财务报表中存货披露的正确性

审计人员在审核各有关账户余额真实性、正确性的基础上，复核验证存货项目数额的正确性，证实存货抵押是否恰当披露，确保其正确地列示于财务报表中。

企业会计准则所规定的存货计量和存货成本开支范围是此项审查的基本依据。企业的存货种类繁多，其核算与管理各具特点，所以其审查的内容和方法也有一定区别。

二、存货监盘

(一)存货监盘概述

1. 存货监盘的定义

存货监盘是指注册会计师现场观察被审计单位存货的盘点，并对已盘点的存货进行适当检查。存货监盘有两层含义：一是注册会计师应亲临现场观察被审计单位存货的盘点；二是在此基础上，注册会计师应根据需要抽查已盘点的存货。

2. 存货监盘的作用

如果存货财务报表是重要的，注册会计师应当实施下列审计程序，对存货的存在和状况获取充分、适当的审计证据：在存货盘点现场实施监盘(除非不可行)；对期末存货记录实施审计程序，以确定其是否准确反映实际的存货盘点结果。

【知识拓展】尽管实施存货监盘，获取有关期末存货数量和状况的充分、适当的审计证据是注册会计师的责任，但这并不能取代被审计单位管理层定期盘点存货、合理确定存货的数量和状况的责任。

【学中做7-8　多项选择题】存货监盘获取审计证据能够证明存货的(　　)认定。
A. 存在　B. 完整性　C. 权利和义务　D. 计价和分摊
【答案】ABC。

3. 存货监盘的环节

存货监盘主要有以下环节：①检查存货以确定是否存在，评价存货状况，并对存货盘点结果进行测试；②观察被审计单位管理层指令的遵守情况，以及用于记录和控制盘点结果的程序的实施情况；③获取有关管理层存货盘点程序可靠性的审计证据。

4. 存货监盘的目的

存货监盘针对的主要是存货的存在认定、完整性认定以及权利和义务的认定，注册会计师监盘存货的目的在于获取有关存货数量和状况的审计证据，以确定被审计单位记录的所有存货是真实存在的，已经完整地反映了被审计单位拥有的全部存货，并且属于被审计单位的合法财产。因此，存货监盘作为存货审计的一项核心审计程序，审计过程中同时实现上述多项审计目标。

【学中做7-9 单项选择题】注册会计师观察被审计单位存货盘点的主要目的是(   )。
A. 查明客户是否漏盘点某些重要的存货项目
B. 了解盘点指示是否得到贯彻执行
C. 鉴定存货的质量
D. 获得存货期末是否实际存在及其状况的证据

【答案】D。

【解析】选项A，查明被审计单位是否漏盘点某些重要的存货项目，目的是测试其完整性；选项B，鉴定存货的质量，目的是测试其价值；选项C，了解盘点指示是否得到贯彻执行，目的是测试其盘点指示是否执行。

【知识拓展】第一，注册会计师在测试存货的权利和义务认定和完整性认定时，可能还需要实施其他审计程序。第二，监盘程序是用作控制测试还是实质性程序，取决于注册会计师的风险评估结果、审计方案和实施的特定程序。

(二)存货监盘计划

1. 制订存货监盘计划的基本要求

注册会计师应当根据被审计单位存货的特点、盘存制度和存货内部控制的有效性等情况，在评价被审计单位管理层制订的存货盘点程序的基础上，编制存货监盘计划，对存货监盘做出合理安排。

2. 制订存货监盘计划应考虑的相关事项

在制订存货监盘计划时，注册会计师需要考虑：与存货相关的重大错报风险以及与存货相关的内部控制的性质；对存货盘点是否制订了适当的程序；存货盘点的时间安排；被审计单位是否一贯采用永续盘存制，存货的存放地点，是否需要专家协助。

【学中做7-10 单项选择题】存货盘点前的主要工作是(   )。
A. 跟随被审计单位的盘点人员
B. 观察存货盘点计划的执行情况
C. 确定存货数量和状况记录的准确性
D. 观察盘点现场存货的排列情况以及是否附有盘点标识

【答案】D。

【解析】选项ABC均为监盘过程中(而非"之前")应实施的工作。

3. 存货监盘计划的主要内容

(1) 存货监盘的目标、范围及时间安排。存货监盘的主要目标包括获取被审计单位资产负债表日有关存货数量和状况以及有关管理层存货盘点程序可靠性的审计证据，检查存货的数量是否真实完整,是否归属被审计单位,存货有无毁损、陈旧、过时、残次和短缺等状况。存货监盘范围的大小取决于存货的内部、性质以及与存货相关的内部控制的完善程度和重大错报风险的评估结果。存货监盘的时间包括实地察看盘点现场的时间、观察存货盘点的时间和对已盘点存货实施检查的时间等,应当与被审计单位实施存货盘点的时间相协调。

(2) 存货监盘的要点及关注事项。存货监盘的要点主要包括注册会计师实施存货监盘程序的方法、步骤,各个环节应注意的问题以及所要解决的问题。

【知识拓展】监盘的时间以会计期末以前为优。如果企业有条件进行期中盘点,注册会计师应在盘点时加以监督,同时对盘点日和会计期末之间的永续记录加以测试。如果企业的盘点在会计期末以后的某时间段进行,那么就必须编制从盘点日到期末的存货余额调节表,但尽量使盘点的时间靠近会计期末。

存货监盘重点关注的事项包括盘点期间的存货移动、存货的状况、存货的截止确认、存货的各个存放地点及金额。

(3) 参加存货监盘人员的分工。注册会计师应当根据被审计单位参加存货盘点人员分工、分组情况,存货监盘工作量的大小和人员素质情况,确定参加存货监盘的人员组成,各组人员的职责和具体的分工情况,并加强督导。

(4) 检查存货的范围。注册会计师应当根据对被审计单位存货盘点和对被审计单位内部控制的评价结果确定检查存货的范围。

(三)存货监盘的主要程序

在存货盘点现场实施监盘时,注册会计师应当实施下列审计程序。

1. 评价管理层用以记录和控制存货盘点结果的指令和程序

注册会计师需要考虑的指令和程序包括:适当控制活动的运用;准确认定在产品的完工程度和流动缓慢(呆滞)、过时或毁损的存货项目,以及第三方拥有的存货(如寄存货物);在适用的情况下用于估计存货数量的方法;对存货在不同存放地点之间的移动及截至日前后出入库的控制。

2. 观察管理层制定的盘点程序的执行情况

在被审计单位盘点存货前,注册会计师应当观察盘点现场,确定应纳入盘点范围的存货是否已经进行了适当整理和排列,并附盘点标识,防止遗漏或重复盘点。对未纳入盘点范围的存货,注册会计师应当查明未纳入的原因。

对所有权不属于被审计单位的存货,注册会计师应当取得其规格、数量等有关资料。观察这些存货的实际存放情况,确定是否已分别存放、标明,且未被纳入盘点范围。

注册会计师应当在实施存货监盘过程中,跟随被审计单位安排的存货盘点人员,观察被审计单位事先制订的存货盘点计划是否得到了贯彻执行,盘点人员是否准确无误地记录了被盘点存货的真实数量和状况。

观察管理层制订的盘点程序的执行情况,有助于注册会计师获取有关管理层指令和程序是否得到适当设计和执行的审计证据。如果在盘点过程中被审计单位的生产经营仍将持续进行,注册会计师应通过实施必要的检查程序,确定被审计单位是否已经对此设置了相应的控制程序，确保在适当的会计期间内对存货做出了准确记录。

3. 检查存货

注册会计师应当对已盘点的存货进行适当检查，将检查结果与被审计单位盘点记录相核对，并形成相应记录。检查的目的既可以是为了确认被审计单位的监盘计划得到适当的执行(控制测试)，也可以是为了证实被审计单位的存货实物总额(实质性程序)，并有助于确定存货的存在，以及识别过时、毁损或陈旧的存货。

注册会计师应当把所有过时、毁损或陈旧存货的详细情况记录下来，这不仅便于进一步追查这些存货的处置情况，也能为测试被审计单位存货跌价准备计提的准确性提供证据。

4. 执行抽盘

注册会计师在执行抽盘时，应当从存货盘点记录中选取项目追查到存货实物，以测试盘点记录的准确性；还应当从存货实物中选取项目追查至存货盘点记录，以测试存货盘点记录的完整性。

执行抽盘的范围通常包括每个盘点小组盘点的存货以及难以盘点或隐蔽性较强的存货。

【知识拓展】注册会计师应尽可能避免让被审计单位事先了解将要抽取检查的存货项目。除记录注册会计师对存货盘点结果进行的测试情况外，获取管理层完成的存货盘点记录的复印件也有助于注册会计师日后实施审计程序，以确定被审计单位的期末存货记录是否准确地反映了存货的实际盘点结果。

注册会计师在实施抽盘程序时发现差异，很可能表明被审计单位的存货盘点在准确性或完整性方面存在错误。由于检查的内容通常仅仅是已盘点存货中的一部分，所以在检查中发现的错误很可能意味着被审计单位的存货盘点还存在着其他错误。一方面，注册会计师应当查明原因，并及时提请被审计单位更正；另一方面注册会计师应当考虑错误的潜在范围和重大程度，在可能的情况下扩大检查范围以减少错误的发生、注册会计师还可要求被审计单位重新盘点。重新盘点的范围可限于某一特殊领域的存货或特定的盘点小组。

【学中做 7-11 单项选择题】对存货进行抽查时，以下做法恰当的是(　　)。
A. 尽量将难以盘点或隐蔽性较大的存货纳入抽查范围
B. 事先就拟抽取测试的存货项目与被审计单位沟通，以提高存货监盘效率
C. 从被审计单位存货盘点记录表中选取项目追查到存货实物，以测试存货完整性
D. 如果盘点记录与存货实物存在差异，就要求被审计单位更正盘点记录

【答案】A。

【解析】注册会计师抽查的范围通常包括所有盘点工作小组的盘点内容以及难以盘点或隐蔽性较强的存货；为了增加审计程序的不可预见性，确保审计程序的质量，不应事先将抽查计划告知被审计单位，所以 B 不恰当；从存货盘点记录追查到存货实物只能测试存货的存在，所以 C 不恰当；盘点记录与存货实物存在差异，注册会计师应分析原因，由于抽查只涉及存货盘点的一小部分，所以还有可能扩大抽查范围，找出原因后才能要求被审计单位更正盘点记录和调整财务报表相关项目数据。

5. 存货监盘结束时的工作

注册会计师应当根据自己在存货监盘过程中获取的信息对被审计单位最终的存货盘点

结果汇总记录进行复核，并评估其是否正确地反映了实际盘点结果，并做到：①再次观察盘点现场，以确定所有应纳入盘点范围的存货是否均已盘点；②取得并检查已填用、作废及未使用盘点表单的号码记录，确定其是否连续编号，检查已发放的表单是否均已收回，并与存货盘点的汇总记录进行核对。

如果存货盘点日不是资产负债表日，注册会计师应当实施适当的审计程序，确定盘点日与资产负债表日之间存货的变动是否已得到恰当的记录。

【学中做 7-12　多项选择题】在被审计单位存货盘点结束前，注册会计师应当(　　)。

A. 复核盘点结果汇总记录，评估其是否正确地反映了实际盘点结果

B. 再次观察盘点现场，以确定所有应纳入盘点范围的存货是否均已盘点

C. 取得并检查已填写、作废及未使用盘点表单的号码记录，确定其是否连续编号，查明已发放的表单是否均已收回，并与存货盘点的汇总记录进行核对

D. 如果存货盘点日不是资产负债表日，注册会计师应当实施适当的审计程序，确定盘点日与资产负债表日之间存货的变动是否已作正确的记录

【答案】BC。

(四)特殊情况处理

1. 在存货盘点现场实施存货监盘不可行

在某些情况下，实施存货监盘也许是不可行的，这主要是由于存货性质和存放地点等因素造成的，如存货存放在对注册会计师的安全有威胁的地点。审计中的困难、时间或成本等事项本身，不能作为注册会计师省略不可替代的审计程序或满足于说服力不足的审计证据的正当理由。

如果在存货盘点现场实施存货监盘不可行，注册会计师应当实施替代审计程序，以获取有关存货的存在和状况的充分及适当的审计证据。

但在其他一些情况下，如果不能实施替代审计程序，或者实施替代审计程序可能无法获取有关存货的存在和状况的充分及适当的审计证据，注册会计师应当发表非无保留意见审计报告。

2. 因不可预见的情况导致无法在存货盘点现场实施监盘

由于不可预见的情况而导致无法在预定日期实施监盘有两种典型情况：一是注册会计师无法亲临现场，即由于不可抗力因素导致无法到达存货存放地实施存货监盘；二是气候因素，即由于恶劣的天气导致注册会计师无法实施存货监盘程序等。

如果由于不可预见的情况无法在存货盘点现场实施监盘，注册会计师应当另选日期实施监盘，并对间隔期内发生的交易实施审计程序。

3. 由第三方保管或控制的存货

如果由第三方保管或控制的存货对财务报表是比较重要的，注册会计师应当实施下列一项或两项审计程序，以获取有关该存货的存在和状况的充分及适当的审计证据向持有被审计单位存货的第三方函证存货的数量和状况；实施检查或其他适合具体情况的审计程序。

【学中做 7-13　单项选择题】如果由于天气原因，注册会计师无法到现场监盘货物，则应该优先考虑实施替代程序的是(　　)。

A. 如果替代程序无法获取存货的存在和状况的充分及适当的审计证据，则考虑是否发表非无保留意见
B. 另选日期进行监盘，并对间隔期内的交易实施审计程序
C. 评价被审计单位有关存货盘点的内部控制，判断是否信赖被审计单位的存货盘点结果
D. 在审计报告中说明审计范围内不可预见的情况受到限制

【答案】B。

三、存货计价测试

存货监盘程序主要是对存货的结存数量予以确认。为验证财务报表上存货余额的真实性，还必须对存货的计价进行审计，即确定存货实物数量和永续盘存记录中的数量是否经过正确地计价和汇总。

(一)存货计价测试的目的

存货计价测试的主要目的是验证存货的金额是否正确，即确认存货的"计价和分摊"的认定，其重点是针对被审计单位所使用的存货单位成本是否正确所做的测试。当然，广义地看，存货成本的审计也可以被视为存货计价测试的一项内容。

(二)样本的选择

1. 样本选择的范围

存货计价测试的样本应从存货数量已经盘点、单价和总金额已计入存货汇总表的结存存货中选择。

2. 样本选择的对象

选择存货计价测试样本时应着重选择结存金额较大且价格变化比较频繁的项目，同时考虑所选样本的代表性。

3. 选择样本的方法

在选择样本的抽样方法上，一般采用分层抽样法，抽样规模应足以推断总体的情况。

(三)计价方法的确认

存货的计价方法多种多样。被审计单位应结合企业会计准则的基本要求选择符合自身特点的存货计价方法。常用的计价方法包括个别计价法、先进先出法、全月一次加权平均法和移动加权平均法。注册会计师除了需要了解掌握被审计单位的存货计价方法外，还应对这种方法的合理性与一贯性予以关注，没有足够充分的理由，计价方法在同一会计年度内不得变动。

(四)计价测试

注册会计师在进行计价测试时，应当按照下列步骤进行。
(1) 首先应对存货价格的组成内容予以审核。

(2) 然后按照所了解的计价方法对所选择的存货样本进行计价测试。测试时,应尽量排除被审计单位已有计算程序和结果的影响,进行独立测试。

(3) 测试结果出来后,应与被审计单位账面记录对比,编制对比分析表,分析形成差异的原因。

(4) 如果差异过大,应扩大测试范围,并根据审计结果考虑是否需要提出审计调整建议。

(五)期末计价

在存货计价审计中,由于被审计单位对期末存货采用成本与可变现净值孰低的方法计价,所以注册会计师应当充分关注其对存货可变现净值的确定及存货跌价准备的计提。

可变现净值是指企业在日常活动中,存货的估计售价减去完工时估计将要发生的成本、估计的销售费用以及相关税费后的金额。企业确定存货的可变现净值,应当以取得的确凿证据为基础,并且考虑持有存货的目的以及资产负债表日后事项的影响等因素。

四、存货截止测试

注册会计师一般应当获取盘点日前后存货收发及移动的凭证,检查存货记录与会计记录期末截止是否正确。注册会计师在对期末存货进行截止测试时,通常应当注意以下五个方面的内容。

(1) 所有在截止日以前入库的存货项目是否均已包括在盘点范围内,并已经反映在截止日以前的会计记录中。任何在截止日以后入库的存货项目是否均未包括在盘点范围内,也未反映在截止日以前的会计记录中。

(2) 所有在截止日以前装运出库的存货项目是否均未包括在盘点范围内,且未包括在截止日的存货账面余额中。任何在截止日以后装运出库的存货项目是否均已包括在盘点范围内,并已包括在截止日的存货账面余额中。

(3) 所有已确认为销售但尚未装运出库的商品是否均未包括在盘点范围内,且未包括在截止日的存货账面余额中。所有已记录为已购但尚未入库的存货是否均已包括在盘点范围内,并已反映在会计记录中。

(4) 在途存货和被审计单位直接向顾客发运的存货是否均已得到了适当的会计处理。

(5) 注册会计师通常可观察存货的验收入库地点和装运出库地点来执行截止测试。在存货入库和装运过程中采用连续编号的凭证时,注册会计师应当关注截止日期前的最后编号。如果被审计单位没有使用连续编号的凭证,注册会计师应当列出截止日以前的最后几笔装运和入库记录。

【学中做 7-14 案例分析题】注册会计师李某在观察甲公司存货实地盘点时,发现下列特殊项目。

(1) 产成品出库角落里有数台发动机没有悬挂盘点单。经查询,这些发动机属于客户的代销品。

(2) 验收部门有一台电动马达,盘点单上标明客户要求"重做"字样。

(3) 运输部门有一台已装箱的马达,没有悬挂盘点单,据了解称该马达已经售给乙公司。

（4）一间小型仓库里存放四种布满灰尘的原材料，均挂有盘点单，经抽点与盘点单上的记录相符。

【要求】如果你是注册会计师，对上述项目应进一步实施哪些审计程序呢？

【解析】（1）代销品应通过下列步骤证实：审查代销品记录、代销合同和往来信函、向代销人直接函证等。

（2）根据马达的存放地点以及盘点单上的"重做"字样，判断出可能是退回的货物，应审核验收报告、销货退回和折让通知单、应收账款函证回函等，查明其所有权；如果所有权仍属于顾客，则不应列入被审计单位的存货中。

（3）查阅有关购销协议、结算凭证，查证装箱马达的所有权，如果销售尚未实现，则应将其列入被审计单位的存货中。

（4）应向生产主管人员查询这些原材料是否还能用于生产，如果属于毁损、报废材料，则不应该列入被审计单位的存货中。

任务解析

1. 存货监盘应该如何实施

为了有效地实施存货监盘，注册会计师应与被审计单位就有关问题达成一致意见但注册会计师应尽可能地避免被审计单位了解自己将抽取测试的存货项目。注册会计师在实施存货监盘时，应制订存货监盘计划，在监盘过程中进行观察和检查，对已监盘存货实施抽点，最后汇总监盘结果，编写存货监盘报告。

2. 存货审计应该注意哪些问题

存货审计既重要又复杂，存货舞弊的现象并非通过简单的存货监盘就可以查出，需要综合运用计价测试、截止测试、分析程序等多种审计手法。

注册会计师在审计过程中应树立风险意识，以识别企业存在的舞弊。法尔莫公司造假事件长达10年，注册会计师一直没有发现，主要原因是过于相信审计客户、认为如此优质的客户没有舞弊的动机。其实，只要注册会计师注意到一个基本问题"一个以低于成本出售商品的公司怎能赚钱"，就能够发现这起舞弊事件。

任务四　生产成本审计

任务描述

工作任务	技能点及任务成果	课　时
掌握生产成本审计的内容	1. 了解生产成本审计的内容。 2. 掌握生产成本审计的方法	2

任务引例

天河公司结转发出产品成本计价采用先进先出法，审计人员从产成品明细账中发现：

年初结存产品 1 000 件，单价 100 元；当年第一批完工入库 1 000 件，单价 110 元；第二批入库 2 500 件，单价 120 元；第三批入库 1 500 件，单价 105 元；第四批入库 2 500 件，单价 110 元，共销售 6 200 件，结转成本 712 500 元，截至审计日结存 2 300 件保留成本 230 000 元。

请思考下列问题：

产成品明细账是否有问题？如有问题，请指出存在的问题。

知识准备

生产成本是企业为生产产品或提供劳务而发生的各项生产费用，包括直接材料(原材料、辅助材料、备品备件、燃料及动力等)、直接人员工资(生产人员的工资、补贴)和制造费用(分厂、车间管理人员工资、折旧费、维修费、修理费以及其他制造费用)。

一、直接材料成本审计

直接材料成本的审计一般应从审阅材料和生产成本明细账入手，抽查有关的费用凭证，验证企业产品直接耗用材料的数量、计价和材料费用分配是否真实、合理。

直接材料成本审计的流程如下：选择并获取某一成本报告期若干种具有代表性的产品成本计算单，获取样本的生产指令或产量统计记录，根据材料明细账或采购业务测试工作底稿中各该直接材料的单位成本，计算直接材料的总消耗量和总成本，与该样本成本计算单中的直接成本核对。

直接材料成本审计的主要内容包括以下五点。

(1) 抽查产品成本计算单，检查成本计算，费用的分配标准与计算方法，与材料费用分配汇总表相核对。

(2) 审查材料耗用数量的真实性，有无将非生产用材料计入直接材料费用。

(3) 分析比较同一产品前后各年度的直接材料成本，如有重大波动，应查明原因。

(4) 抽查材料发出及领用的原始凭证，检查是否经过授权且经过严格的复核，成本计价方法是否适当，是否正确及时入账。

(5) 对采用定额成本或标准成本的企业，应检查直接材料成本差异的计算、分配与会计处理是否正确，并查明直接材料的定额成本、标准成本在本年度内有无重大变更。

【学中做 7-15　计算分析题】注册会计师审查甲公司 2023 年 10 月份生产成本及材料成本差异时发现：A 材料月初材料成本差异额为借方 24 300 元，库存材料成本为 675 000 元；当月购入材料计划成本 5 400 000 元，实际成本 5 302 800 元；本月生产车间耗用 A 材料的计划成本 1 080 000 元，实际结转成本 1 101 600 元。

【要求】分析计算甲公司 10 月份耗用 A 材料的实际结转成本是否正确。

【解析】10 月份购买 A 材料节约成本=5 400 000－5 302 800=97 200(元)，材料成本差异率=(97 200－24 300)/(5 400 000＋675 000)=1.2%，10 月份耗用 A 材料的实际成本=计划成本×(1－材料成本差异率)=1 080 000×(1－1.2%)=1 067 040(元)

10 月份多计成本=1 101 600－1 067 040=34 560(元)

二、直接人工成本审计

(1) 对采用计时工资制的企业，获取样本的实际工时统计记录、职员分类表和职员工薪手册及人工费用分配汇总表作如下检查：①成本计算单中直接人工成本与人工费用分配汇总表中该样本的直接人工费用核对是否相符。②样本的实际工时统计记录与人工费用分配汇总表中该样本的实际工时是否相符。③抽取生产部门若干天的工时台账与实际工时统计记录是否相符。④当没有实际工时统计记录时，则根据职员分类表及职员工薪手册的工资率，计算复核人工费用分配汇总表中该样本的直接人工费用是否合理。

(2) 对采用计件工资制的企业，获取样本的产量统计报告、个人(小组)产量记录和经批准的单位工薪标准或计件工资制度，检查下列事项：①根据样本的统计产量和单位工薪标准计算的人工费用与成本计算单中成本核对是否相符。②抽取若干个直接人工(小组)的产量记录，检查是否被汇总计入产量统计报告。

【学中做 7-16　案例分析题】注册会计师在审计甲公司 2023 年 11 月份直接人工成本时发现，工资结算单中有加班记录，加班费金额 8 000 元，但考勤中无该记录，工人称未加班也未领取加班工资；本月该生产车间多发津贴 2 000 元；多计提 1 000 元福利费用于购买生日礼物给车间主任，该笔款项已计入生产成本中。

【要求】请指出问题所在并进行处理。

【解析】(1) 问题：关于加班工资，该公司可能存在私设小金库，账实不符现象。

(2) 处理办法：应当将多计的加班工资予以退回，并对车间负责人和核算员进行批评教育；如果情节严重，则应当予以经济处罚。多发的津贴，应当扣回；多计提的福利费应当冲回，并重新计算产品成本。

三、制造费用的审计

制造费用是企业为生产产品和提供劳务而发生的各项间接费用，即生产单位为组织和管理生产而发生的费用。

获取样本的制造费用分配汇总表、按项目分列的制造费用明细账、与制造费用分配标准有关的统计报告及其相关原始记录，做如下检查。

(1) 在制造费用分配汇总表中，将样本分担的制造费用与成本计算单中的制造费用核对是否相符。

(2) 将制造费用分配汇总表中的合计数与样本所属报告期的制造费用明细账总计数核对是否相符。

(3) 制造费用分配汇总表选择的分配标准(机器工时数、直接人工工资、直接人工工时、产量数)与相关的统计报告或原始记录核对是否相符，并对费用分配标准的合理性作出评估。

(4) 如果企业采用预计费用分配率分配制造费用，则应针对制造费用分配过多或过少的差额，检查其是否做了适当的账务处理。

【学中做 7-17　案例分析题】注册会计师在 2023 年 1 月份审计甲公司上年 12 月份总分类账时，发现"制造费用"借方发生额与以前月份相比增加数额较大，进一步审查上年 12 月份"制造费用"明细账，其中有一笔摘要中注明"固定资产安装费"字样，金额为 100 000

元，注册会计师将该笔业务的记账凭证调出查看，记账凭证所附原始凭证是一张转账支票，根据发票证明是车间设备的安装费用，款项是支付给某施工队。会计分录如下。

借：制造费用——固定资产修理费用　　　　　　　　　100 000
　　贷：银行存款　　　　　　　　　　　　　　　　　　　　100 000

【要求】判断设备的安装费用是否计入制造费用？

【解析】根据调出的记账凭证及所附的发票及转账支票，可以明确该笔车间设备的安装费用，应当计入在建工程，待达到预定可使用状态，转入固定资产。甲公司将应当计入在建工程的支出计入了制造费用，其目的可能是提前列入损益，少交企业所得税。应提醒甲公司进行调整，调整上年度损益。

借：在建工程　　　　　　　　　　　　　　　　　　　　100 000
　　贷：以前年度损益调整　　　　　　　　　　　　　　　　100 000

补交企业所得税 25 000 元，调整分录如下。

借：以前年度损益调整　　　　　　　　　　　　　　　　100 000
　　贷：应交税费——应交企业所得税　　　　　　　　　　　25 000
　　　　盈余公积　　　　　　　　　　　　　　　　　　　　7 500
　　　　利润分配——未分配利润　　　　　　　　　　　　　67 500

任务解析

审计人员应采用先进先出法对发出产品计价进行复核，经复核可发现本例发出产品计价存在错误，企业最后库存产品 2 300 件，结转成本为 230 000 元，即单价为 100 元其结存数量小于最后一批入库产品的数量 2 500 件，库存产品单价本应与最后一批入库产品单价 110 元一致，但实际却为 100 元，从而使库存产品成本少计 23 000 元，结转发出产品销售成本多计 23 000 元。其结果导致产品销售成本虚增，利润虚减，并可导致少交企业所得税，同时使库存产品计价偏低。对此，审计人员应建议被审计单位加以调整。

【职业素养提升栏目】

济南审计：审计乡村振兴领域项目 26 个，助力农业农村现代化

思政关键词：农业农村；保障和改善民生；企业社会责任

2023 年 11 月 10 日，济南市审计系统就服务乡村振兴情况召开新闻发布会，济南市审计机关聚焦主责主业，持续加强对"三农"政策落实和涉农资金绩效审计，为全面推进乡村振兴、加快实现农业农村现代化作出了积极贡献。

近年来，济南市各级审计机关共完成乡村振兴领域审计项目 26 个，查出主要问题金额 15.31 亿元，揭示非金额计量问题 303 个，向纪检监察机关等部门移送问题线索 13 起，被采纳审计建议 89 条，推动建章立制 60 余项，经济卫士、反腐利剑作用充分彰显。紧跟上级决策部署，实施高标准农田建设管护、畜禽种业振兴等审计项目，进一步夯实农业生产基础。聚焦农民群众最关心、最直接、最现实的利益问题，组织开展"一本通"惠农补贴资金、美丽乡村建设、政策性农业保险等民生审计项目，推动更好满足人民群众对美好生活的向往。围绕市政府中心工作，对十大农业特色产业政策措施落实、市级田园综合体项目推进、乡村产业振兴政策执行等方面进行审计，助力打造济南市乡村产业"金字招牌"。

济南市审计局党组成员、副局长张峻峰介绍，近年来，济南市审计局深化完善"一二三四"全市审计工作总体思路，围绕推动新时代审计工作高质量发展这条主线，重点抓好以下工作。

加强立项研究，明确监督重点。坚持选题立项有深度有温度，连续多年向社会征集民生审计项目，关注农民群众急难愁盼问题，科学组织项目可行性论证，加强备选项目研究，建立项目动态储备机制。开展全市乡村振兴领域审计专题培训班，建立全市农业农村审计人才库，通过上下联动、以干代训、联合编组、提供技术支持等方式建设全市涉农审计队伍，不断深化乡村振兴领域审计。在2021年全省乡村振兴政策落实审计工作中，济南市向省审计厅上报4篇问题类信息，3大类15个问题在全省乡村振兴政策落实审计报告中反映，经省领导批示后得到有力整改。各区县也将乡村振兴审计工作作为重点进行推进，成效显著。槐荫区在区级预算执行审计中，着力对乡村振兴工作中的村居建设项目进行了审计。钢城区结合农业部门领导干部经济责任审计，同步部署开展了乡村振兴领域的审计。特别是章丘区，2022年组织实施了乡村振兴政策措施落实情况专项审计调查，涉及范围广，审计成果多，荣获2023年山东省审计机关优秀项目三等奖、济南市审计机关优秀项目一等奖。

聚焦决策部署，推动政策落地。产业兴旺是乡村振兴的重要基础。在综合产能提升方面，开展全市高标准农田建设管护情况审计，促使市县农业农村部门出台5项制度，将12家违规企业列入"黑名单"，对8个存在质量缺陷的项目进行修复，进一步落实7个项目管护主体，恢复"非粮化"地块面积441亩，推动全市高标准农田投资强度由每亩1950元增长到每亩2150元至3200元，让粮食安全更有保障。在保障种粮收益方面，重点关注耕地地力保护、政策性农业保险、农机购置等各类补贴绩效情况，使用大数据对12类惠农补贴资金分配管理使用情况进行核查，涉及137个乡镇、1370个村，入户调查农户1931户，查出违法违规及管理不规范问题金额1537.79万元。促使保险公司增加涉农险种设置、提高定损理赔时效，督促主管部门将已拖欠两年的485.76万元农机购置补贴资金发放到位，涉及农户262户，保护了农民种粮积极性。

维护群众利益，促进产业发展。聚焦小农户切身利益，督促主管部门规范土地托管补助标准，规范服务主体管理，收回财政资金109.50万元用于补贴小农户；明确农民培训参训人员资格条件，提升农民培训的精准度和实效性；为9个农产品冷链仓储保鲜设施落实农业生产用电价格优惠。为促进农业特色产业和特色产业集群发展，先后对田园综合体、现代农业产业园、产业强镇等涉农项目开展审计，引导主管部门加强用地选址工作，完善后续扶持政策，推动建成项目充分发挥效益。围绕畜禽种业振兴，督促相关部门依据畜禽育种研究周期科学设置项目期限，保障项目达到支持效果。揭示"优质畜禽遗传资源未被充分保护和开发利用，鲁中山地绵羊种群濒临灭绝"的问题，推动主管单位制定《平阴县保护区内鲁中山地绵羊遗传资源保护规划》，开展全市畜禽遗传资源普查，推动畜禽遗传资源保护措施落到实处。

推进智慧审计，精准揭示问题。结合"1+5+N"智慧审计工作体系建设，完善农业农村审计数据常态化采集报送机制，持续推进新增涉农数据采集，积极推进农业农村审计数据标准化建设。编制涉农领域大数据审计七张清单，应用大数据、无人机、人工智能、图数据库、大语言模型等技术装备，深入开展跨部门、跨行业涉农数据分析，持续构建应用场景，推进数据共享共用、用足用好。如在全市耕地保护和土地利用情况审计中，通过地理信息技术分析，发现主管部门利用已完工的山区造林绿化项目重复申报套取资金20万元，另有204亩山区造林绿化项目因其他涉农项目施工被毁等问题，均移送市纪委监委机关处理。

紧盯审计整改，增强审计实效。坚持把审计整改作为体现审计监督成效的最有力指标，正确处理查问题和促整改、治已病和防未病、治当下和管长远的关系，力促审计整改走深走实。坚决扛起督促检查责任，针对涉农资金点多、面广、线长的特点，压实被审计单位整改主体责任和主管部门监督管理责任，准确划分审计查出问题的整改类型，有针对性提出整改要求，紧盯审计发现的重大问题以及反复出现、经常发生的问题，加大跟踪督促力度。如在市级田园综合体资金审计中，发现存在用地保障未落实、跟踪监控机制不健全、财政资金扶持力度不够等问题，经市委主要领导批示后，济南市审计局持续跟踪整改，推动落实建设用地59.55亩、集体经营性用地17亩，协调批复农用地转建设用地9.45亩。督促主管部门修订印发《关于切实加强田园综合体建设管理的意见》和《市级田园综合体项目考核办法》，强化项目建设管理和考核评价，健全项目跟踪监控机制，累计督促拨付财政滞留资金564万元，清偿拖欠工程款5 836.47万元。

(资料来源：济南审计：审计乡村振兴领域项目26，助力农业农村现代化[N]. 大众日报，2023-11-11.)

职业判断能力训练

一、单项选择题

1. 对于下列存货认定，通过向生产人员和销售人员询问是否存在过时或周转缓慢的存货，A注册会计师认为最可能证实的是(　　)。
　　A. 计价和分摊　　B. 权利和义务　　C. 存在　　D. 完整性
2. 以下有关期末存货的监盘程序中，与测试存货盘点记录的完整性不相关的是(　　)。
　　A. 从存货盘点记录中选取项目追查至存货实物
　　B. 从存货实物中选取项目追查至存货盘点记录
　　C. 在存货盘点过程中关注存货的移动情况
　　D. 在存货盘点结束前，再次观察盘点现场
3. 实施存货监盘程序，最可以证明的认定是(　　)。
　　A. 存在　　B. 完整性　　C. 权利和义务　　D. 计价和分摊
4. 注册会计师接受委托审计甲公司2016年财务报表，在对生产与存货循环的审计过程中，A注册会计师想要证实存货的成本以正确的金额在恰当的会计期间及时记录于适当的账户，此时不可以实施的实质性程序是(　　)。
　　A. 对成本实施分析程序
　　B. 对重大在产品项目进行计价测试
　　C. 测试是否按照规定的成本核算流程和账务处理流程进行核算和财务处理
　　D. 抽查成本计算单，检查各种费用的归集和分配以及成本的计算是否正确

5. 下列有关存货监盘的表述中，不正确的是( )。
   A. 存货监盘不仅是监督盘点，还包括适当的检查
   B. 通过存货的监盘，可以同时实现存货的真实性、完整性、权利和义务等多个审计目标
   C. 存货监盘程序主要包括控制测试和实质性程序两种方式
   D. 对监盘结果进行适当检查仅是为了证实被审计单位的存货实物总额
6. 在对存货进行计价测试时，首先要求注册会计师掌握企业所使用的存货计价方法，这是因为在存货计价测试中，要求注册会计师首先( )。
   A. 关注企业存货计价方法的合理性与一贯性
   B. 按照企业计价方法对存货进行计价测试
   C. 排除企业已有计价方法的影响，进行独立测试
   D. 分析企业存货计价中所出现的问题的原因
7. 下列有关存货审计的说法中，不恰当的是( )。
   A. 存货审计涉及数量和单价两个方面
   B. 通过存货监盘和对已收存货的截止测试取得的，与外购商品或原材料存货的完整性和存在认定相关的证据，自动为同一期间原材料和商品采购的完整性和发生提供了保证
   C. 销售收入的截止测试也为期末之前的销售成本已经从期末存货中扣除并正确计入销售成本提供了证据
   D. 针对存货数量和单价的实质性程序主要是存货监盘
8. 如果将与存货相关的内部控制评估为高风险，注册会计师可能( )。
   A. 扩大测试与存货相关的内部控制的范围
   B. 要求被审计单位在期末实施存货盘点
   C. 在期末实施存货监盘程序，并测试盘点日至期末发生的存货交易
   D. 检查购货、生产、销售的记录和凭证，以确定期末存货余额

二、多项选择题
1. 审计人员审计被审计单位存货的目的，包括( )。
   A. 确认存货的所有权   B. 确认存货的计价方法是否合理
   C. 确认存货的数量   D. 确认存货是否为企业所需要
2. 审查直接材料费用需要检查下列( )文件。
   A. 领、退料单   B. 材料费用分配表
   C. 材料成本差异计算分配表   D. 采购合同和购货发票
3. 下列关于生产与存货循环的凭证与会计记录的说法中，正确的有( )。
   A. 材料费用分配表是用来汇总反映单一生产车间各产品所耗费的材料费用的原始记录
   B. 成本计算单是用来归集某一成本计算对象所应承担的生产费用，是计算该计算对象的总成本的记录
   C. 制造费用分配汇总表是用来汇总反映各生产车间各产品所应负担的制造费用的原始记录

D. 存货明细账是用来反映各种存货增减变动情况和期末库存数量及相关成本信息的会计记录

4. 甲公司对存货的以下内部控制规定中,应当由存货管理部门承担的是( )。
   A. 对会计期末货物已到、发票未到的收货,应暂估入账
   B. 对代管、代销、暂存受托加工的存货应单独记录,避免与本单位存货混淆
   C. 设立实物明细账,详细登记验收合格入库的存货,定期与会计部门核对
   D. 记载生产过程中废弃的存货

5. 存货监盘计划的主要内容包括( )。
   A. 存货监盘的目标、范围及时间安排　　B. 抽查的范围
   C. 参加存货监盘人员的分工　　　　　　D. 存货监盘的要点及关注事项

6. 注册会计师在确定被审计单位寄销在外地的存货是否存在时,采取的下列方法中恰当的有( )。
   A. 向寄销单位发询证函　　　　　　　　B. 审查有关原始单证、账簿记录
   C. 亲自前往存放地观察盘点　　　　　　D. 委托存放地的会计师事务所负责监盘

7. 下列有关存货监盘的表述中,正确的有( )。
   A. 由于不可抗力因素导致注册会计师无法到达存货存放地实施存货监盘,可以考虑改变存货监盘日期,并对预订盘点日与改变后的存货监盘日之间发生的交易进行测试
   B. 对存货进行监盘是证实存货计价和分摊的重要程序,除非出现无法实施存货监盘的特殊情况。在绝大多数情况下都必须亲自观察存货盘点过程,实施存货监盘程序
   C. 对于存放在公共仓库中的存货,可通过函证方式查验
   D. 对于危害性物质,如果被审计单位对其生产、使用和处置存有正式报告,注册会计师可通过追查至有关报告的方式确定此类危害性物质是否存在

8. 领料单通常一式三联,分别用于( )。
   A. 连同材料交给领料部门
   B. 留在仓库登记材料明细账
   C. 交由会计部门进行材料收发核算和成本核算
   D. 交由验收部门用于检验材料是否合格

9. 对于成本的完整性认定,注册会计师可以采取的控制测试程序有( )。
   A. 检查生产通知单的顺序编号是否完整
   B. 对成本实施实质性分析程序
   C. 将制造费用分配表与成本明细账相核对
   D. 检查领料单的顺序编号是否完整

三、判断题

1. 尽管实施存货监盘,获取有关期末存货数量和状况的充分及适当的审计证据是审计人员的责任,但这并不能取代被审计单位管理层定期盘点存货,合理确定存货的数量和状

况的责任。（　　）

2. 存货监盘针对的主要是存货的存在认定、完整性认定、权利和义务的认定。存货监盘作为存货审计的一项核心审计程序，通常可同时实现上述多项审计目标。（　　）

3. 在复核或与管理层讨论其存货盘点计划时，审计人员应当考虑下列主要因素，以评价其能否合理地确定存货的数量和状况。如果认为被审计单位的存货盘点计划存在缺陷，审计人员应当提请被审计单位调整。（　　）

4. 如果被审计单位采用永续盘存制核算存货，审计人员应当关注永续盘存制下的期末存货记录与存货盘点结果之间是否一致。如果这两者之间出现重大差异，审计人员应当实施追加的审计程序，查明原因，并检查永续盘存记录是否已做出了适当调整。（　　）

5. 存货监盘只能对期末结存数量和状况予以确认，为了验证财务报表上存货余额的真实性，还必须对存货的计价进行审计。（　　）

四、案例分析题

注册会计师张山负责对美菱公司2023年财务报表进行审计。美菱公司为玻璃制造企业，2023年年末存货余额占资产总额比重较大。存货包括玻璃、煤炭、烧碱、石英砂，其中60%的玻璃存放在外地公用仓库。美菱公司对存货采用永续盘存制进行盘点，与存货相关的内部控制比较薄弱。美菱公司拟于2023年11月25日至27日盘点存货，盘点工作和监盘工作分别由熟悉业务且具有独立性的人员执行。存货盘点计划的部分内容摘录如下。

(1) 存货盘点范围、地点和时间安排如表7-3所示。

表7-3　存货盘点范围、地点和时间安排

地　点	存货类型	估计占存货总额比例	盘点时间
A仓库	烧碱、煤炭	烧碱10%，煤炭5%	2023年11月25日
B仓库	烧碱、石英砂	烧碱10%，石英砂10%	2023年11月26日
C仓库	玻璃	玻璃26%	2023年11月27日
外地公用仓库	玻璃	玻璃39%	—

(2) 存放在外地公用仓库存货的检查。对存放在外地公用仓库的玻璃，检查公用仓库签收单，请公用仓库自行盘点，并提供2023年11月27日的盘点清单。

(3) 存货数量的确定方法。对于烧碱、煤炭和石英砂等堆积型存货，采用观察以及检查相关的收、发、存凭证和记录的方法，确定存货数量；对于存放在C仓库的玻璃，按照包装箱标明的规格和数量进行盘点，并辅以适当的开箱检查。

(4) 盘点标签的设计、使用和控制。对存放在C仓库玻璃的盘点，设计预先编号的一式两联盘点标签。使用时，由负责点存货的人员将一联粘贴在已盘点的存货上，另一联由其留存；盘点结束后，连同存货盘点表交存财务部门。

(5) 盘点结束后，对盘盈或盘亏存货，仓库保管员将实物数量和仓库存货记录调节相符。

【要求】请指出存货盘点计划中是否存在缺陷，如有，应如何解决。

微课视频

扫一扫，获取本项目相关微课视频。

项目七　成本会计制度的内部控制	项目七　存货的内部控制	项目七　存货审计1
项目七　存货审计2	项目七　存货实训任务单(ZI1-1)	项目七　存货实训任务单(ZI-4)
项目七　涉及的主要凭证和会计记录	项目七　生产成本的审计	项目七　生产与存货循环的主要业务活动

项目八

销售与收款循环审计

【学习任务】

通过对销售与收款循环审计项目的学习,需要完成如下工作任务。
1. 了解销售与收款循环。
2. 了解和测试销售与收款循环内部控制。
3. 对营业收入进行审计。
4. 对应收账款进行审计。

【学习目标】

知识目标	能力目标	素养目标
★熟悉销售与收款循环的业务流程以及内部控制要点; ★掌握销售与收款循环主要账户的审计	★根据被审计单位资料,学会进行该业务循环内部控制制度的测试; ★根据被审计单位资料,学会判断相关账户审计的目标,进行相关账户的实质性测试,运用各种审计技术方法,编制审计工作底稿	★在掌握销售与收款循环审计相关的工作程序和工作方法的基础上,强化学生爱岗敬业、诚实守信的职业道德品质,坚守会计人的本心; ★知行合一; ★透过现象看本质; ★树立国家利益至上的观念

【案例导入】

瑞幸咖啡的世纪造假案

2020年6月27日，瑞幸咖啡声明：瑞幸咖啡将于6月29日在纳斯达克停牌，并进行退市备案。曾几何时，瑞幸咖啡成立19个月就赴美上市，被称为"中国咖啡第一股"。而就在上市13个月后，瑞幸咖啡因一场涉及金额高达22亿元人民币的财务造假而黯然退市，令人不胜唏嘘。

瑞幸咖啡财务造假事件开始于一份长达89页的做空报告。2020年1月31日，知名做空机构浑水声称，收到了一份长达89页的匿名做空报告，直指瑞幸财务数据造假。该报告宣称，为获得瑞幸咖啡真实的销售量，他们雇用了92个全职员工和1 418个兼职员工对620家瑞幸咖啡门店进行了实地监控，并拍摄了11 260小时的实时监控视频。此外，他们还收集了25 843份收据，来分析瑞幸咖啡销售单价的真实性。通过对瑞幸咖啡门店的实时监控和相关的数据分析，报告发现瑞幸咖啡单个门店每日销售商品数量在2019年第三季度和第四季度分别至少被夸大了69%和88%，每件商品的净售价至少夸大了1.23元人民币。

这份做空报告详细地描述了发现瑞幸咖啡造假的分析过程。为核实瑞幸咖啡的营业收入，该报告从门店的销售情况——每日订单数出发。通过拍摄门店流量视频和客流量分析，初步掌握瑞幸咖啡门店的实际每日订单数。接着，检查了解咖啡订单号是否连续。报告中的证据指出，瑞幸咖啡通过跳号来夸大门店的订单数量。在掌握实际每日订单数的基础上，报告通过收集的2万多张收据，推算出了瑞幸咖啡的商品销售单价。根据实际的每日订单数和商品销售单价，报告指出瑞幸咖啡大幅虚增营业收入。除了虚增营业收入，该报告还利用第三方公开数据对比发现瑞幸咖啡虚增广告费用。此外，该做空报告还通过不同消费品不同的增值税税率反推出瑞幸咖啡夸大了来自"其他商品"的收入贡献。

(资料来源：赵天浩,张馨珂. 做空机制打击财务舞弊的案例分析——以浑水做空瑞幸为例[J]. 投资与创业,2024,35(05):82-85.)

在上述案例中，浑水做空报告发现瑞幸咖啡通过各种手段营造出销售业绩持续增长的假象。那么，注册会计师在销售与收款循环审计中，应当如何对公司的销售真实性进行核查？在销售与收款循环的审计中，又应当注意哪些要点？

任务一 了解销售与收款循环

任务描述

工作任务	技能点及任务成果	课　时
了解销售与收款循环	1. 明确销售与收款循环的主要业务活动。 2. 明确销售与收款循环涉及的主要凭证与会计记录。	1

任务引例

某公司是一家专门生产并销售电子产品的企业。近年来，随着市场竞争的加剧，该公司为了提高市场份额,采取了一系列的销售策略。以下是该公司销售与收款流程的描述。

(1) 销售部门通过线上和线下渠道接收客户订单,并将订单信息录入公司内部的销售管理系统。

(2) 销售管理系统会自动生成销售订单,并发送至生产部门。

(3) 生产部门根据销售订单组织生产,并在产品完工后通知销售部门。

(4) 销售部门根据生产部门的通知,向客户发送发货通知,并安排物流发货。

(5) 客户收到产品后,通过线上支付平台或银行转账方式支付货款。

(6) 财务部门收到客户的付款后,更新销售管理系统中的收款信息,并开具相应的发票给客户。

请思考下列问题:
1. 请简述该公司销售与收款流程的主要步骤。
2. 在该流程中,哪些步骤可能存在风险?为什么?

知识准备

销售与收款循环是指企业向客户销售商品或提供劳务,并收回款项的过程。销售与收款循环的审计,通常可以相对独立于其他业务循环而单独进行。但注册会计师在最终判断被审计单位财务报表是否公允反映时,必须综合考虑审计过程中发现的各业务循环的错报对财务报表产生的影响。因此,即使会单独执行销售与收款循环审计,注册会计师仍需将该循环与其他循环的审计情况结合起来加以考虑。

根据财务报表项目和业务循环的相关程度,销售与收款循环涉及的资产负债表项目主要包括应收票据、应收账款、长期应收款、预收款项、应交税费等;所涉及的利润表项目主要包括营业收入、税金及附加、销售费用等。

一、销售与收款循环的业务流程

通过了解销售与收款循环的业务流程,可掌握与销售和收款活动相关的会计信息生产全过程、所涉及的主要环节以及各环节中所对应的责任部门、责任岗位与人员、相关凭证与记录,为明确该循环的关键控制点、执行控制测试和实质性程序提供充分的基础。

销售与收款循环的主要业务流程如图8-1所示。

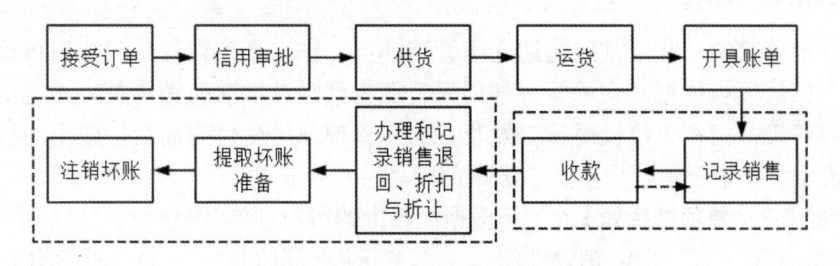

图 8-1 销售与收款循环的主要业务流程

(一)接受客户订单

1. 销售业务员接受客户订单

顾客向企业寄送订单提出购买商品的申请,是整个销售与收款循环的起点。销售管理部门应区分现购订单和赊购订单。

2. 销售经理对客户订单授权批准

客户的赊购订单只有在符合企业管理层授权标准的情况下才能接受。通常情况下，企业管理层一般都会列出已准予赊销的顾客名单。销售管理部门的职员在决定是否同意接受某顾客的订单之前，应核查该顾客是否已被列在该名单中。如果顾客未被列入该名单，则通常需要销售管理部门的主管来决定是否接受该订单。

3. 销售管理部门编制销售单

销售管理部门根据审批后的客户订购单编制连续编号的、一式多联的销售单。销售单须列示客户所订商品的名称、规格、数量以及其他与客户订货单有关的资料。

销售单是证明销售交易的"发生"认定的凭据之一，也是此笔销售交易轨迹的起点。

【学中做8-1 单项选择题】销售与收款循环业务的起点是( )。
A. 顾客提出订货要求　　　　　　B. 向顾客提供商品或劳务
C. 商品或劳务转化为应收账款　　D. 收入货币资金
【答案】A。
【解析】销售与收款业务是从顾客提出订货请求开始的，是整个业务循环的起点。

(二)批准赊销信用

对于赊销业务，还需得到信用管理部门的信用审批。信用管理部门的职员在收到销售管理部门的销售单后，应将销售单的金额与该顾客已授权的赊销信用额度扣除其迄今尚欠账款余额后的差额进行比较，从而决定是否继续给予赊销。执行人工赊销信用检查时，应合理划分工作责任，切实避免销售人员为增加销售而使企业承担不必要的信用风险。

企业对每个新顾客都应进行信用调查，包括获取信用评级机构对顾客信用等级的评定报告。批准或不批准赊销，都要求被授权的信用管理部门人员在销售单上签署意见，再将签署意见后的销售单返还给销售管理部门。

设计信用批准控制的目的是降低坏账风险，因此，这些控制与应收账款账面余额的"计价和分摊"认定有关。信用管理部门与销售部门不能是同一部门，应当实施职责分离控制。

(三)按销售单供货

已批准销售单的一联通常应送达仓库管理部门，作为仓库管理部门按销售单供货和发货给装运部门的授权依据。仓库管理部门只有在收到经过批准的销售单时才能供货，否则会导致仓库管理部门在无授权时擅自发货。仓库管理部门交付商品后，应由授权人员编制出库单，表明已按销售单要求交货给装运部门。

【学中做8-2 单项选择题】( )根据经核准的客户订单开具一式多联的销售单。
A. 仓库部门　　　B. 销售部门　　　C. 生产部门　　　D. 供应部门
【答案】B。
【解析】销售部门负责编制销售单。

(四)按销售单装运货物

装运部门在装运之前，必须进行独立验证，以确定从仓库提取的商品都附有经批准的销售单,并且所提商品的内容与销售单一致。商品发运时应编制发运凭证,用以反映发出商品的规格、数量和其他有关内容。发运凭证的一联留给客户,其余联(一联或数联)由企业保留。该凭证可用作向客户开具账单的依据。

将按经批准的销售单供货与按销售单装运货物职责相分离,有助于避免负责装运货物的职员在未经授权的情况下装运产品。

(五)向客户开具账单

开具账单是指开具并向客户寄送事先连续编号的销售发票。这项功能所针对的主要问题如下。

(1) 是否对所有装运的货物都开具了账单("完整性"认定问题)。

(2) 是否只对实际装运的货物才开具账单,有无重复开具账单或虚构交易("发生"认定问题)。

(3) 是否按已授权批准的商品价目表所列价格计价开具账单("准确性"认定问题)。

为防止出现遗漏、重复、错误计价或其他差错,开具账单时应注意编制每张销售发票前,应独立检查是否存在装运凭证和相应的经批准的销售单;依据已授权批准的商品价目表开具销售发票;独立检查销售发票计价和计算的正确性;将装运凭证上的商品总数与相对应的销售发票上的商品总数进行比较看是否相符。

开具账单的这些要求与销售交易的"发生""完整性""准确性"认定有关。销售发票副联通常由开具账单的部门保管。

【学中做8-3 单项选择题】销售发票的连续编号与(   )认定最为相关。
A. 发生　　　B. 完整性　　　C. 权利和义务　　　D. 计价和分摊
【答案】B。
【解析】销售发票的连续编号主要防止漏记发票,与完整性认定最为相关。

(六)记录销售

记录销售的过程包括区分赊销、现销,按销售发票编制转账凭证或现金、银行存款收款凭证,再据以登记销售明细账和应收账款明细账以及库存现金、银行存款日记账。

该阶段主要关心的问题是销售发票是否记录正确,并归属至适当的会计期间。为此,应执行的控制程序包括:只对有效装运凭证和销售单能予以核验的销售发票才记录销售,控制所有事先连续编号的销售发票,独立检查已处理销售发票上的销售金额与会计记录金额的一致性,记录销售的职责应与处理销售交易的其他功能相分离,对记录过程中所涉及的有关记录的接触予以限制,定期独立检查应收账款的明细账与总账的一致性,定期向客户寄送对账单。

(七)办理和记录现金、银行存款收入

这项功能涉及的是有关货款收回、现金、银行存款增加以及应收账款减少的活动。在办理和记录现金、银行存款收入时,最应关心的是货币资金失窃的可能性。货币资金失窃可能发生在货币资金收入登记入账之前或登记入账之后。处理货币资金收入时最重要的是要保证全部货币资金都必须如数、及时地记入库存现金、银行存款日记账或应收账款明细

账,并如数、及时地将现金存入银行。在这方面,汇款通知书起着很重要的作用。

【学中做 8-4　判断题】 出纳人员可以兼任往来账的登记工作。(　　)

【答案】 错误。

【解析】 这不符合岗位分工原则,如果出纳兼任往来账工作,容易导致货币资金的失窃。出纳人员不得兼任档案管理、稽核、收入、费用、往来账以及总账工作。

(八)办理和记录销售退回、销售折扣与折让

客户如果对商品不满意,销售企业一般都会同意接受退货,或给予一定的销售折让;客户如果提前支付货款,销售企业则可能会给予一定的销售折扣。发生此类事项时,必须经授权批准,并应确保与办理此事有关的部门和职员各司其职,分别控制实物流和会计处理。在这方面,经过层层审批、严格使用贷项通知单无疑会起到关键的作用。

(九)提取坏账准备

年末,根据应收账款余额或账龄分析等确定本期应提取的坏账准备数额。坏账准备提取的数额必须能够抵补企业以后无法收回的销货款。

(十)注销坏账

不管赊销部门的工作如何主动,客户因经营不善、宣告破产、死亡等原因而不支付货款的事仍可能发生。销售企业若认为某项货款再也无法收回,就必须注销这笔货款。对这些坏账,正确的处理方法应该是获取货款无法收回的确凿证据,经适当审批后及时进行会计调整。

【学中做 8-5　单项选择题】 当应收账款无法收回并符合坏账确认条件时,应收账款管理部门应填制(　　),经批准后注销坏账。

A. 应收账款账龄分析表　　B. 应收账款明细表

C. 坏账明细表　　　　　　D. 坏账审批表

【答案】 D。

【解析】 坏账审批表由应收账款管理部门编制,并经授权人员签字审批后生效。

二、销售与收款循环的主要凭证与会计记录

我们可以用表格来说明在销售与收款循环中各经济业务的相关凭证记录,如表 8-1 所示。

表 8-1　销售与收款循环的主要凭证与会计记录

业务活动	原始凭证与记录	记账凭证与账簿	会计分录
销售业务:(赊销)			
接受订单	顾客订单 销售单		
信用审批	经赊销审批的销售单 准予赊销的顾客名单		

续表

业务活动	原始凭证与记录	记账凭证与账簿	会计分录
发货	发运凭证		
开票	销售发票 商品价目表		
记录销售		记账凭证、应收账款明细账与总账、主营业务收入明细账与总账、应交税费明细账与总账、库存商品明细账与总账、主营业务成本明细账与总账	借：应收账款 　　贷：主营业务收入 　　　　应交税费—— 　　　　应交增值税(销项税额) 借：主营业务成本 　　贷：库存商品
收款业务：			
收款	支票、银行本票、银行汇票等汇款通知书	记账凭证、银行存款日记账与总账、应收账款明细账与总账	借：银行存款 　　贷：应收账款
销售调整业务：			
销售退回	入库单 贷项通知单	记账凭证、应收账款明细账或银行存款日记账与总账、主营业务收入、主营业务成本明细账与总账、应交税费明细账与总账、库存商品明细账与总账	借：主营业务收入 　　应交税费——应交增值税(销项税额) 　　贷：银行存款或应收账款 借：库存商品 　　贷：主营业务成本
现金折扣	现金折扣审批表	记账凭证、应收账款明细账与总账或银行存款日记账与总账	借：财务费用 　　贷：银行存款或应收账款
销售折让	销售折让审批表 贷项通知单	记账凭证、应收账款明细账或银行存款日记账与总账、应交税费明细账与总账	借：主营业务收入 　　应交税费——应交增值税(销项税额) 　　贷：银行存款或应收账款
坏账处理：			
计提坏账准备	账龄分析表	记账凭证、坏账准备及信用减值损失明细账与总账	借：信用减值损失 　　贷：坏账准备
注销坏账	坏账审批表	记账凭证、坏账准备明细账与总账、应收账款明细账与总账	借：坏账准备 　　贷：应收账款

任务解析

1. 该公司销售与收款流程的主要步骤包括：接收并录入客户订单、生成销售订单并传递至生产部门、组织生产并通知销售部门、发送发货通知并安排发货、客户支付货款、财务部门更新收款信息并开具发票。

2. 在该流程中，可能存在风险的步骤包括：接收并录入客户订单、客户支付货款、财务部门更新收款信息并开具发票。具体原因如下：

(1) 接收并录入客户订单：可能存在订单信息错误或遗漏的风险，导致生产错误或引起客户不满。

(2) 客户支付货款：可能存在客户延迟支付或拒付的风险，影响公司资金流转。

(3) 财务部门更新收款信息并开具发票：可能存在信息录入错误或发票开具错误的风险，导致收款不准确或造成客户投诉。

任务二　了解和测试销售与收款循环内部控制

任务描述

工作任务	技能点及任务成果	课时
了解和测试销售与收款循环内部控制	1. 明确销售与收款循环的关键控制活动。 2. 明确如何进行销售与收款循环的控制测试。 3. 完成任务引例	2

任务引例

甲会计师事务所注册会计师A和B接受事务所的委派对乙股份有限公司(以下简称乙公司)2023年度财务报表进行审计。在预备调查阶段，注册会计师通过调查问卷等形式了解到乙公司销售收款循环的内部控制，描述如下：

(1) 销售部门收到顾客的订单后，由经理对品种、规格、数量、价格、付款条件、结算方式等详细审核后签章，交仓库办理发货手续。

(2) 仓库在发运商品出库时，均必须有管理员根据经批准的订单填制的一式四联的销售单。在各联上签章后，第一联作为发运单，由工作人员配货并随货交给顾客；第二联交给会计部；第三联交给应收账款专管员；第四联则由管理员按编号顺序连同订单一并归档保存，作为盘存的依据。

(3) 会计部收到销售单后，根据销售单中所列资料，开具统一的销售发票，将顾客联寄送顾客，将销售联交给应收账款专管员，作为记账和收款的凭据。

(4) 应收账款专管员收到发票后，将发票与销售单核对，如无错误，据以登记应收账款明细账，并将发票和销售单按顾客顺序归档保存。

请思考下列问题：

指出乙公司在销售收款循环的内部控制中存在的缺陷，并针对存在的缺陷提出改进措施。

知识准备

一、销售与收款循环的内部控制

我们可以继续用表格来说明在销售与收款循环中各经济业务和关键的控制活动,如表 8-2 所示。

表 8-2　销售与收款循环的关键控制活动

业务活动	主要凭证与会计记录	关键控制活动	目标和相关认定
接受订单	顾客订单	客户订购单只有在符合企业管理层的授权标准时才能被接受	顾客订单有时也能为有关销售交易的"发生"认定提供补充证据
	销售合同	企业在批准客户订购单之后,签订销售合同,并编制一式多联的销售单	销售单和销售合同是证明销售交易的"发生"认定的凭据之一
	销售单		
信用审批	经赊销审批的销售单	由信用管理部门根据赊销政策在每个客户已授权的信用额度内进行赊销审批,并在销售单上签署意见	设计信用审批控制的目的是降低坏账风险,因此与应收账款账面余额的"计价与分摊"认定有关
		执行赊销信用检查时,销售部门应当与信用管理部门职责分离	
		客户是否已被列入经批准的客户名单,以及赊销金额是否仍在信用额度内这类控制可以通过自动化控制来实现	
发货	发运凭证	供货应当与装运部门员工职责分离	有助于避免负责装运货物的员工在未经授权的情况下装运产品
		装运部门在收到经过批准的销售单时才能编制发运凭证并供货	发运凭证是证明销售交易的"发生"认定的凭据之一
		信息系统可以在销售单得到发货批准后生成连续编号的发运凭证,并核对发运凭证与销售单之间内容的一致性	连续编号的发运凭证与销售交易的"完整性"认定相关
	验收单	运抵指定地点后,由客户验收无误,取得其签署的发运凭证或验收单	验收单是证明销售交易的"发生"认定的重要凭据

续表

业务活动	主要凭证与会计记录	关键控制活动	目标和相关认定
开票	销售发票	信息系统生成连续编号的销售发票	与销售交易的"完整性"认定有关
		负责开发票的员工在开具发票之前,检查是否将有发运凭证和相应的经批准的销售单	与销售交易的"发生"认定有关
	商品价目表	依据已授权的商品价目表开具销售发票,并将发运凭证上的商品总数与相对应的销售发票上的商品总数进行比较看是否相符	与销售交易的"准确性"认定有关
记录销售	应收账款明细账 主营业务收入明细账 现金日记账 银行存款日记账	记录销售的岗位应与处理销售交易的其他岗位职责分离	销售交易的多项认定
		主营业务收入明细账由记录应收账款之外的员工独立登记	
		依据有效、充分的发运凭证和销售单记录销售,登记营业收入明细账、应收账款明细账或库存现金、银行存款日记账	
	客户对账单	由不负责现金的出纳和销售及应收账款记账的人员定期向客户寄发对账单,对不符事项进行调查	
收款业务:			
收款	支票、银行本票、银行汇票等 汇款通知书	按照《现金管理暂行条例》《支付结算办法》等中的规定,及时办理销售收款业务	
		将销售收入及时入账,不得账外设账,不得擅自坐支现金	
		按客户设置应收账款明细账,及时登记每个客户应收账款余额增减变动情况和信用额度使用情况	与应收账款账面余额的"计价和分摊"认定有关
		建立应收账款账龄分析制度和逾期应收账款催收制度	
销售调整业务:			
销售退回、销售折扣与折让	折扣与折让明细账 贷项通知单	销售退回、销售折扣与折让一般需经过授权审批	销售交易的多项认定
	入库单	定期核查销售退回手续是否齐全,退回货物是否及时入库	与销售交易的"发生"认定、存货的"完整性"认定有关

续表

业务活动	主要凭证与会计记录	关键控制活动	目标和相关认定
坏账处理:			
计提坏账准备	账龄分析表	企业定期对应收账款的可回收性进行评估,并计提坏账准备	与应收账款账面余额的"计价和分摊"认定有关
注销坏账	坏账审批表	注销的坏账应当进行备查登记,做到账销案存	与应收账款账面余额的"计价和分摊"认定有关

综合上述业务活动中设计的内部控制,可以看出,在销售与收款循环中,企业通常从以下方面设计和执行内部控制。

(一)适当的职责分离

适当的职责分离有助于防止各种有意或无意的错误。例如,主营业务收入账务处理如果由记录应收账款之外的职员独立登记,并由另一位不负责账簿记录的职员定期调节总账和明细账,这就构成了一项交互牵制;规定负责主营业务收入和应收账款记账的职员不得经手货币资金,也是防止舞弊的一项重要控制。办理销售与收款业务的不相容岗位可以相互分离、制约和监督,不相容岗位通常包括企业应当将办理销售、发货、收款三项业务的部门(或岗位)分别设立;企业在销售合同签订前,应当指定专门人员就销售价格、信用政策、发货及收款方式等具体事项与客户进行谈判。谈判人员应由两人以上组成,并与订立合同的人员相分离;编制销售发票通知单的人员与开具销售发票的人员应相互分离;销售人员应当避免接触销货现款;企业应收票据的取得和贴现必须经由保管票据以外的主管人员的书面批准;赊销批准职能与销售职能的分类,也是一种理想的控制。

(二)恰当的授权审批

在授权审批方面,注册会计师应该注意以下四个方面关键点上的审批程序:一是在销售发生之前,赊销已经正确审批;二是非经正当审批,不得发出货物;三是销售价格、销售条件、运费、折扣等必须经过审批;四是审批人应当在授权范围内进行审批,不得超越审批权限。前两项控制的目的是防止企业因向虚构的或者无力支付货款的客户发货而造成损失;第三项控制的目的是保证销售交易按照企业定价政策规定的价格开票收款;最后一项控制的目的是防止因审批人决策失误而造成严重损失。

(三)充分的凭证和记录

凭证是控制的平台。只有具备充分的记录手续,才有可能实现其他各项控制目标。例如,企业收到客户订购单后,立即编制一份预先编号的一式多联的销售单,分别用于批准赊销、审批发货、记录发货数量以及向客户开具账单等。在这种制度下,只要定期清点销售单和销售发票,漏开账单的情形几乎就不可能发生。

【学中做 8-6 单项选择题】为了确保所有发出的货物均已开具发票,注册会计师应从本年度( )中抽取样本,与相关的发票核对。

A. 发运凭证　　B. 销售合同　　C. 销售订单　　D. 销售记账凭证

【答案】A。

【解析】为了验证所有发出的货物是否均已开票,应从发运凭证中抽取样本,与相关发票核对,看是否存在漏开的情形。

(四)凭证的预先、连续编号

对凭证预先进行连续编号,旨在防止销售以后遗漏向客户开具账单或登记入账,也可防止重复开具账单或重复记账。如果不清点凭证的编号,预先编号就会失去其控制意义。因此,对每笔销售订单开具账单后,将发运凭证按顺序归档,由另外一位职员定期检查全部凭证的编号,并调查凭证缺号的原因。在目前信息技术得以广泛运用的环境下,凭证预先编号这一控制在很多情况下由系统执行,同时辅以人工的监控。

(五)按月寄出对账单

由不负责现金的出纳和销售以及应收账款记账的人员按月向客户寄发对账单,能使客户在发现应付账款余额不正确后及时反馈有关信息。为使这项控制更加有效,最好将账户余额中出现的所有核对不符的账项,指定一位不负责货币资金也不记录主营业务收入和应收账款的主管人员处理。

【学中做 8-7 单项选择题】在销售与收款循环中,财会部门应定期与( )对账。
A. 客户　　　　B. 生产部门　　　C. 销售部门　　　D. 仓库
【答案】A。
【解析】根据规定,每月应由不负责现金、销售及应收账款记账的人员按月向顾客寄发对账单进行对账。

(六)内部核查程序

内部核查程序是指由内部审计人员或其他独立人员核查销售交易的处理和记录,是实现内部控制所不可缺少的一项控制措施。典型的内部核查程序如表 8-3 所示。

表 8-3　内部核查程序

内部控制	内部核查程序
销售与收款交易相关岗位及人员的设置	是否存在销售与收款交易不相容职务混岗的现象
销售与收款交易授权批准制度的执行	授权批准手续是否健全,是否存在越权审批行为
销售的管理	信用政策、销售政策的执行是否符合规定
收款的管理	销售收入是否及时入账,应收账款的催收是否有效,坏账核销和应收票据的管理是否符合规定
销售退回的管理	销售退回手续是否齐全,退回货物是否及时入库

二、销售与收款循环的控制测试

如果在评估认定层次重大错报风险时预期控制的运行是有效的,注册会计师应当实施控制测试,就控制在相关期间或时点的运行有效性获取充分、适当的审计证据。这意味着注册会计师无须测试针对销售与收款交易的所有控制活动。只有认为控制设计合理，能够防止或发现并纠正认定层次的重大错报，注册会计师才有必要对控制运行的有效性实施测试，销售与收款交易的控制测试如表 8-4 所示。

表 8-4　销售与收款循环的控制测试

内部控制目标	控制测试
职责分离	观察有关人员的活动，与这些人员进行讨论。通常对职责分离的控制测试是询问、观察
授权审批	检查凭证在前述四个关键点上是否经过审批，对审批的控制测试不仅要检查有无审批人员签字，还要检查审批的适当性
凭证预先、连续编号	清点、追查凭证，检查凭证的编号是否连续，主要是检查有无缺号与重号
按月寄出对账单	观察寄送对账单，检查客户复函档案和管理层审阅记录
内部核查	检查内部审计人员的报告或核查人员的签字

任务解析

(1) 乙公司在销售收款循环的内部控制中存在以下缺陷：①没有根据批准的订单编制销售单；②销售单不应由仓库部门编制，也不能代替装运凭证；③货物的供货与装运的职责不应由同一部门承担；④会计部门开具销售发票时没有核对装运凭证、销售单和商品价目表；⑤销售账务和应收款两项不相容职务不应由同一人办理；⑥没有对销售收款循环进行独立稽核。

(2) 针对上述存在的问题，应提出的改善措施如下：①销售部门必须根据批准的订单编制一式多联、连续编号的销售单，分别用于批准赊销、审核供货与装运货物、记录发货数量及向顾客开具账单；②货物的供货和装运由仓库和装运两个部门分别办理；③装运部门必须根据已批准的销售单编制一式多联、连续编号的发运凭证(或提货单)，装运货物；④会计部门必须在核对发运凭证(或提货单)、销售单和商品价目表无误的情况下，才能开具销售发票；⑤将收款业务和负责销售账务的业务分开；⑥设置独立稽核人员专门审核销售发票的单价、汇总、入账日期等。

任务三　营业收入审计

任务描述

工作任务	技能点及任务成果	课时
进行营业收入审计	1. 明确营业收入的确认条件。 2. 明确如何对营业收入进行实质性分析程序。 3. 明确如何进行营业收入的截止测试。 4. 完成任务引例	2

任务引例

甲会计师事务所的 A 注册会计师对乙股份有限公司(以下简称乙公司)2023 年度的财务报表进行审计,该公司提供的未经审计的 2023 年度财务报表有关主营业务收入和主营业务成本项目附注等内容如表 8-5 所示。

表 8-5 乙公司主营业务收入与主营业务成本情况

品 名	主营业务收入/万元 2022 年发生额	主营业务收入/万元 2023 年发生额	主营业务成本/万元 2022 年发生额	主营业务成本/万元 2023 年发生额
X 产品	40 000	41 000	38 000	33 800
Y 产品	20 000	20 020	19 000	19 019
合计	60 000	61 020	57 000	52 819

乙公司主营业务收入和主营业务成本在 2023 年度的发生额分别为 61 020 万元 52 819 万元。该公司 2023 年的供产销形势与上年相当,2022 年注册会计师出具了无保留意见的审计报告。

另外,乙公司于 2023 年 10 月销售一批 Y 产品,按规定在当月确认收入 1 000 万元结转成本 900 万元。由于质量问题,该批产品于 2024 年 1 月 15 日被退回。H 股份有限公司 2023 年财务报告批准报出日(审计报告日)为 2024 年 1 月 24 日。H 股份有限公司将该项销售退回情况在 2023 年度合并财务报表附注的"资产负债表日后事项"部分披露为:本公司于 2023 年 10 月销售一批 Y 产品,按规定在当月确认收入为 1 000 万元结转成本 900 万元。由于质量问题,该批产品于 2024 年 1 月 15 日被退回,因此本公司调整 2024 年 1 月份的主营业务收入和主营业务成本。

【要求】请指出上述内容中可能存在的不合理之处,并简要说明理由。

知识准备

一、营业收入的审计目标

营业收入项目核算的是企业在销售商品、提供劳务等主营业务活动中所产生的收入,以及企业确认的除主营业务活动以外的其他经营活动实现的收入,包括出租固定资产、出租无形资产、出租包装物和商品、销售材料等实现的收入。营业收入包括主营业务收入和其他业务收入,下面仅介绍主营业务收入的实质性程序。

营业收入的审计目标一般包括以下五个。

(1) 确定利润表中记录的营业收入是否已发生,且与被审计单位有关(发生)。

(2) 确定所有应当记录的营业收入是否均已记录(完整性)。

(3) 确定与营业收入有关的金额及其他数据是否已恰当记录,包括对销售退回、销售折扣与折让的处理是否适当(准确性)。

(4) 确定营业收入是否已记录于正确的会计期间(截止)。

(5) 确定营业收入是否已按照企业会计准则的规定在财务报表中做出恰当的列报(列报)。

二、营业收入的实质性程序

(一)获取或编制主营业务收入明细表(准确性)

(1) 获取或编制主营业务收入明细表，复核加计是否正确，并与总账数和明细账合计数核对是否相符，结合其他业务收入科目与报表数核对是否相符。

(2) 检查以非记账本位币结算的主营业务收入使用的折算汇率及折算是否正确。

【学中做 8-8　单项选择题】抽查主营业务收入记账凭证和原始凭证，并追查到明细账，确定主营业务收入(　　)。

　　A. 是否完整　　　B. 是否真实　　　C. 计价是否正确　　　D. 截至是否正确

【答案】A。

【学中做 8-9　单项选择题】抽查主营业务收入明细账，并追查到记账凭证和原始凭证，确定主营业务收入(　　)。

　　A. 是否完整　　　B. 是否真实　　　C. 计价是否正确　　　D. 截至是否正确

【答案】B。

(二)必要时实施实质性分析程序(发生/完整性、准确性)

注册会计师应实施实质性分析程序来检查主营业务收入是否存在异常变动和重大波动，从而在总体上对主营业务收入作出初步判断。一般分为以下五个步骤。

(1) 针对已识别需要运用分析程序的有关项目，并基于对被审计单位及其环境的了解，通过进行以下比较，同时考虑有关数据之间关系的影响，以建立有关数据的期望值。

① 将本期的主营业务收入与上期的主营业务收入、销售预算或预测数等进行比较，分析主营业务收入及其构成的变动是否异常，并分析异常变动的原因。

② 计算本期重要产品的毛利率，与上期预期或预测数据比较，检查是否存在异常，各期之间是否存在重大波动，并查明异常现象和重大波动的原因。

③ 比较本期各月各类主营业务收入的波动情况，分析其变动趋势是否正常，是否符合被审计单位季节性、周期性的经营规律，查明异常现象和重大波动的原因。

④ 将本期重要产品的毛利率与同行业企业进行对比分析，检查是否存在异常。

(2) 确定可接受的差异额。

(3) 将实际金额与期望值相比较，计算差异。

(4) 如果其差额超过可接受的差额，调查并获取充分的解释和恰当的、佐证性质的审计证据。

(5) 评估实质性分析程序的结果。

(三)检查主营业务收入的确认条件、方法是否符合《企业会计准则》的规定(发生/完整性、准确性、截止)

根据《企业会计准则第 14 号——收入》的规定，企业应当在履行了合同中的履约义务及在客户取得相关商品控制权时确认收入。当企业与客户之间的合同同时满足下列条件时，企业应当在客户取得商品控制权时确认收入。

(1) 合同各方已批准该合同并承诺将履行各自义务。

(2) 该合同明确了合同双方与所转让商品或提供劳务相关的权利和义务。

(3) 该合同有明确的与所转让的商品相关的支付条款。

(4) 该合同具有商业实质，即履行该合同将改变企业未来现金流量的风险、时间分布或金额。

(5) 企业因向客户转让商品而有权取得的对价很可能被收回。

《企业会计准则》分别对"在某时段内履行的履约义务"和"在某一时点履行的履约义务"的收入确认做出了规定。对于在某一时段内履行的履约义务，企业应当在该段时间内按照履约进度确认收入。对于在某一时点履行的履约义务，企业应当在客户取得相关商品的控制权时确认收入。注册会计师需要基于对被审计单位商业模式和日常经营活动的了解，判断被审计单位的合同履约义务是在某一时段内履行还是某一时点履行的，据以评估被审计单位确认产品销售收入的会计政策是否符合《企业会计准则》的规定，并测试被审计单位是否按照其既定的会计政策确认产品销售收入。

注册会计师通常对所选取的交易，追查至原始的销售合同及与履行合同相关的单据和文件记录，以评价收入确认方法是否符合《企业会计准则》的规定。

(四)核对收入交易的原始凭证与会计分录(发生/完整性、准确性、截止)

(1) 以主营业务收入明细账中的会计分录为起点，检查相关原始凭证，如客户订单、销售单、发运凭证、销售发票等，用以评价已入账的营业收入是否真实发生。

(2) 检查订单和销售单，用以确认存在真实的客户购买要求，销售交易已经过适当的授权批准。

(3) 以发运凭证为起点，追查至销售发票存根和主营业务收入明细账，用以确定是否存在遗漏事项。采用此程序时，注册会计师必须能够确信全部发运凭证均已归档，这一点一般可以通过检查发运凭证的顺序编号来查明。

(4) 将销售发票存根上所列的单价与经过批准的商品价目表进行比较核对，对其金额小计和合计数也要进行复算。

(5) 发票中列出的商品的规格、数量和客户代码等，应与发运凭证进行比较核对，尤其是由客户签收商品的一联，确定已按合同约定完成交易，可以确认收入。

(6) 检查原始凭证中的交易日期，用以确认将收入计入了正确的会计期间。

(五)结合对应收账款实施的函证程序，选择主要客户函证本期销售额(发生、准确性)

结合对应收账款实施的函证程序，选择主要客户函证本期销售额。

(六)实施销售的截止测试(截止)

对销售实施截止测试，其目的主要是在于确定被审计单位主营业务收入的会计记录归属期是否正确。即应计入本期或下期的主营业务收入是否被推延至下期或提前至本期。

(1) 选取资产负债表日前后若干天一定金额以上的发运凭证，与应收账款和收入明细账进行核对；同时，从应收账款和收入明细账选取在资产负债表日前后若干天一定金额以上的凭证，与发运凭证核对，用以确定销售是否存在跨期现象。

(2) 复核资产负债表日前后的销售和发货水平，确定业务活动水平是否异常，并考虑是否有必要追加截止测试程序。

(3) 取得资产负债表日后所有的销售退回记录，检查是否存在提前确认收入的情况。

(4) 结合对资产负债表日应收账款的函证程序，检查有无未取得对方认可的大额销售。

销售收入截止测试的两条审计路径如表 8-6 所示。检查发票日期、发货日期和记账日期这三个日期是否归属于同一适当的会计期间是主营业务收入截止测试的关键所在。

表 8-6　销售收入截止测试的两条审计路径

审计路线	目　的	测试程序
以账簿记录为起点	防止高估营业收入	从资产负债表日前后若干天的账簿记录追查至记账凭证和客户签收的发运凭证，目的是证实已入账的收入是否在同一会计期间已发货并由客户签收，有无多计收入
以发运凭证为起点	防止低估营业收入	从资产负债表日前后若干天的客户已经签字的发运凭证查至账簿记录，确定主营业务收入是否已计入恰当的会计期间

上述两条审计路径在实务中均被广泛采用，它们并不是孤立存在的，注册会计师可以考虑同时并用这两条路径，甚至可以在同一主营业务收入科目审计中并用。实际上，由于被审计单位的具体情况各不相同，管理层的意图也各有不同，有的为了完成利润目标、承包指标，更多地享受税收等优惠政策，便于筹资等目的，可能会多计收入；有的则为了以丰补歉、留有余地、推迟缴税时间等目的而少计收入。因此，为提高审计效率，注册会计师应当凭借专业经验和所掌握的信息、资料做出正确判断，选择适当的审计路径实施有效的收入截止测试。

(七)检查销货退回(发生)

存在销货退回的，检查相关手续是否符合规定，结合原始凭证检查其处理是否正确，结合存货审计关注其真实性。

(八)检查销售折扣与折让(准确性)

企业在销售业务中，往往会因产品品种不符、质量不符合要求以及结算方面的原因发生销售折扣与折让。尽管引起销售折扣与折让的原因不尽相同，其表现形式也不尽一致，但都是对收入的抵减，直接影响收入的确认和计量。因此，注册会计师应加强对销售折扣与折让的审计。

(九)检查有无特殊的销售行为(发生/完整性、准确性、截止、列报)

对于特殊的销售行为，如附有销售退回条件的商品销售、委托代销、售后回购、以旧换新、商品需要安装和检验的销售、分期收款销售、出口销售、售后租回等，确定恰当的审计程序进行审核。

(十)确定主营业务收入是否在利润表上恰当披露(列报)

注册会计师应审查利润表上的主营业务收入项目,所填列的数字是否与审定数相符,主营业务收入确认所采用的会计政策是否已在财务报表附注中披露。

任务解析

(1) X产品2022年的毛利=(40 000-38 000)/40 000×100%=5%,而X产品2023年的毛利=(41 000-33 800)/41 000×100%=17.57%,X产品2023年毛利远远超过2022年,但题目中说乙公司2023年的供产销形势与上年相当,通常应维持大致相当的销售毛利率水平,但计算结果与所述相悖,存在不合理。

(2) Y产品该项销售退回事宜不应放在2023年度合并财务报表附注的"资产负债表日后事项"部分披露,而是应调整2023年度财务报表的主营业务收入和主营业务成本。

任务四 应收账款审计

任务描述

工作任务	技能点及任务成果	课时
进行应收账款审计	1. 明确如何做应收账款账龄分析。 2. 明确如何正确实施应收账款函证。 3. 完成任务引例	2

任务引例

甲会计师事务所接受乙股份有限公司的委托,对其2023年度财务报表进行审计,乙股份有限公司2022年度未发生并购、分立和债务重组行为。甲会计师事务所A注册会计师在对该公司审计时发现:应收账款和坏账准备在2023年年末余额分别为16 553万元和52.77万元,具体情况如表8-7所示。

表8-7 应收账款账龄表

单位:万元

账 龄	年 初 数	年 末 数
1年以内	8 392	10 915
1~2年	1 186	1 399
2~3年	1 161	1 365
3年以上	1 421	2 874
合计	12 160	16 553

乙股份有限公司坏账核算的政策:采用备抵法。坏账准备按期末应收账款余额的5‰计提。

【要求】请指出上述内容中可能存在的不合理之处,并简要说明理由。

> 知识准备

一、应收账款的审计目标

应收账款是指企业因销售商品、提供劳务而形成的债权,即由于企业销售商品、提供劳务等原因,应向购货客户或接受劳务的客户收取的款项或代垫的运杂费等,是企业在信用活动中形成的各种债权性资产。企业的应收账款是通过销货业务产生的。企业在销售实现时若没有立即收取现款,而是获得了要求客户在一定条件下和一定时间内支付货款的权利,那么就产生了应收账款。因此,应收账款的审计应结合销货业务来进行。应收账款余额一般包括应收账款账面余额和相应的坏账准备两部分。

应收账款的审计目标一般包括以下六个。

(1) 确定资产负债表中记录的应收账款是否存在(存在)。

(2) 确定所有应当记录的应收账款是否均已记录(完整性)。

(3) 确定记录的应收账款是否为被审计单位拥有或控制(权利和义务)。

(4) 确定应收账款是否可收回,坏账准备的计提方法和比例是否恰当,计提是否充分(计价和分摊)。

(5) 确定应收账款以及坏账准备期末余额是否正确(计价和分摊)。

(6) 确定应收账款以及坏账准备是否已按照企业会计准则的规定在财务报表中做出恰当列报(列报)。

二、应收账款的实质性程序

(一)取得或编制应收账款明细表(计价和分摊)

(1) 各科目与报表数核对是否相符。应当注意,应收账款报表数反映企业因销售商品、提供劳务等应向购买单位收取的各种款项,减去已计提的相应的坏账准备后的净额。

(2) 检查非记账本位币应收账款的折算汇率及折算是否正确。

(3) 分析应收账款明细账余额。应收账款明细账的余额一般在借方,注册会计师在分析应收账款明细账余额时,如果发现应收账款贷方有余额,应查明原因,必要时建议做重分类调整。应收账款明细账如果贷方出现余额,属于债务,应列入"预收款项"项目。

(二)分析应收账款相关的财务指标(存在/完整性、计价与分摊)

(1) 复核应收账款借方累计发生额与主营业务收入关系是否合理,并将当期应收账款借方发生额占销售收入净额的百分比与管理层考核指标和被审计单位相关赊销政策比较,如存在异常应查明原因。

(2) 计算应收账款周转率、应收账款周转天数等指标,并与被审计单位相关赊销政策、被审计单位以前年度指标、同行业同期相关指标对比分析,分析是否存在重大异常并查明原因。

应收账款周转率(次)=销售收入÷平均应收账款,其中,平均应收账款=(期初应收账款+期末应收账款)/2,销售收入为扣除折扣与折让后的净额;应收账款是未扣除坏账准备的金额,应收账款周转天数=360÷应收账款周转率=(平均应收账款×360)÷销售收入净额。

(三)检查应收账款账龄分析是否正确(计价和分摊)

(1) 获取或编制应收账款账龄分析表。注册会计师可以通过获取或编制应收账款账龄分析表来分析应收账款的账龄,以便了解应收账款可收回的可能性。应收账款账龄分析表参考格式如表 8-8 所示。

表 8-8 应收账款账龄分析表

客户名称	期末余额	账龄			
		1年以内	1~2年	2~3年	3年以上
合计					

应收账款的账龄,通常是指资产负债表中的应收账款从销售实现、产生应收账款之日起,至资产负债表日止所经历的时间。

(2) 测试应收账款账龄分析表计算的准确性,并将应收账款账龄分析表中的合计数与应收账款总分类账的余额相比较,并调查重大调节项目。

(3) 从账龄分析表中抽取一定数量的项目,追查至相关销售原始凭证,测试账龄划分的准确性。

【学中做 8-10 单项选择题】注册会计师分析应收账款的账龄可以通过( )来分析应收账款的账龄。

　　A. 编制应收账款明细表　　　　B. 获取应收账款账龄分析表
　　C. 审查坏账审批表　　　　　　D. 编制资产负债表

【答案】B。

【解析】注册会计师可以通过获取或编制应收账款账龄分析表来分析应收账款的账龄。

(四)向债务人函证应收账款(存在、权利和义务、计价和分摊)

函证应收账款目的在于证实应收账款账户余额的真实性、正确性,防止或发现被审计单位及其有关人员在销售交易中发生的错误或舞弊行为。通过函证应收账款,可以比较有效地证明被询证者(即债务人)的存在和被审计单位记录的可靠性。

注册会计师应当考虑被审计单位的经营环境、内部控制的有效性、应收账款账户的性质、被询证者处理询证函的习惯做法及回函的可能性等,用以确定应收账款函证的范围、对象、方式和时间。

1. 函证的范围和对象

除非有充分证据表明应收账款对被审计单位财务报表而言是不重要的,或者函证很可能是无效的,否则,注册会计师应当对应收账款进行函证。如果注册会计师没有对应收账款进行函证,应当在审计工作底稿中说明理由。如果认为函证很可能是无效的,注册会计师应当实施替代审计程序,获取相关、可靠的审计证据。

函证的数量与范围是由诸多因素决定的，主要有以下三点。

(1) 应收账款在全部资产中的重要性。若应收账款在全部资产中所占的比重较大，则函证的范围也应相应大一些。

(2) 被审计单位内部控制的强弱。若内部控制制度较健全，则可以相应减少函证量；反之，则应相应扩大函证范围。

(3) 以前期间的函证结果。若以前期间函证过程中发现过重大差异，或欠款纠纷较多，则函证范围应相应扩大一些。

一般情况下，注册会计师应选择以下几种类型的项目作为函证对象：大额或账龄较长的项目；与债务人发生纠纷的项目；重大关联方项目；主要客户(包括关系密切的客户)项目；新增客户项目；交易频繁但期末余额较小甚至余额为零的项目；可能产生重大错报或舞弊的非正常的项目。

【学中做 8-11 单项选择题】审查应收账款最重要的实质性测试程序是(   )。

A. 函证　　　　　B. 询问　　　　　C. 观察　　　　　D. 计算

【答案】A。

【解析】除非有充分证据表明应收账款对被审计单位财务报表而言是不重要的，或者函证很可能是无效的，否则，注册会计师应当对应收账款进行函证。

2. 函证的方式

注册会计师可采用积极的函证方式或消极的函证方式实施函证，也可将两种函证方式结合使用。

(1) 积极式函证，又称肯定式函证、正面式函证，就是向债务人发出询证函，要求其证实所函证的欠款是否正确，无论对错都要求复函。积极式询证函的格式如表 8-9 和表 8-10 所示。

表 8-9　积极式询证函(格式一)

××(公司)：

本公司聘请的××会计师事务所正在对本公司××年度财务报表进行审计，按照中国注册会计师审计准则的要求，应当询证本公司与贵公司的往来账项等事项。下列数据出自本公司账簿记录，如与贵公司记录相符，请在本函下端"信息证明无误"处签章证明；如有不符，请在"信息不符"列明不符金额。回函请直接寄至××会计师事务所。

回函地址：

邮编：　　　　电话：　　　　传真：　　　　联系人：

1. 本公司与贵公司的往来账项列示如下。

单位：元

截止日期	贵公司欠	欠贵公司	备注

2. 其他事项。

本函仅为复核账目所用，并非催款结算。若款项在上述日期之后已经付清，仍请及时函复为盼。

(公司盖章)

年　月　日

结论：
1. 信息证明无误。　　　　　　　　　　　　　　　　　　(公司盖章)

　　　　　　　　　　　　　　　　　　　　　　　　　　　　年　月　日
　　　　　　　　　　　　　　　　　　　　　　　　　　　　经办人：

2. 信息不符，请列明不符的详细情况：　　　　　　　　(公司盖章)

　　　　　　　　　　　　　　　　　　　　　　　　　　　　年　月　日
　　　　　　　　　　　　　　　　　　　　　　　　　　　　经办人：

表 8-10　积极式询证函(格式二)

××公司：

　　本公司聘请的××会计师事务所正在对本公司××年度财务报表进行审计，按照中国注册会计师审计准则的要求，应当询证本公司与贵公司的往来账项等事项。请列示截至××年××月××日贵公司往来款项余额。回函请直接寄至××会计师事务所。

　　回函地址：
　　邮编：　　　　电话：　　　　传真：　　　　联系人：
　　本函仅为复核账目所用，并非催款结算。若款项在上述日期之后已经付清，仍请及时函复为盼。

1. 本公司与贵公司的往来账项列示如下。　　　　　　　　　　　　　　　　　　单位：元

截止日期	贵公司欠	欠贵公司	备注

2. 其他事项。

　　　　　　　　　　　　　　　　　　　　　　　　　　　　　　(公司盖章)
　　　　　　　　　　　　　　　　　　　　　　　　　　　　　　年　月　日
　　　　　　　　　　　　　　　　　　　　　　　　　　　　　　经办人：

(2) 消极式函证，又称否定式函证、反面式函证，它也是向债务人发出询证函，但所函证的款项相符时不必复函，只有在所函证的款项不符时才要求债务人向注册会计师复函。消极式询证函的格式如表 8-11 所示。

表 8-11　消极式询证函

××公司：

　　本公司聘请的××会计师事务所正在对本公司××年度财务报表进行审计，按照中国注册会计师审计准则的要求，应当询证本公司与贵公司的往来账项等事项。下列数据出自本公司账簿记录，如与贵公司记录相符，则无须回复；如有不符，请直接通知会计师事务所，并请在空白处列明贵公司认为是正确的信息。回函请直接寄至××会计师事务所。

　　回函地址：
　　邮编：　　　　电话：　　　　传真：　　　　联系人：

1. 本公司与贵公司的往来账项列示如下。

单位：元

截止日期	贵公司欠	欠贵公司	备注

2. 其他事项。

本函仅为复核账目所用，并非催款结算。若款项在上述日期之后已经付清，仍请及时函复为盼。

(公司盖章)

年　月　日

××会计师事务所：

上面的信息不正确，差异如下。

(公司盖章)

年　月　日

经办人：

注册会计师具体采用哪种函证方式，可以根据下述情形做出选择。

当债务人符合下列情况时，采用肯定式函证较好：个别账户的欠款金额较大；有理由相信欠款可能存在争议、差错等问题。

当债务人符合以下所有条件时，可以采用否定式函证：相关的内部控制是有效的，固有风险和控制风险评估为低水平；预计差错率较低；欠款余额小的债务人数量很多；注册会计师有理由确信大多数被函证者能认真对待询证函，并对不正确的情况予以反馈。

有时候两种函证方式结合起来使用可能更适宜：对于单项金额重大账项采用肯定式函证，对于小金额账项则采用否定式函证。

3. 函证时间的选择

注册会计师通常以资产负债表日为截止日，在资产负债表日后适当时间内实施函证。如果重大错报风险评估为低水平，注册会计师可选资产负债表日前适当日期为截止日实施函证，并对所函证项目自该截止日起至资产负债表日止发生的变动实施实质性程序。

4. 函证的控制

注册会计师通常利用被审计单位提供的应收账款明细账账户名称及客户地址等资料编制询证函，但注册会计师应当对确定需要确认或保密的信息、选择适当的被函证者、设计询证函以及发出和跟进(包括收回)询证函保持控制。

5. 对不符事项的处理

对应收账款来说，登记入账的时间不同而产生的不符事项主要表现如下。
(1) 客户已经付款，被审计单位尚未收到货款。
(2) 被审计单位的货物已经发出并已做销售记录，但货物仍在途中，客户尚未收到货物。
(3) 客户由于某种原因将货物退回，而被审计单位尚未收到货物。
(4) 客户对收到的货物的数量、质量及价格等方面有异议而全部或部分拒付货款等。

如果不符事项构成错报，注册会计师应当评价该错报是否表明存在舞弊，并重新考虑所实施审计程序的性质、时间和范围。

6．对未回函项目实施替代程序

如果未收到被询证方的回函，注册会计师应当实施替代审计程序。

(1) 检查资产负债表日后收回的货款。值得注意的是，注册会计师不能只是查看应收账款的贷方发生额，而是也要查看相关的收款单据，以证实付款方的确为该客户且确实与资产负债表日的应收账款相关。

(2) 检查相关的销售合同、销售单、发运凭证等文件。注册会计师需要根据被审计单位的收入确认条件和时点，确定能够证明收入发生的凭证。

(3) 检查被审计单位与客户之间的往来邮件。

7．对函证结果的总结和评价

注册会计师对函证结果可进行如下评价。

(1) 重新考虑对内部控制的原有评价是否适当，控制测试的结果是否适当，分析程序的结果是否适当，相关的风险评价是否适当等。

(2) 如果函证结果表明没有审计差异，则可以合理地推论，全部应收账款总体是正确的。

(3) 如果函证结果表明存在审计差异，则应当估算应收账款总额中可能出现的累计差错是多少，估算未被选中进行函证的应收账款的累计差错是多少，为取得对应收账款累计差错更加准确的估计，也可以进一步扩大函证范围。

(五)确定已收回的应收账款金额(存在)

请被审计单位协助，在应收款账龄明细表中标注至审计时已收回的应收账款金额，对已收回金额较大的款项进行常规检查，如核对收款凭证、银行对账单、销货发票等，并注意凭证发生日期的合理性，分析收款时间是否与合同相关要素一致。

(六)检查坏账的确认与处理(计价与分摊)

首先，注册会计师应检查有无债务人破产或死亡的，以及破产或以遗产清偿后仍无法收回的，或者债务人长期未履行清偿义务的应收账款；其次，应检查被审计单位坏账的处理是否经授权批准，有关会计处理是否正确。

(七)抽查有关不属于结算业务的债权(存在)

不属于结算业务的债权，不应在应收账款中进行核算。因此，注册会计师应抽查应收账款明细账，并追查有关原始凭证，查证被审计单位应收账款中有无不属于结算业务的债权。如有，应建议被审计单位做适当调整。

(八)检查应收账款的贴现、质押或出售(权利和义务)

检查银行存款和银行借款等询证函的回函、会议纪要、借款协议和其他文件，确定应收账款是否已被贴现、质押或出售，应收账款贴现业务是否满足金融资产转移终止确认条件，其会计处理是否正确。

(九)确定应收账款的列报是否恰当(列报)

根据实际情况,检查应收账款在财务报表中的列报是否恰当。

> **任务解析**

可能存在以下三处不合理之处。

(1) 坏账准备年末余额 52.77 万元/应收账款年末余额 16 553 万元=0.32%,与会计政策规定的 0.5%的坏账准备计提比例不符。

(2) 应收账款账龄分析表中,"1~2 年"年初数 1 186 万元,而"2~3 年"的年末数为 1 365 万元,增加了许多。

(3) "2~3 年"和"3 年以上"两部分的年初数之和仅 2 582 万元,而"3 年以上"的年末数却为 2 874 万元。通常,在公司 2023 年度未发生并购、分立和债务重组行为等的前提下是不可能的。

职业判断能力训练

一、单项选择题

1. 下列被审计单位实施的职责分离中,恰当的是( )。
   A. 由出纳人员负责编制银行存款余额调节表
   B. 编制销售发票通知单的人员同时开具销售发票
   C. 企业在销售合同订立前,由专人就销售价格、信用政策、发货及收款方式等具体事项与客户进行谈判
   D. 应收票据的取得、贴现和保管由某一会计专门负责

2. 检查销售价格和销售折扣是否经过适当的审批,主要能证明应收账款的( )认定。
   A. 存在   B. 计价和分摊   C. 完整性   D. 权利和义务

3. 在对应收账款进行函证时,注册会计师采用以下做法中,不正确的是( )。
   A. 对关联方实施积极式函证
   B. 如果重大错报风险评估为低水平,可选择资产负债表日前适当日期为截止日实施函证,并对所函证项目自该截止日起至资产负债表日止发生的变动实施实质性程序
   C. 以被审计单位的名义发函,并要求回函寄至会计师事务所
   D. 将回函不符的金额汇总后要求被审计单位调整

4. 对于未函证的应收账款,审计人员应当执行的最有效的审计程序是( )。
   A. 重新测试相关的内部控制制度
   B. 抽查有关原始凭证
   C. 实施分析程序
   D. 审查资产负债表日后的收款情况

5. 应收账款的审计目标不包括( )。

A. 确定应收账款内部控制的存在
B. 确定应收账款记录的完整性
C. 确定应收账款期末余额的正确性
D. 确定应收账款在财务报表上披露的恰当性

6. 为了证实已发生的销售业务是否均已登记入账，最有效的做法是(   )。
  A. 只审查有关原始凭证
  B. 只审查销售日记账
  C. 由销售日记账追查至有关原始凭证
  D. 由有关原始凭证追查至销售日记账

7. 审查应收账款最重要的实质性程序是(   )。
  A. 函证   B. 询问   C. 观察   D. 计算

8. 丙公司将2023年度的主营业务收入列入2022年度的财务报表，则其2022年度财务报表存在错误的认定是(   )。
  A. 总体合理性   B. 计价或分摊   C. 发生   D. 完整性

9. 在确定函证对象时，以下项目中应当进行函证的是(   )。
  A. 很可能无效的应收款项
  B. 交易频繁但期末余额较小的应收款项
  C. 执行其他审计程序可以确认的应收款项
  D. 应纳入审计范围内子公司的款项

10. 为证实所有销售业务均已发生，注册会计师应选择的最有效的具体审计程序是(   )。
  A. 抽查销售明细账   B. 抽查销售发票
  C. 抽查银行对账单   D. 抽查应收账款明细账

二、多项选择题

1. 关于注册会计师对被审计单位已发生的销货业务是否均已登记入账进行审计时，常用的控制测试程序有(   )。
  A. 检查发运凭证连续编号的完整性   B. 检查赊销业务是否经过授权批准
  C. 检查销售发票连续编号的完整性   D. 观察已经寄出对账单的完整性
  E. 检查有关凭证上的内部核查标记

2. 在以下销售与收款授权审批关键点控制中，做到了恰当控制的是(   )。
  A. 在销售发生之前，赊销已经正确审批
  B. 对于赊销业务，未经赊销批准的销货一律不准发货
  C. 销售价格、销售条件、运费、折扣必须经过审批
  D. 对于超过既定销售政策和信用政策规定范围的特殊销售业务，被审计单位采用集体决策方式
  E. 审批人应当根据销售与收款授权批准制度的规定，在授权范围内进行审批，不得超越审批权限

3. 在主营业务收入的确认中，注册会计师审计时，应该重点关注的日期有(   )。
  A. 发票开具日期   B. 记账日期

C. 提供劳务日期　　　　　　　　D. 发货日期
　　E. 买方提货日

4. 注册会计师收回的应收账款询证函存在差异,应当查明原因,有可能是登记入账的时间不同而产生的不符事项的有(　　)。
　　A. 询证函发出时,债务人已经付款,而被审计单位尚未收到货款
　　B. 询证函发出时,被审计单位的货物已经发出并已做销售记录,但货物仍在途中,债务人尚未收到货物
　　C. 债务人对收到货物的数量、质量及价格等方面有异议而全部或部分拒付货款
　　D. 债务人由于某种原因将货物退回,而被审计单位尚未收到货物
　　E. 债务人对询证函不予理睬

5. 注册会计师对应收账款实施的实质性分析程序有(　　)。
　　A. 将当期应收账款借方发生额占销售收入净额的百分比与管理层考核指标相比较
　　B. 复核应收账款的借方累计发生额与主营业务收入是否匹配,如果存在不匹配的情况应查明原因
　　C. 计算应收账款周转率,应收账款周转天数等指标;并与被审计单位上年指标、同行业同期相关指标对比分析,检查是否存在重大差异
　　D. 计算坏账准备计提是否恰当
　　E. 检查原始凭证,如销售发票等,测试账龄核算的准确性

6. 在对询证函的以下处理方法中,正确的有(　　)。
　　A. 将发出询证函的情况记录于审计工作底稿
　　B. 询证函经被审计单位盖章后,由注册会计师直接发出
　　C. 收回询证函后,将重要的回函复制给被审计单位以帮助催收货款
　　D. 对以电子邮件方式回收的询证函,要求被询证单位将原件盖章后寄至会计师事务所
　　E. 询证函经会计师事务所盖章后,由被审计单位直接发出

7. 注册会计师确定应收账款函证数量的大小、范围时,应考虑的主要因素有(　　)。
　　A. 应收账款在全部资产中的重要性
　　B. 被审计单位内部控制的强弱
　　C. 以前年度的函证结果
　　D. 函证方式的选择
　　E. 评估的重大错报风险水平

8. 注册会计师对主营业务收入实施以下实质性分析程序是(　　)。
　　A. 将本期的主营业务收入与上期的主营业务收入进行比较,分析产品销售的结构和价格变动是否异常,并分析异常变动的原因。
　　B. 计算本期重要产品的毛利率,与上期比较,检查是否存在异常,各期之间是否存在重大波动,并查明原因
　　C. 比较本期各月各类主营业务收入的波动情况,分析其变动趋势是否正常,是否符合被审计单位季节性、周期性的经营规律,查明异常现象和重大波动的原因

D. 将本期重要产品的毛利率与同行业企业进行对比分析，检查是否存在异常
　　E. 根据增值税发票申报表或普通发票，估算全年收入，与实际收入金额相比较
9. 一般情况下，注册会计师应选择以下项目作为函证对象（　　）。
　　A. 大额或账龄较长的项目
　　B. 与债务人发生纠纷的项目
　　C. 交易频繁但期末余额较小甚至余额为零的项目
　　D. 可能产生重大错报或舞弊的非正常的项目
　　E. 关联方的项目
10. 当同时存在下列情况时，注册会计师可考虑采用消极的函证方式（　　）。
　　A. 重大错报风险评估为低水平
　　B. 涉及大量余额较小的账户
　　C. 预期不存在大量的错误
　　D. 没有理由相信被询证者不认真对待函证
　　E. 重大错报风险评估为高水平时

三、判断题

1. 查明主营业务收入的确认原则、方法，注意其是否符合会计准则和会计制度规定的收入实现条件，前后期是否一致，特别关注周期性、偶然性的收入的确认是否符合既定的收入确认原则和方法。（　　）
2. 以账簿为起点追查至销售发票和发货单，能有效地发现隐瞒销售的行为。（　　）
3. 如果应收账款最终收回或收到退货，说明当时入账的销售业务是真实的；如果应收账款贷方发生额是注销坏账或长期挂账，说明当时入账的销售业务是虚构的。（　　）
4. 对于大额应收账款余额，必须采用积极式函证予以证实。（　　）
5. 对应收账款进行函证，即使应收账款得到了债务人的承认，也不一定能收回来，况且函证也不可能发现应收账款所有的问题，因此，应收账款函证并不是一项必要的审计程序。（　　）

四、案例分析题

1. 乙公司采用应收账款余额的 5‰计提坏账准备，"坏账准备"账户年初贷方余额为 4 000 元，借方发生额为 2 000 元，另有去年已注销的坏账今年收回 1 000 元，该公司的会计分录如下。

　　借：银行存款　　　　　　　　　　　　　　　　　1 000
　　　　贷：其他应收款　　　　　　　　　　　　　　　　　1 000
年末应收账款余额为 500 000 元，会计人员计提坏账准备，会计分录如下。
　　借：信用减值损失——坏账损失　　　　　　　　　2 500
　　　　贷：坏账准备　　　　　　　　　　　　　　　　　　2 500

【要求】指出公司存在的问题，并编制调整分录。

2. 甲会计师事务所接受委托，审计 Y 公司 2023 年度的会计报表。甲会计师事务所 A 注册会计师了解和测试了与应收账款相关的内部控制，并将控制风险评估为高水平。A 注册会计师取得了 2023 年 12 月 31 日的应收账款明细表，并于 2024 年 1 月 15 日采用肯定式

回函方式对所有重要客户寄发了询证函。

A 注册会计师将与函证结果相关的重要异常情况汇总如表 8-12 所示。

表 8-12　函证结果汇总表

异常情况	函证编号	客户	函证金额/元	回函日期	回函内容
①	22	甲	300 000	2024.01.18	购买 Y 公司 300 000 元存货属实，款项已于 2023 年 12 月 25 日用支票付讫
②	56	乙	500 000	2024.01.19	产品质量不符合要求，根据购货合同，已于 2023 年 12 月 28 日将货物退回
③	64	丙	640 000	2024.01.20	2023 年 12 月 10 日收到 Y 公司委托本公司代销的货物 640 000 元，尚未销售
④	82	丁	900 000(贷方)	2024.01.22	采用按预收账款方式购货 900 000 元，根据购货合同，已于 2023 年 12 月 25 日预付了 900 000 元
⑤	134	戊	60 000		地址错误邮局退回
⑥	166	己	200 000	2024.01.28	从未收到 Y 销售给本公司的货物

【要求】针对以上异常情况，指出注册会计师应分别实施哪些审计程序。

3. 乙公司是甲会计师事务所的常年审计客户。A 注册会计师负责审计乙公司 2023 年度财务报表。A 注册会计师在审计工作底稿中记录了实施的控制测试，部分内容摘录如表 8-13 所示。

表 8-13　相关控制与控制测试

相关控制	控制测试
原本超过赊销额度的赊销由销售总监和财务经理审批，自 2023 年 10 月 1 日起，改为由销售总监和财务总监审批	A 注册会计师测试了 2023 年 1 月至 9 月的该项控制，并于 2024 年 1 月询问了销售总监和财务总监在剩余期间控制的运行情况，未发现偏差。因此，A 注册会计师认为该项控制在 2023 年度运行有效

【要求】假设不考虑其他条件，请指出上述控制测试是否恰当。如不恰当，请说明理由。

4. 注册会计师 A 正在就如下三个审计目标做销售交易的实质性程序：①登记入账的销售业务是真实的；②已发生的销售业务均以登记入账；③登记入账的销售业务的估价准确。三个审计目标均拟以明细账为起点，采用从明细账追查至有关凭证的审计路线。

【要求】(1) 从明细账追查至有关凭证的审计路线对测试是否均适用？如果不适用，应改为何种审计路线？

(2) 如果与审计目标①相关的内部控制薄弱，请简述实现审计目标①的具体实质性程序的方法。

(3) 为实现审计目标③，A注册会计师拟采用复算会计记录中的数据测试程序，请简述其具体做法。

5. 乙公司是甲会计师事务所的常年审计客户。A注册会计师负责审计甲公司2023年度财务报表。

资料一：A注册会计师在审计工作底稿中记录了所了解的乙公司情况及其环境，部分内容摘录如下。

(1) 2022年度，乙公司直销了100件a产品。2023年，乙公司引入经销商买断销售模式，对经销商的售价是直销价的90%，直销价较2022年没有变化。2023年度，乙公司共销售150件a产品，其中20%销售给经销商。

(2) 2023年10月，乙公司推出新产品b产品，单价60万元。合同约定，客户在购买产品一个月后付款；如果在购买产品三个月内发现质量问题，客户有权退货。截至到2023年12月31日，乙公司售出10件b产品。因上市时间较短，管理层无法合理估计退货率。

(3) 2023年10月，乙公司与丙公司签订销售合同，按每件150万元的价格为其定制20件c产品，约定2024年3月交货，如不能按期交货，乙公司需支付总价款的20%；作为违约金。签订合同后，原材料价格上涨导致c产品成本上升。截至到2023年12月31日，乙公司已生产10件c产品，单位成本为175万元。

资料二：A注册会计师在审计工作底稿中记录了乙公司的财务数据，部分内容摘录如表8-14所示。

表8-14　乙公司财务数据

金额单位：万元

项目	2023年(未审数) a产品	2023年(未审数) b产品	2023年(未审数) c产品	2022年(已审数) a产品
营业收入	11 760	600	0	8 000
税前利润		180		100
应收账款	500	260	0	400
存货——产成品	900	80	1 750	800
存货——存货跌价准备	0	0	250	0

【要求】针对资料一中的(1)至(3)，结合资料二，假定不考虑其他条件，逐项指出资料一所列事项是否可能表明存在重大错报风险。如果认为可能表明存在重大错报风险，简要说明理由，并说明该风险主要与哪些财务报表项目的哪些认定相关(不考虑税务影响)，如表8-15所示。

表8-15　重大错报风险与认定

事项序号	是否可能表明存在重大错报风险(是／否)	理由	财务报表项目名称及认定
(1)			
(2)			
(3)			

6. A注册会计师对乙公司2023年度的应收账款项目进行审计时,决定对以下5个明细账中的三个进行函证。乙公司客户情况如表8-16所示。

表8-16 客户情况

客户名称	应收账款年末余额
丙公司	222 650元
丁公司	198 900元
戊公司	1 000元
己公司	165 000元
庚公司	19 000元

【要求】(1) 假如你是该注册会计师,你会从以上客户中选择哪三个供货人作为应收账款的函证对象?原因是什么?

(2) 在你选中的三个函证对象中,假如按从上至下的顺序排列,三个被函证客户回函情况各不相同。第一被函证客户表示余额于2023年12月25日已全部付清。第二被函证客户表示询证函上所列货物从未采购过。第三被函证客户表示询证内容完全属实正确。试问,对于回函结果有差异的客户,你下一步该怎么办?

7. 审计人员A对乙公司2023年资产负债表中的"应收账款"项目进行审计。该公司应收账款总计250万元,有40个明细账,审计人员决定抽样函证。在检查回函情况时,发现存在以下现象。

(1) A公司欠款80万元,对方回函声明已于2023年12月30日由银行汇出80万元。

(2) B公司欠款5万元,未收到回函。

(3) C公司欠款50万元,对方回函称2023年11月已预付5万元。

(4) D公司欠款15万元,对方称所购货物并未收到。

【要求】对于上述情况,审计人员应如何实施审计程序验证?

【职业素养提升栏目】

康美药业虚增收入

【课程思政关键词】虚增收入;财务造假;职业道德;法律责任

【融入方式】据中国证监会调查,2016年至2018年,为了配合虚增的营业收入,康美财务通过不记账、虚假记账、伪造、变造大额定期存单或银行对账单,伪造销售回款的方式虚增货币资金。

资料显示,2016年至2018年,康美药业合计虚增营业收入275.15亿元,占同期公告营业收入的40%以上,虚增营业利润39.36亿元,占同期公告营业利润的三分之一,营造出一种业绩蒸蒸日上的表象。

到了2018年年报,已被立案调查的康美药业再也无法继续遮丑。康美药业发布了一则《关于前期会计差错更正的公告》。公告几乎将2017年财报结果推翻,即对2017年报中包括货币资金、存货、营收等14项会计错误更正,尤其夸张的是2017年货币资金多计算了

299亿元。

此公告一出，就引起了多方关注。最为要命是，仅仅用"财务数据出现会计差错"这个理由来解释公司核算账户资金时存在错误。还称康美2017年的存货由157亿元更正为352亿元，增加了195亿元。

只是这么多的存货放在仓库里，上至财务、下至仓管，那么长时间没人统计好像也说不通。如此荒诞的会计审计报告，就这样堂而皇之地公布在市场上，那投资者当然不会买账。

2019年8月，康美药业造假实锤。证监会对其下发《行政处罚及市场禁入事先告知书》，并指出其存在四大方面的问题：为了配合虚增的营业收入，康美通过财务不记账、虚假记账，伪造、变造大额定期存单或银行对账单。

可在2019年年报中，康美药业还依然坚持自己的存货金额达到314.08亿元，存货跌价准备从上年年末的6 583万元提高到了6亿元。

而在2020年年报中却不见了，期末301亿元的账面存货，被计提了211亿元的存货跌价准备。也就是说康美药业存货大概只有90.4亿元。

此外，康美药业虚假记载还涉及虚增固定资产、在建工程、投资性房地产，以及未按规定披露控股股东及其关联方非经营性资金的占用情况等违规行为。

2020年6月出具的专项审计说明信息显示，马兴田实际控制的普宁市康淳药业有限公司和普宁康都药业有限公司对康美药业非经营性占用资金余额高达94.81亿元。

而当前康美药业已经进入破产重整程序。根据2020年11月2日披露的方案，参与本次重整的投资人拟向*ST康美投入不超过65亿元。

【启示】根据康美药业最初披露的历年年度财务报表，我们可以看出该公司的营业收入从2015年到2017年一直在增长，2017年度的总收入为2 647 697.1万元，2018年为1 935 623.34万元；2017年度经营活动产生的现金流量净额为184 279.42万元，2018年度为-319 152.96万元。一般而言一家良好的企业，其经营现金流应当与总营业收入呈同方向增长且相差不会太大，但在案例中，良好的营业收入却未能带来相应的现金流；加之其主要应收类项目的表现，我们有理由怀疑该公司存在虚增收入的舞弊行为。

强化职业道德教育是财务造假有效的防范措施。

康美药业作为曾经的白马股，其内部人员一定是具备优秀业务能力的。但由于他们对于法律处罚和道德约束的轻视，才会走到一步错步步错的地步。因此，我们需要加强对上市公司人员的职业道德教育，除了单位内部开展相关宣传，有关部门也要合理引导，以便相关人员树立良好价值观和正确的行为习惯。

作为财务专业的学生，在日常学习专业知识的同时，要做到警钟长鸣，将职业道德的培养与法律知识的学习放在首位，立志成为一名合格的财务工作人员。在今后的工作中，无论是从事会计工作还是审计工作都要时刻将法律与职业道德放在心头。

(资料来源：中国证券监督管理委员会官网：中国证监会行政处罚决定书(康美药业股份有限公司、马兴田、许冬瑾等22名责任人员)〔2020〕24号.)

微课视频

扫一扫，获取本项目相关微课视频。

项目八　收款交易的内部控制

项目八　销售交易的内部控制

项目八　销售与收款循环的主要业务流程

项目八　应收账款函证

项目八　应收账款实训任务单(ZD1-1)

项目八　应收账款实训任务单(ZD1-3)

项目八　应收账款账龄分析

项目八　主营业务收入截止测试

项目八　主营业务收入实质性分析程序

项目九 筹资与投资循环审计

【学习任务】

通过对筹资与投资循环审计项目的学习,需要完成如下工作任务。

1. 了解和测试筹资与投资内部控制。
2. 能执行借款类相关项目审计。
3. 能执行投资类相关项目审计。

【学习目标】

知识目标	能力目标	素养目标
★了解筹资与投资循环的内部控制测试流程; ★掌握借款相关项目的实质性程序方法; ★掌握投资相关项目的实质性程序方法	★能够把握货币筹资与投资循环的管理特点,采取必要的措施,保证内部控制运行有效; ★能够准确地完成筹资与投资循环涉及的主要业务审计	★通过对筹资与投资循环审计的学习,使学生能够时刻保持筹资与投资风险意识,自觉抵制不正当、不合法的集资和投资行为; ★创新创业思维和精神; ★培养学生学会投资,将资金用到最有价值的地方

【案例导入】

2024年大兴会计师事务所两位审计人员,在对天河上市公司2023年度的财务报表进行审计。审计后发现以下问题。

(1) 在公司章程及相关决议中未具体载明融资权限和批准程序。该公司由财务部负责融资,2024年根据总经理的批示向工商银行借入了1亿元贷款。

(2) 该公司的在建工程已经完工交付,并且生产出了产成品,在会计处理中仍将原来的借款利息计入该固定资产价值中,即资本化,其利息费用高达8 000万元。另外,该公司尚未支付的外币借款应计利息700万元,该公司也未按权责发生制的要求计提入账。两者合计高达8 700万元,占该公司当年末净资产的70%。

(3) 审计人员对天河上市公司2023年度法定盈余公积的提取和使用情况进行了审计,审查盈余公积的使用时发现有救灾捐赠50万元。

(4) 天河公司2023年1月1日对Z公司进行股权投资,占其股权份额的70%,但天河公司按照权益法对Z公司进行核算。

任务要求:请指出该公司内部控制在设计和运行方面的缺陷,并提出改进建议。

任务一 筹资与投资循环概述

任务描述

工作任务	技能点及任务成果	课 时
1. 了解企业筹资与投资循环过程。 2. 掌握筹资与投资循环的管理特点	1. 明确筹资与投资循环的主要业务活动。 2. 明确筹资与投资循环涉及的主要凭证与会计记录	1

任务引例

2006年,中国电商公司京东的创始人刘强东寻求200万美元的资金支持。为此,他向中国私募资本公司Capital Today寻求帮助。结果,Capital Today决定投资1 000万美元。这笔增至5倍的投资最终证明了这是一个明智的选择。当京东在2014年上市的时候,Capital Today的股权价值为24亿美元。

(资料来源:网易财经网,https://www.163.com/dy/article/DHULQ0AA0519BP7E.html。)

请思考下列问题:

在上述案例中公司筹资需要经过哪些业务活动?

知识准备

一、筹资与投资循环所涉及的主要业务活动

筹资与投资循环由筹资活动和投资活动的交易事项构成。筹资活动主要是指企业为满足自身生存和发展需要,通过内部和外部两种途径改变企业资本及债务规模而筹集资金的

活动。企业的内部筹资主要是通过股利政策的调整，增加生产经营可用资金；外部筹资活动主要是靠债务筹资和股权筹资两种方式。筹资活动包括负债筹资活动和股东权益筹资活动。投资活动主要是指企业为享有被投资单位的利润，或者为谋求其他利益，将资产让渡给其他单位而获得另一项资产的活动。投资活动主要由权益性投资和债权性投资组成。具体业务活动如表 9-1 所示。

表 9-1　筹资与投资循环涉及的主要业务活动

(一)筹资所涉及的主要业务活动	(二)投资所涉及的主要业务活动
1. 审批授权	1. 审批授权
2. 签订合同或协议	—
3. 取得资金	2. 取得证券或其他投资
4. 计算利息或股利	3. 取得投资收益
5. 偿还本息或发放股利	4. 转让证券或收回其他投资

(一)筹资涉及的主要业务活动

1. 审批授权

企业通过借款筹集资金需经管理当局的审批，其中债券的发行每次均要由董事会授权；企业发行股票必须依据国家有关法规或企业章程的规定，报经企业最高权力机构及国家有关管理部门批准。

2. 签订合同或协议

向银行或其他金融机构融资须签订借款合同，发行债券须签订债券契约和债券承销或包销合同。

3. 取得资金

企业实际取得银行或金融机构划入的款项或债券、股票的融入资金。

4. 计算利息或股利

企业应按照合同或协议的约定，及时计算利息或股利。

5. 偿还本息或发放股利

银行借款或发行债券应按有关合同或协议的规定偿还本息，融入的股本根据股东大会的决定发放股利。

(二)投资涉及的主要业务活动

1. 审批授权

投资业务应由企业的高层管理机构进行审批。

2. 取得投资

企业通过购买债券或股票取得投资，也可以通过与其他单位联合形成投资。

3. 取得投资收益

企业可以取得股权投资的股利收入、债券投资的利息收入和其他投资收益。

4. 转让或收回投资

企业可以通过转让证券实现投资的收回；其他投资已经投出，除联营合同期满，或其他特殊原因联营企业解散外，一般不得抽回投资。

二、筹资与投资循环的特性

筹资活动主要由借款交易和股东权益交易组成。投资活动主要由权益性投资交易和债权性投资交易组成。筹资与投资循环的独特特征如下。

(1) 一个审计年度内筹资与投资循环发生的业务较少，尤其是举借长期债务、所有者权益和长期投资等业务发生的次数很少。

(2) 每一笔业务的金额通常都较大，遗漏或不恰当地进行会计处理，将会导致重大错误，从而对会计报表的公允反映产生较大的影响。

(3) 筹资与投资循环业务的发生必须遵守国家更多的法律、法规和相关契约的规定。

【学中做 9-1　多项选择题】被审计单位筹资循环的特点是(　　)。

A. 交易数量少，金额通常较大
B. 必须遵守国家法律法规和相关契约的规定
C. 交易数量大，金额通常较小
D. 会计处理不恰当将导致重大错误，影响企业财务报表的公允性

【答案】ACD。

三、筹资与投资循环所涉及的凭证与会计记录

(一)筹资活动所涉及的主要凭证和会计记录

(1) 债券。债券是公司依据法定程序发行、约定在一定期限内还本付息的有价证券。

(2) 股票。股票是公司签发的证明股东所持股份的凭证。

(3) 债券契约。它是一张明确债券持有人与发行企业双方所拥有的权利与义务的法律性文件。其内容一般包括：债券发行的标准；债券的明确表述；利息或利息率；受托管理人证书(登记和背书)等。

(4) 股东名册。发行记名股票的公司记载内容一般包括股东的姓名或名称及住所；各股东所持股份数；各股东所持股票的编号以及取得股份的日期。发行无记名股票的，公司应记载其股票数量、编号及发行日期。

(5) 公司债券存根簿。发行记名公司债券的应记载的内容一般包括债券持有人的姓名或名称及住所；持有人取得债券的日期及债券编号；债券总额、债券的票面金额、债券的利率、债券还本付息的方式；债券达到发行日期。发行无记名债券的应当记载债券总额、利率、偿还期限和方式、发行日期和债券编号。

(6) 承销或包销协议。公司向社会公开发行股票或债券时，应当由依法设立的证券经营机构承销或包销，公司应与其机构签订承销或包销协议。

(7) 借款合同或协议。公司向银行或其他金融机构借入款项时与其签订的合同或协议。

(8) 有关记账凭证。

(9) 有关会计科目的明细账和总账。

【学中做 9-2　多项选择题】属于筹资活动所涉及的主要凭证和会计记录的有(　　)。
A. 股东名册　　　B. 债券契约　　　C. 承销或包销协议　　　D. 投资协议
【答案】ABC。
【解析】D 属于投资活动。

(二)投资活动所涉及的主要凭证和会计记录

(1) 债券投资凭证。载明债券持有人与发行企业双方所拥有的权利与义务的法律性文件，其内容一般包括债券发行的标准、债券的明确表述、利息或利息率、受托管理人证书、登记和背书等。

(2) 股票投资凭证。买入凭证记载股票投资购买业务，包括购买股票数量、被投资公司、股票买价、交易成本、购买日期、结算日期、结算日应付金额合计等。卖出凭证记载股票投资卖出业务，包括卖出股票数量、被投资公司、股票卖价、交易成本、卖出日期、结算日期、结算日金额合计等。

(3) 股票证书。载明股东所有权的凭证，记录所有者持有被投资公司的所有股票数量以及股票类型。

(4) 股利收取凭证。向所有股东发放股利的文件，标明股东每股股利、被审计单位在交易终止日期持有的总股利金额。

(5) 长期股权投资协议。

(6) 有关记账凭证。

(7) 有关会计科目的明细账和总账。

【学中做 9-3　多项选择题】属于投资活动所涉及的主要凭证和会计记录的有(　　)。
A. 股东名册　　　B. 债券契约　　　C. 股票投资凭证　　　D. 投资协议
【答案】BCD。
【解析】A 属于筹资活动。

任务解析

公司进行筹资活动，至少需要经过以下五个步骤的业务活动。

(1) 审批授权。企业通过借款筹集资金需经管理当局的审批，其中债券的发行每次均要由董事会授权；企业发行股票必须依据国家有关法规或企业章程的规定，报经企业最高权力机构及国家有关管理部门批准。

(2) 签订合同或协议。企业需向银行或其他金融机构融资须签订借款合同，发行债券须签订债券契约和债券承销或包销合同。

(3) 取得资金。企业实际取得银行或金融机构划入的款项或债券、股票的融入资金。

(4) 计算利息或股利。企业应按照合同或协议的规定，及时计算利息或股利。

(5) 偿还本息或发放股利。银行借款或发行债券应按有关合同或协议的规定偿还本息，融入的股本根据股东大会的决定发放股利。

任务二　筹资与投资循环的内部控制和控制测试

任务描述

工作任务	技能点及任务成果	课　时
分析企业筹资业务和投资业务的内部控制，并进行控制测试	1. 掌握企业筹资与投资循环的内部控制。 2. 掌握筹资与投资循环内部控制测试的方法	2

任务引例

黄河公司控股股东的法定代表人同时兼任本公司的法定代表人，总经理是聘任的在公司章程及相关决议中未载明股东大会、董事会、经营班子的融资权限和批准程序。经了解，公司由财务部负责融资，当年根据总经理的批示向工商银行借入了 1 亿元贷款，黄河公司股东大会批准董事会的投资权限为 1 亿元以下，董事会决定由总经理负责实施。总经理决定由证券部负责总额在 1 亿元以下的股票买卖。公司划入营业部的款项由证券部申请，由会计部审核，经总经理批准后划入公司在营业部开立的资金账户。经总经理批准，证券部直接从营业部资金账户支取款项。资金存取的会计记录由会计部处理。证券部在某营业部开户的有关协议未经会计部或其他部门审核。根据总经理的批准，会计部已将 8 000 万元汇入该户。证券部处理证券买卖的会计记录，月底将证券买卖清单交给会计部处理。

请思考下列问题：

黄河公司投资筹资业务管理存在哪些问题？应如何改进？

知识准备

合理的筹资和投资活动内部控制审计工作，有助于注册会计师关注重点审计领域、及时发现和解决潜在问题、恰当地组织和管理内部控制审计工作。同时，还可以帮助注册会计师对项目组成员进行合理的分工、指导、监督和复核，协调其他注册会计师和外部专家工作。

一、筹资与投资循环的内部控制

(一)筹资活动所涉及的内部控制

(1) 筹资的授权审批控制：是否设计了合理的筹资审批流程，在实际操作中有没有得到贯彻执行。

(2) 筹资循环的职务分离控制：是否按照不相容职务分离制度设计相关业务岗位，并且得到贯彻执行。

(3) 筹资收入款项的相关控制：筹资得到的款项有没有按照要求存入指定账户，并且按照相关制度管理。

(4) 还本付息、支付股利的付款控制：在支付本息及股利的时候是否符合相关文件规定。

(5) 实物保管控制：公司对筹集的资金有没有做好保全工作。

(6) 会计记录控制：公司债券、股本凭证、债券契约、股东名册、公司债券存根、承销或报销协议及借款合同等相关原始凭证和会计记录是否保存完整。

筹资业务内部控制目标及关键控制点如表9-2所示。

表9-2　筹资业务内部控制目标及关键控制点

内部控制目标	关键控制点
存在或者发生：记录与筹资相关的交易均是真实交易	借款通过企业的审批流程并有相关文件记录；有借款合同筹资合同并且符合相关法律文件
完整性：所有的筹资交易均记录在案	公司流程要求所有的借款业务均逐笔登记借款备查账簿，并定期与信贷人员进行明细核对；定期与债权人核对账目
准确性、计价和分摊、截止：筹资交易均以恰当的金额计入恰当的会计期间	公司流程设计是否要求及时传递相关资料，保证相关业务记录及时；定期与债权人核对账目；会计主管复核
分类：筹资交易均已计入恰当的账户	使用会计科目核算说明；会计主管复核

(二)投资活动所涉及的内部控制

(1) 投资计划的审批授权控制：是否设计了合理的投资计划审批流程，在实际操作中有没有得到贯彻执行。

(2) 投资业务的职责分工控制：是否按照不相容职务分离制度设计了相关业务岗位，并且得到贯彻执行。

(3) 投资资产的安全保护控制：是否定期与被投资单位进行资产核对，是否定期对投资项目进行考察、评估、核实。

(4) 投资业务会计记录控制：债券投资凭证、股权投资凭证、股权证书、股权收取凭证、长期股权投资协议、投资总分类账及投资明细账等相关原始凭证和会计记录是否保存完整。

(5) 投资收益控制：是否对投资收益进行定期复核，保证企业的投资回报。

投资业务内部控制目标及关键控制点如表9-3所示。

表9-3　投资业务内部控制目标及关键控制点

内部控制目标	关键控制点
存在或者发生：记录与投资相关的交易均是真实交易	投资通过企业的审批流程并有相关文件记录；有投资合同并且符合相关法律文件
完整性：所有的投资交易均记录在案	公司流程要求所有的投资业务均逐笔登记借款备查账簿；对所有投资的有价证券或金融资产定期盘点，并与账面记录核对；定期与被投资单位或者交易对象核对账目
准确性、计价和分摊、截止：投资交易均以恰当的金额计入恰当的会计期间	定期与被投资单位或者交易对象核对账目；会计主管复核
分类：投资交易均已计入恰当的账户	使用会计科目核算说明；会计主管复核

二、筹资与投资循环的控制测试

(一)筹资循环的控制测试

注册会计师在了解了企业筹资活动内部控制后,应该运用一定的方法进行控制测试,主要测试内容如下。

(1) 筹资活动是否经过授权批准。索取授权批准文件,检查权限是否恰当,手续是否齐全、是否符合法律的规定。

(2) 筹资活动的授权、执行、记录和实物保管是否严格分工。

(3) 检查筹资活动的会计处理是否正确。从明细账抽取部分会计记录,按原始凭证到明细账再到总账的顺序核对有关数据和情况,判断其会计处理的过程是否符合法律的规定且完整。

【学中做 9-4 单项选择题】下列程序中不属于借款活动相关的内部控制测试程序的是( )。

A. 索取的授权审批文件,检查权限是否恰当,手续是否齐全

B. 观察借款业务的职责分工,并记录于审计工作底稿中

C. 抽取借款明细账的部分会计记录,核对有关会计处理,判断是否符合法律的规定

D. 计算借款在各个月份的平均余额,选取合适的利率计算利息支出总额,并与财务费用记录核对

【答案】D。

【解析】D 属于借款的实质性程序,而 ABC 均属于内部控制测试。

(二)投资循环的控制测试

投资循环的控制测试一般包括如下内容。

(1) 投资项目是否经过授权审批。审阅投资的批准文件,检查权限是否恰当,手续是否齐全;审阅投资合同或协议,检查是否合理有效;索取审阅被投资单位的投资证明,检查其是否合理有效。

(2) 投资项目是否职责分工控制。投资业务应在授权、执行、会计记录以及资产保管等方面有明确分工。

(3) 投资活动的会计核算是否符合财务制度。注册会计师应抽查投资业务的会计记录,以判断其会计处理是否符合法律的规定且完整。

(4) 投资业务是否定期盘点。

(5) 分析投资业务的管理报告。

【学中做 9-5 单项选择题】对于投资与筹资活动,注册会计师都要索取相关的合同、协议,这是为了对内部控制目标中的( )进行测试。

A. 估价和分摊   B. 权利与义务   C. 列报与披露   D. 存在与发生

【答案】D。

任务解析

(1) 筹资管理。该公司借款缺少适当的授权或批准程序。该企业应在公司章程或有关

决议中具体规定股东大会、董事会、经营班子关于筹资的权限和批准程序。

(2) 投资管理。①证券部直接支取款项使授权与执行职务未得到分离，不易保障款项安全。该公司从资金账户支取款项时，应由会计部审核和记录，交由证券部办理。②与证券投资有关的活动需要由两个部门控制，而有关的协议未经独立的部门审查可能存在协议外的约定。该公司与营业部的协议应由会计部或法律部审查。③证券部自己进行证券买卖的会计处理，导致业务的执行与记录的不相容职务未分离，并且未得到适当的授权和批准。该公司应由会计部负责对投资进行核算。

任务三 借款类相关项目审计

任务描述

工作任务	技能点及任务成果	课时
分析固定资产交付使用后的长期借款利息应如何处理	1. 短期借款的审计目标。 2. 长期借款的审计目标。 3. 执行借款类相关项目审计	2

任务引例

注册会计师王刚和一位助理人员对黄河公司2023年报表进行审计。发现如下情况：该公司向银行申请到了一笔长期借款。借款合同规定：借款以公司存货和应收账款为担保；该公司债务与所有者权益之比应经常保持不高于2∶1；未经银行同意不得派发股利；2023年7月1日起分期偿还借款。

请思考下列问题：

如果不考虑内部控制制度，注册会计师审查长期借款项目时，应实施哪些审计程序？

知识准备

企业向银行等金融机构借入资金，按归还期限的长短不同，分为短期借款和长期借款。短期借款一般在一年内(包含一年)归还，期限一般在一年以内，长期借款为一年以上。

一、短期借款业务的审计

短期借款的实质性测试程序要围绕着短期借款的审计目标开展。短期借款的审计目标与认定的对应关系如表9-4所示。

表9-4 短期借款审计目标与认定对应关系表

审计目标	财务报表认定				
	存在	完整性	权利和义务	计价和分摊	列报
A. 资产负债表中记录的短期借款是存在的	√				
B. 所有应当记录的短期借款均已记录		√			

续表

审计目标	财务报表认定				
	存在	完整性	权利和义务	计价和分摊	列报
C. 记录的短期借款是被审计单位应当履行的现时义务			√		
D. 短期借款以恰当的金额体现在财务报表中，与之相关的计价调整已恰当记录				√	
E. 短期借款已按照企业会计准则的规定在财务报表中做出恰当列报					√

(1) 获取或编制短期借款明细表。复核加计正确，并与报表数、总账数和明细账合计数核对是否相符；检查非记账本位币短期借款的折算汇率及折算金额是否正确，折算方法前后期是否一致。

(2) 检查被审计单位贷款卡，核实账面记录是否完整。对被审计单位贷款卡上列示的信息与账面记录核对的差异进行分析，并关注贷款卡中列示的被审计单位对外担保的信息。

(3) 对短期借款进行函证。

(4) 检查短期借款的增加和减少。对年度内增加的短期借款，检查借款合同，了解借款数额、借款用途、借款条件、借款日期、还款期限、借款利率，并与相关会计记录相核对。对年度内减少的短期借款，应检查相关记录和原始凭证，核实还款数额，并与相关会计记录相核对。

(5) 复核短期借款利息。根据短期借款的利率和期限，检查被审计单位短期借款的利息计算是否正确；若存在未计利息和多计利息，应做出记录，必要时提请被审计单位进行调整。

(6) 检查被审计单位用于短期借款的抵押资产的所有权是否属于企业，其价值和实际状况是否与契约中的规定一致。

(7) 检查被审计单位与贷款人之间所发生的债务重组。检查债务重组协议，确定其真实性、合法性，并检查债务重组的会计处理是否正确。

(8) 检查短期借款是否已按照企业会计准则的规定在财务报表中做出恰当的列报：一是检查被审计单位短期借款是否按信用借款、抵押借款、质押借款、保证借款分别披露；二是检查期末逾期借款是否按贷款单位、借款金额、逾期时间、年利率、逾期未偿还原因和预期还款期等进行披露。

【学中做 9-6 多项选择题】为证实被审计单位是否存在未入账的短期借款，注册会计师可选用的实质性程序有(　　)。

A. 检查借款合同
B. 向被审计单位索取债务声明
C. 函证银行存款余额的同时函证负债业务
D. 检查会计处理是否符合会计准则

【答案】ABC。

【解析】由于要检查未入账的负债，所以会计处理中就无法查证，选项 D 错误。

二、长期借款业务的审计

长期借款的实质性测试与短期借款类似。长期借款的审计目标与认定对应关系如表 9-5 所示。

表 9-5 长期借款的审计目标与认定对应关系表

审计目标	财务报表认定				
	存在	完整性	权利和义务	计价和分摊	列报
A. 资产负债表中记录的长期借款是存在的	√				
B. 所有应当记录的长期借款均已记录		√			
C. 记录的长期借款是被审计单位应当履行的现时义务			√		
D. 长期借款以恰当的金额体现在财务报表中，与之相关的计价调整已恰当记录				√	
E. 长期借款已按照企业会计准则的规定在财务报表中做出恰当列报					√

(1) 获取或编制长期借款明细表：复核加计是否正确，并与总账数和明细账合计数核对是否相符，减去将于一年内偿还的长期借款后与报表数核对是否相符；检查非记账本位币长期借款的折算汇率及折算是否正确，折算方法前后期是否一致。

(2) 检查被审计单位贷款卡，核实账面记录是否完整。对被审计单位贷款卡上列示的信息与账面记录核对的差异进行分析，并关注贷款卡中列示的被审计单位对外担保的信息。

(3) 函证重大长期借款。审计人员应向银行或其他债权人函证重大的长期借款。

(4) 审查年度内增加的长期借款，审计人员应检查借款合同和授权批准，了解借款数额、借款条件、借款日期、还款期限、借款利率、并与相关会计记录相核对。

(5) 审查年度内减少的长期借款，审计人员应检查相关记录和原始凭证核实还款数额。

(6) 复核长期借款利息。根据长期借款的利率和期限，复核被审计单位长期借款的利息计算是否正确。若是存在未计利息或多计利息，应做出记录，必要时进行调整。检查长期借款的使用是否符合借款合同的规定，重点检查长期借款使用的合理性。

(7) 检查借款费用的会计处理是否正确。检查资产负债表日被审计单位是否按摊余成本和实际利率计算确定长期借款的利息费用，并正确计入财务费用、在建工程、制造费用、研发支出等相关账户，是否按合同利率计算应付未付利息计入应付利息科目，是否按其差额计入长期借款——利息调整。同时应检查专门借款和一般借款的借款费用资本化的时点和期间、资产范围、目的和用途等是否符合资本化条件。

(8) 检查被审计单位抵押长期借款的抵押资产的所有权是否属于被审计单位，其价值和实际状况是否与担保契约中的规定相一致。

(9) 检查被审计单位与贷款人进行的债务重组。检查债务重组协议，确定其真实性合法性，并检查债务重组的会计处理是否正确。

(10) 检查长期借款是否已按照企业会计准则的规定在财务报表中做出恰当的列报。

【学中做 9-7　案例分析题】注册会计师审计兴达公司 2023 年度的长期借款账户时,发现该公司 3 月 10 日从银行借入了技改贷款 150 万元,但"在建工程"账户上却没有发现其增加数,而银行存款日记账的记录表明该笔资金已转出。注册会计师审查了 2 月、3 月、4 月的会计报表,发现长期股权投资明细账 3 月末和 4 月末的余额比 2 月末的余额增加了 150 万元,进一步审计发现该公司在 3 月购买了 150 万元的股票,使用的资金是从银行借入的技改贷款。

【要求】请指出该公司长期借款存在的问题。

【解析】该公司虚设技改项目,从银行套取资金用于股票投资,违反了借款契约的规定。应立即出售股票,归还借款。

三、应付债券业务的审计

应付债券的实质性测试程序要围绕着应付债券的审计目标开展。应付债券的审计目标与认定的对应关系如表 9-6 所示。

表 9-6　应付债券审计目标与认定对应关系表

审计目标	财务报表认定				
	存在	完整性	权利和义务	计价和分摊	列报
A. 资产负债表中记录的应付债券是存在的	√				
B. 所有应当记录的应付债券均已记录		√			
C. 记录的应付债券是被审计单位应当履行的现时义务			√		
D. 应付债券以恰当的金额包括在财务报表中,与之相关的计价调整已恰当记录				√	
E. 应付债券已按照企业会计准则的规定在财务报表中做出恰当列报					√

(1) 获取或编制应付债券明细表,复核加计是否正确,并与报表数、总账数和明细账合计数核对是否相符;检查非记账本位币应付债券的折算汇率及折算是否正确,折算方法前后期是否一致。

(2) 检查应付债券的增加,审阅债券发行申请和审批文件,检查发行债券所收入现金的收据、汇款通知单、送款登记簿及相关的银行对账单,核实其会计处理是否正确。

(3) 对应付债券向证券承销商或包销商函证。

(4) 检查债券利息费用的会计处理是否正确,资本化的处理是否符合规定。

(5) 对于分期付息、一次还本的债券,检查资产负债表日是否按摊余成本和实际利率计算确定债券利息费用,并正确计入在建工程、制造费用、财务费用、研发费用等科目,是否按票面利率计算确定应付未付利息,计入应付利息科目,是否按其差额调整应付债券——利息调整;对于一次还本付息的债券,检查资产负债表日是否按摊余成本和实际利率计算确定债券利息费用,并正确计入在建工程、制造费用、财务费用、研发费用等科目,是否按票面利率计算确定应付未付利息,计入应付债券——应计利息,是否按其差额调整应付债券——利息调整。

(6) 检查到期债券的偿还。检查偿还债券的支票存根等相关会计记录，检查其会计处理是否正确。

(7) 检查可转换公司债券是否将负债和权益成分分拆，可转换公司债券持有人行使转换权利，将其持有的债券转为股票时其会计处理是否正确。

(8) 如发行债券时已做抵押或担保，应检查相关契约的履行情况。

(9) 检查应期债券是否已按照企业会计准则的规定在财务报表中做出恰当列报，一年内到期的应期债券是否列为一年内到期的非流动负债；期末到期未偿付的债券金额及逾期原因是否充分披露。

任务解析

应当执行的审计程序包括：询问保险箱开启的内部管理制度；观察保管条件，是否确能保证物品的安全、完整；审查开启记录，是否均做出完整、详细的记录；审查所保管物品的书面记录，验证其增减变动是否已做出详细记录；认真清点所保管物品的数量，并做出详细记录，对于有价证券，还应记录其数量、面值、编号、户名、发行单位等；编制盘点表，并请相关人员签名、盖章；核对保险箱内的实存物品是否与书面记录一致。

任务四　投资类相关项目审计

任务描述

工作任务	技能点及任务成果	课时
明确企业按照权益法或者成本法进行核算是否正确	执行投资类相关项目审计	2

任务引例

注册会计师王刚和一位助理审计人员对黄河公司2023年报表进行审计。发现如下情况：

该公司用剩余现金购置了金额较大的长期投资有价证券，并存放于当地某银行的保险箱，规定只有公司总经理或财务部经理可以开启保险箱。由于12月31日公司的总经理和财务部经理不能共同去银行盘点有价证券，经约定，2024年1月11日助理审计人员和财务经理一同前往银行盘点。

请思考下列问题：

假定该助理人员以前从未进行过有价证券盘点，该注册会计师应要求盘点时执行哪些审计步骤？

知识准备

与投资相关的项目包括以公允价值计量且其变动计入当期损益的金融资产、划分为持有待售的资产、可供出售的金融资产、持有至到期投资、长期股权投资、投资性房地产、应收利息、投资收益、应收股利等。

一、以公允价值计量且其变动计入当期损益的金融资产业务的审计

以公允价值计量且其变动计入当期损益的金融资产,是指企业为了近期出售而持有的金融资产。

以公允价值计量且其变动计入当期损益的金融资产实质性测试程序要围绕着以公允价值计量且其变动计入当期损益的金融资产的审计目标开展。以公允价值计量且其变动计入当期损益的金融资产的审计目标与认定的对应关系如表 9-7 所示。

表 9-7 以公允价值计量且其变动计入当期损益的金融资产审计目标与认定对应关系表

审计目标	财务报表认定				
	存在	完整性	权利和义务	计价和分摊	列报
A. 资产负债表中记录的以公允价值计量且其变动计入当期损益的金融资产是存在的	√				
B. 所有应当记录的以公允价值计量且其变动计入当期损益的金融资产均已记录		√			
C. 记录的以公允价值计量且其变动计入当期损益的金融资产由被审计单位拥有或控制			√		
D. 以公允价值计量且其变动计入当期损益的金融资产以恰当的金额体现在财务报表中,与之相关的计价调整已恰当记录				√	
E. 以公允价值计量且其变动计入当期损益的金融资产已按照企业会计准则的规定在财务报表中做出恰当列报					√

(1) 获取或编制以公允价值计量且其变动计入当期损益的金融资产明细表,复核加计正确,并与报表数、总账数和明细账合计数核对是否相符;检查非记账本位币以公允价值计量且其变动计入当期损益的金融资产的折算汇率及折算是否正确。

(2) 就被审计单位管理层将投资确定划分为以公允价值计量且其变动计入当期损益的金融资产的意图获取审计证据,并考虑管理层实施该意图的能力。

(3) 确定以公允价值计量且其变动计入当期损益的金融资产余额正确及存在。①获取股票、债券、基金等账户的对账单,与明细账余额核对,做出记录或进行适当调整。②被审计单位人员盘点以公允价值计量且其变动计入当期损益的金融资产,编制以公允价值计量且其变动计入当期损益的金融资产盘点表,审计人员实施监盘并检查以公允价值计量且其变动计入当期损益的金融资产名称、数量、票面价值、票面利率等内容,同时与相关账户余额进行核对;如有差异,查明原因,并做出记录或进行适当调整。③如以公允价值计量且其变动计入当期损益的金融资产在审计工作日已售出或兑换,则追查至相关原始凭证,以确认其在资产负债表日存在。④在外保管的以公允价值计量且其变动计入当期损益的金融资产等应查阅有关保管的文件,必要时可向保管人函证,复核并记录函证结果。了解在外保管的以公允价值计量且其变动计入当期损益的金融资产实质上是否为委托理财,若是,

则应详细记录，分析资金的安全性和可收回性，提请被审计单位重新分类，并做充分披露。

(4) 确定以公允价值计量且其变动计入当期损益的金融资产的会计记录是否完整，并确定所购入以公允价值计量且其变动计入当期损益的金融资产归被审计单位所拥有，取得有关账户流水单，对照检查账面记录是否完整。检查购入以公允价值计量且其变动计入当期损益的金融资产是否为被审计单位拥有；向相关机构发函，并确定是否存在变现限制，同时记录函证过程。

(5) 确定以公允价值计量且其变动计入当期损益的金融资产的计价是否正确，复核以公允价值计量且其变动计入当期损益的金融资产计价方法，检查其是否按公允价值计量，前后期是否一致；复核公允价值取得依据是否充分。公允价值与账面价值的差额是否计入公允价值变动损益科目。

(6) 抽取以公允价值计量且其变动计入当期损益的金融资产增减变动的相关凭证检查其原始凭证是否完整合法，会计处理是否正确，抽取以公允价值计量且其变动计入当期损益的金融资产增加的记账凭证，注意其原始凭证是否完整合法，成本、交易费用和相关利息或股利的会计处理是否符合规定；抽取以公允价值计量且其变动计入当期损益的金融资产减少的记账凭证，检查其原始凭证是否完整合法，会计处理是否正确；注意出售以公允价值计量且其变动计入当期损益的金融资产时其成本结转是否正确。

(7) 检查有无变现存在重大限制的以公允价值计量且其变动计入当期损益的金融资产，如有，则查明情况，并做适当调整。

(8) 检查以公允价值计量且其变动计入当期损益的金融资产是否已按照企业会计准则的规定在财务报表中做出恰当列报。

二、可供出售金融资产业务的审计

可供出售金融资产实质性测试程序要围绕着可供出售金融资产的审计目标开展。可供出售金融资产的审计目标与认定的对应关系如表 9-8 所示。

表 9-8 可供出售金融资产审计目标与认定对应关系表

审计目标	财务报表认定					
	存在	完整性	权利和义务	计价和分摊	列报
A. 资产负债表中记录的可供出售金融资产是存在的	√				
B. 所有应当记录的可供出售金融资产均已记录		√			
C. 记录的可供出售金融资产由被审计单位拥有或控制			√		
D. 可供出售金融资产以恰当的金额体现在财务报表中与之相关的计价调整已恰当记录				√	
E. 可供出售金融资产已按照企业会计准则的规定在财务报表中做出恰当列报					√

(1) 获取或编制可供出售金融资产明细表,复核加计是否正确,并与总账数和明细账合计数核对是否相符;结合可供出售金融资产减值准备科目与报表数核对是否相符;与被审计单位讨论以确定划分为可供出售金融资产的金融资产是否符合会计准则的规定;与上年明细项目进行比较,确定与上年分类相同。

(2) 根据被审计单位管理层的意图和能力,判断可供出售金融资产的分类是否正确。

(3) 确定可供出售金融资产的余额正确并存在。①对于没有划分为以公允价值计量且其变动计入当期损益的金融资产,获取股票债券、基金等账户对账单,与明细账余额核对,需要时,向证券登记公司发函询证以确认其存在。如有差异,查明原因,做出记录或进行适当调整。②被审计单位的主管会计人员盘点库存可供出售金融资产,编制可供出售金融资产盘点表,注册会计师实施监盘并检查可供出售金融资产名称、数量、票面价值、票面利率等内容,并与相关账户余额进行核对;如有差异,查明原因,做出记录或进行适当调整。③如可供出售金融资产在审计工作日已售出或兑换,则追查至相关原始凭证,以确认其在审计截止日期存在。

在外保管的可供出售金融资产等应查阅有关保管的文件,必要时可向保管人函证复核并记录函证结果。了解在外保管的可供出售金融资产是否实质上为委托理财,如是,则应详细记录,分析资金的安全性和可收回性,提请被审计单位重新分类,并充分披露。

(4) 确定可供出售金融资产的会计记录完整,由被审计单位拥有,分别自本期增加、本期减少中选择适量项目;追查至原始凭证,检查其是否经授权批准,确认有关可供出售金融资产的购入、售出、兑换及投资收益金额正确,记录完整。并确认所购入可供出售金融资产归被审计单位所有;检查可供出售金融资产的处置时,是否将原先直接计入资本公积的公允价值变动累计额对应处置部分的金额转出,计入投资收益。

(5) 确定可供出售金融资产的计价正确。①复核可供出售金融资产的计价方法,检查其是否按公允价值计量,前后期是否一致,公允价值取得依据是否充分。②与被审计单位讨论以确定实际利率确定依据是否充分,非本期新增投资,复核实际利率是否与前期一致。③重新计算持有期间的利息收入和投资收益。按票面利率计算确定当期应收利息按可供出售金融资产摊余成本和实际利率计算确定当期投资收益,差额作为利息调整与应收利息和投资收益中的相应数字核对无误。④复核可供出售金融资产的期末价值计量是否正确,会计处理是否正确。可供出售金融资产期末公允价值变动应计入资本公积。但应关注按实际利率法计算确定的利息减值损失、外币货币性金融资产形成的汇兑损益应确认为当期损益。与财务费用、资产减值损失等科目中的相应数字核对无误。

(6) 期末对可供出售金融资产进行如下逐项检查,用以确定可供出售金融资产是否已经发生减值。①核对可供出售金融资产减值准备本期与以前年度计提方法是否一致,如有差异,查明政策调整的原因,并确定政策变更对本期损益的影响,提请被审计单位做适当披露。②期末对可供出售金融资产逐项进行检查,所以确定是否已经发生减值。如果可供出售金融资产的公允价值发生较大幅度下降,或在综合考虑各种相关因素后,预期这种下降趋势属于非暂时性的,可认定该项可供出售金融资产已发生减值,应当确认减值损失。并与被审计单位已计提数相核对,如有差异,查明原因。③将本期减值准备计提(或转回)金额与利润表资产减值损失中的相应数字核对无误。④可供出售金融资产减值准备按单项资产(或包括在具有类似信用风险特征的金融资产组)计提,计提依据充分,得到适当批准。

(7) 检查非货币性资产交换、债务重组的会计处理是否正确。

(8) 结合银行借款的检查，了解可供出售金融资产是否存在质押、担保的情况，如有，则应详细记录，并提请被审计单位进行充分披露。

三、长期股权投资业务的审计

长期股权投资实质性测试程序要围绕着长期股权投资的审计目标开展。长期股权投资的审计目标与认定的对应关系如表 9-9 所示。

表 9-9 长期股权投资审计目标与认定对应关系表

审计目标	财务报表认定				
	存在	完整性	权利和义务	计价和分摊	列报
A. 资产负债表中记录的长期股权投资是存在的	√				
B. 所有应当记录的长期股权投资均已记录		√			
C. 记录的长期股权投资由被审计单位拥有或控制			√		
D. 长期股权投资以恰当的金额体现在财务报表中，与之相关的计价调整已恰当记录				√	
E. 长期股权投资已按照企业会计准则的规定在财务报表中做出恰当列报					√

(1) 获取或编制长期股权投资明细表，复核加计是否正确，并与总账数和明细账合计数核对是否相符；结合长期股权投资减值准备科目与报表数核对是否相符；与被审计单位讨论以确定划分为长期股权投资的金融资产是否符合企业会计准则的规定；将上年明细项目进行比较，确定与上年分类相同。

(2) 确定长期股权投资是否存在，并归被审计单位所有：根据有关合同和文件，确认股权投资的比例和持有时间，并要取得被投资单位的章程、营业执照、组织机构代码证等资料。

(3) 根据管理层的意图和能力，检查长期股权投资分类是否正确；针对各分类检查其计价方法、期末余额是否正确。①对采用权益法核算的长期股权投资，获取被投资单位已经审计的年度财务报表。主要包括：a.复核投资损益时，应以取得投资时被投资单位各项可辨认资产等的公允价值为基础，对被投资单位的净损益进行调整后加以确认。b.将重新计算的投资损益与被审计单位所计算的投资损益相核对，如有重大差异，则查明原因，提请被审计单位作出调整建议。c.检查被审计单位在被投资单位发生净亏损或以后期间实现盈利时的会计处理是否正确。d.检查除净损益以外被投资单位所有者权益的其他变动及其他综合收益变动，是否调整计入所有者权益及其他综合收益。②对于采用成本法核算的长期股权投资，检查股利分配的原始凭证及分配决议等资料，确定会计处理是否正确。

(4) 检查长期股权投资的增减变动的记录是否完整。①检查本期增加的长期股权投资，追查至原始凭证及相关的文件或决议及被投资单位验资报告或财务资料等，确认长期股权投资是否确已投资，会计处理是否正确。②检查本期减少的长期股权投资，追查至原始凭证，确认长期股权投资的收回是否有合理的理由及授权批准手续，是否确实收回投资，会计处理是否正确。

（5）期末对长期股权投资进行逐项检查，以确认长期股权投资是否已经发生减值。①根据被投资单位经营政策、法律环境、市场需求等变化，对长期股权投资进行逐项检查，判断长期股权投资是否存在减值现象。当长期股权投资可收回金额低于账面价值时，应将可收回金额低于账面价值的差额作为长期股权投资减值准备予以计提，并与被审计单位已计提数相核对，如有差异，查明原因。②检查长期股权投资减值准备是否按单项资产计提，是否得到适当批准。③将本期减值准备计提金额与利润表资产减值损失中的相应数字进行核对。

（6）结合银行借款的检查，了解长期股权投资是否存在质押、担保等情况。如有，则应详细记录，并提请被审计单位进行充分披露。

（7）检查长期股权投资是否恰当列报，除了企业会计准则要求的披露之外，如果被审计单位为上市公司，注册会计师还要评价其披露是否符合证券监管部门的特别规定，如上市公司应在报表附注中披露共同控制、重大影响的判断标准，长期股权投资的初始投资成本确定、后续计量及损益确认方法，长期股权投资的期初余额、本期增减变动情况、期末余额、减值情况等。

任务解析

应当实施的审计程序包括：审查相关的贷款合同，查明合同规定的贷款条件；审查管理当局的会议纪要，查明该贷款是否经过了最高管理当局的批准，有无批准文件；复核相关利息费用的计算及其账务处理是否合规、正确；审查贷款担保物是否安全、完整，债务与所有者权益之比是否合规，即是否遵循了贷款合同规定的条件；若本年度发放股利，则还应查明是否已获得贷款银行的同意；是否已在会计报表附注中进行了充分披露。

【职业素养提升栏目】

全国审计工作会议在北京召开

课程思政关键词：审计监督；客观公正；共同富裕

2024年1月11日，全国审计工作会议在北京召开。会议主要任务是：深入学习贯彻党的二十大精神、二十届二中全会和中央经济工作会议精神，全面落实习近平总书记关于审计工作的重要指示批示精神和李强总理在听取审计工作汇报时的工作要求，不断深化对中国特色社会主义审计事业的规律性认识，总结2023年工作；认清形势，自觉运用规律性认识研究部署2024年工作。审计署党组书记、审计长侯凯出席会议并讲话，领导班子全体成员出席会议。

会议强调，党中央、国务院高度重视审计工作。2023年习近平总书记在中央政治局常委会会议、二十届中央审计委员会第一次会议等重要会议上多次就审计工作发表重要讲话，对审计反映的重要情况、重大问题多次作出重要批示。特别是在5月23日召开的二十届中央审计委员会第一次会议上，习近平总书记高度评价5年来审计工作取得的历史性成就、发生的历史性变革，站在强国建设、民族复兴的高度，对更好发挥审计在推进党的自我革命中的独特作用作出重要部署，为做好新时代审计工作指明了前进方向、提供了根本遵循。

李强总理多次听取审计工作汇报，主持召开国务院常务会议研究部署审计整改，并在会前专门听取了审计署工作汇报，充分肯定和高度评价2023年审计工作，对做好2024年审计工作提出要求和期望。

会议要求，各级审计机关要把思想和行动统一到中央经济工作会议精神上来，统一到党中央、国务院对当前经济形势的判断和对今年经济工作的部署上来，始终保持奋发有为的精神状态，重点做好6方面审计工作：一是围绕"国之大者"促进经济高质量发展开展审计。重点审计重大区域规划战略实施、重大投资项目建设，保障中央政令畅通。贯彻加大宏观调控力度的要求，密切关注财政、货币、就业、产业、区域、科技、环保等政策协调配合情况，通过审计推动提升宏观政策支持高质量发展的效果。贯彻以科技创新引领现代化产业体系建设的要求，重点开展大数据产业方面审计，促进以科技创新推动产业创新。二是围绕深化重点领域改革开展审计。着眼推动加快全国统一大市场建设，密切关注财政、金融、国企国资、外贸外资等关键领域重大改革任务的落实和进展情况，深入揭示一些地方招商引资中违规出台"小政策"、形成"税收洼地"等问题，严肃查处违规返税乱象，提出有针对性、操作性的建议，推动重大改革任务蹄疾步稳、有序推进。按照积极的财政政策要适度加力、提质增效，稳健的货币政策要灵活适度、精准有效的要求，开展中央财政管理、中央部门预算执行、税收征管等审计，加强转移支付资金审计，盯紧看好宝贵的财政资金，严肃财经纪律，增强财政可持续性，督促党政机关习惯过紧日子，推动加快新一轮财税体制改革；密切关注货币政策工具落实运用、金融服务实体经济等情况，引导金融机构加大对科技创新、绿色转型、普惠小微、数字经济等方面的支持力度，推动落实金融体制改革要求。三是围绕持续有效防范化解重点领域风险开展审计。贯彻高质量发展和高水平安全良性互动的要求，密切关注地方债务管理、信贷资金投放、不良资产处置等情况，深入揭示重大经济贪腐、重大财务舞弊、重大财政造假等突出风险，及时反映影响经济安全的苗头性、倾向性问题，牢牢守住不发生系统性风险的底线。四是围绕深入推进生态文明建设和绿色低碳发展开展审计。对地方党政领导干部开展自然资源资产离任审计、对矿产资源开发利用保护及相关资金开展审计。深入揭示生态文明建设重大任务落实、能源资源管理、生态空间管护修复、群众反映强烈的生态环境问题解决等方面的突出问题，推动加快建设美丽中国。五是围绕切实保障和改善民生开展审计。践行以人民为中心的发展思想，以推动兜住兜准兜牢民生底线为目标，组织全国审计机关开展养老、医疗、义务教育等民生审计，严肃查处群众身边的"蝇贪蚁腐"，努力把审计监督跟进到民生保障的"最后一公里"，把看好和推动用好民生资金、促进落实惠民政策作为审计最大的为民情怀。锚定建设农业强国目标，按照有力有效推进乡村全面振兴的要求，重点开展农田水利建设相关资金、惠农补贴"一卡通"等审计，通过揭示问题、推动整改，努力为群众办成一批可感可及的实事。六是围绕推进党的自我革命开展审计。充分发挥审计在反腐治乱方面的重要作用，以权力运行和责任落实为落脚点，开展地区、部门和单位主要领导人员经济责任审计，重点查处贯彻落实党中央重大经济决策部署、执行中央八项规定精神和过紧日子要求等方面严重违反财经纪律的问题，保障党和国家大政方针在财经领域的贯彻落实。

会议号召，新时代新征程，各级审计机关和全体审计人员要更加紧密地团结在以习近平同志为核心的党中央周围，自觉运用规律性认识推动新时代审计工作高质量发展，在以中国式现代化全面推进强国建设、民族复兴伟业中展现新气象、谱写新篇章。

(资料来源：中华人民共和国审计署网站，https://www.audit.gov.cn/n4/n19/c10388898/content.html.)

职业判断能力训练

一、单项选择题

1. 投资筹资活动的凭证和会计记录不包括( )。
   A. 投资协议　　　B. 债券契约　　　C. 股东名册　　　D. 企业章程
2. 为确定"长期借款"账户余额的存在,应当函证的对象是( )。
   A. 公司的律师　　　　　　　　　　B. 金融监管机构
   C. 公司存过款的所有银行　　　　　D. 公司的主要股东
3. 在审计应付债券时,如果被审计单位应付债券业务不多,审计人员可以( )。
   A. 直接进行控制测试　　　　　　　B. 直接进行实质性程序
   C. 直接进行实地盘点　　　　　　　D. 不进行实质性程序
4. 投资与筹资循环的特征是,账户余额的业务数量较少,但每笔业务的金额通常都很大。基于这个特点,更可能采用的审计方法是( )。
   A. 抽样　　　　　　　　　　　　　B. 风险评估程序
   C. 大量的控制测试　　　　　　　　D. 实质性程序
5. 如果被审计单位的投资证券是委托某些专门机构代为保管的,为证实这些投资证券的真实存在,注册会计师首选的程序是( )。
   A. 实地盘点投资证券　　　　　　　B. 获取被审计单位管理层声明
   C. 向代保管机构发函询证　　　　　D. 逐笔检查被审计单位相关会计记录
6. 审计人员在对被审计单位长期借款实施函证程序时,其函证对象为( )。
   A. 借款银行的上级单位　　　　　　B. 当地的银行监管部门
   C. 借款银行和其他债权人　　　　　D. 当地的市场监督管理部门
7. 下列对于投资与筹资循环中关于披露的审计程序的说法中错误的是( )。
   A. 注意检查长期借款的抵押和担保是否已在财务报表附注中作了充分的说明
   B. 注意一年内到期的长期借款是否列入流动负债中,如果未列入,应做重新分类调整
   C. 与被审计单位人员讨论确定是否存在被投资单位由于所在国家和地区及其他方面的影响,其向被审计单位转移资金的能力受到限制的情况
   D. 检查投资协议等文件,确定国外的投资收益汇回是否存在重大限制,若存在重大限制,应说明原因,并做出恰当披露
8. 注册会计师执行的下列审计程序中,最能证实被审计单位长期借款完整性的是( )。
   A. 根据长期借款明细账,追查有关借款的原始凭证
   B. 向被审计单位所有的银行发函询证
   C. 将长期借款明细汇总表与明细账和总账核对
   D. 检查借款利息与本金是否相符

二、多项选择题

1. 企业筹资所涉及的主要业务活动有( )。
   A. 审批授权　　　　　　　　　　　B. 签订合同或协议

C. 偿还本息或发放股利　　　　　　D. 取得资金
2. 投资筹资活动的主要单据与会计记录包括(　　)。
　　A. 坏账审批表　　　　　　　　　　B. 股利收取凭证
　　C. 承销或包销协议　　　　　　　　D. 借款合同或协议
3. 注册会计师确定长期股权投资是否已在资产负债表上恰当披露时,应当(　　)。
　　A. 检查资产负债表上长期股权投资项目的数额与审定数是否相符
　　B. 对被投资单位所在国家和地区受到其他方面影响,使被审计单位转移资金的能力受到限制的情况是否披露
　　C. 检查附注中是否披露长期股权投资的初始投资成本确定后续计量及损益确认方法
　　D. 检查附注中是否披露长期股权投资减值的情况
4. 为证实被审计单位是否存在未入账的长期借款业务,注册会计师可选(　　)进行测试。
　　A. 函证银行存款余额的同时函证借款业务
　　B. 分析财务费用,确定付款利息是否异常的高
　　C. 向被审计单位索取债务声明书
　　D. 审查年内到期的长期借款是否列示在流动负债类项目中
5. 注册会计师在实施长期借款业务审计时,应实施的审计程序有(　　)。
　　A. 评估被审计单位的信誉和融资能力
　　B. 对长期借款进行函证
　　C. 检查借款费用的会计处理是否正确
　　D. 检查一年内到期、且企业不能自主地将清偿义务展期的长期借款列入流动负债
6. 交易性金融资产的实质性程序通常包括(　　)。
　　A. 对期末结存的交易性金融资产,向被审计单位核实其持有目的,检查核算范围是否恰当
　　B. 复核与交易性金融资产相关的损益计算是否准确,并与公允价值变动损益及投资收益核对
　　C. 监盘交易性金融资产,并与相关账户进行核对,如有差异,应查明原因,并做出调整
　　D. 向相关金融机构发函询证交易性金融资产期末数量以及是否存在变现限制,并记录函证过程。取得回函时应检查相关签章是否符合要求
7. 筹资与投资循环中内部控制的职责分工包括(　　)。
　　A. 筹资、投资决策与执行相互独立
　　B. 筹资、投资业务执行与记录相互独立
　　C. 筹资、投资业务执行与内部监督相互独立
　　D. 财会部门内部对资金收付、记录、复核相互独立
8. 为审查被审计单位长期借款是否已在资产负债表中充分披露,审计人员应检查(　　)。
　　A. 匡算长期借款的利息计算是否准确
　　B. 长期借款的期末余额是否已扣除一年内到期的长期借款数额
　　C. 一年内到期的长期借款是否已作为流动负债单独反映
　　D. 长期借款的抵押和担保是否已在财务报表附注中作了充分说明

三、判断题

1. 注册会计师在审查公开发行股票的公司已发行的股票是否真实、是否已收到股票时，应向主要股东函证。（ ）

2. 出售交易性金融资产时，原计入公允价值变动损益的部分需要调整至投资收益。
（ ）

3. 当长期股权投资的可收回金额低于其账面价值的，应当将长期股权投资的账面价值减记至可收回金额，减记的金额确认为长期股权投资减值损失，计入当期损益，同时计提相应的长期股权投资减值准备。长期股权投资减值损失一经确认，在以后会计期间不得转回。（ ）

4. 由于短期借款一般比长期借款金额小、还款期短，因此通常无须抵押，所以注册会计师无须审查短期借款的抵押、担保等情况。（ ）

5. 长期借款形成后，在偿还期限内，很少发生变动。如果审计年度内长期借款没有发生变动，注册会计师可以省略相关的审计程序。（ ）

6. 进行实收资本的实质性程序时，注册会计师应检查投资者是否已按合同、协议章程约定时间缴付出资额，其出资额是否经注册会计师验证，已验资者，应审阅验资报告。
（ ）

7. 被审计单位对其子公司拥有控制权，因此对其长期股权投资应采用权益法进行核算。
（ ）

四、案例分析题

注册会计师审计甲公司2023年12月31日的资产负债表和2023年度的利润表。该公司2023年1月1日对A公司进行长期股权投资，以6亿元的价格购入A公司80%的股份，购买过程中支付相关税费20万元。甲公司取得该部分股权后，有权利主导A公司的相关活动并获得可变回报，属于非同一控制下企业合并，采用成本法核算。

通过审查相关凭证发现甲公司在取得投资时，将6亿元记入该长期股权投资，将20万元税费计入投资收益。A公司2023年度实现净利润2 000万元，2023年度分派股利1 200万元。甲公司对此没有反映。

【要求】请分析该公司的处理是否正确，并编制调整分录。

微课视频

扫一扫，获取本项目相关微课视频。

项目九　库存现金实训任务单(ZA1-1)　　项目九　库存现金实训任务单(ZA1-2)　　项目九　库存现金实训任务单(ZA1-3)

项目十 货币资金审计

【学习任务】

通过对货币资金项目的学习，需要完成如下工作任务。
1. 掌握货币资金的控制测试和实质性测试。
2. 掌握库存现金的实质性测试。
3. 掌握银行存款的实质性测试。

【学习目标】

知识目标	能力目标	素养目标
★熟悉货币资金的内部控制制度； ★了解库存现金的审计目标； ★了解银行存款的审计目标	★掌握货币资金的控制测试和实质性测试； ★掌握库存现金的实质性测试； ★掌握银行存款的实质性测试	★了解和掌握货币资金审计过程中的重难点，能够发现货币资金审计中的常见舞弊行为 ★能够对各项资金的使用保持高度谨慎的态度，培养"精确、精准"的匠心精神； ★能够对每一笔资金入账的真实性进行审计，养成"严谨认真、精益求精"的良好职业习惯

【案例导入】

2016年至2018年，*ST济堂公司通过三家主要子公司虚构销售及采购业务、虚增销售及管理费用、伪造银行回单等方式，导致披露的《2016年年度报告》《2017年年度报告》和《2018年年度报告》存在虚假记载。2019年公司通过虚构业务的方式虚增营业收入——其他业务收入3.86亿元，虚增利润总额3.86亿元，虚增净利润2.99亿元，占2019年年度报告中披露净利润的226.52%，上述情况导致公司披露的《2019年年度报告》存在虚假记载。

综上情况，中国证监会对当事人上述违法行为作出行政处罚决定，对公司责令改正，给予警告，并处以300万元罚款。中国证监会主要从以下几点认定公司虚构业务、虚构银行流水。

一是从银行调取的公司账户资金流水与公司会计账簿记载的银行资金收付存在重大差异。中国证监会经调取公司三家主要子公司6个主要银行账户从2016年至2018年度资金流水，发现公司会计账簿记载的大量的销售收款、采购付款及费用报销等业务无对应的银行资金收支流水。

二是公司的财务不规范，公司账簿记载的确认收入的会计凭证，原始单据缺失情况较为严重。公司无法完整提供与收入确认相关的完整原始单据。

三是实际走访数据与公司账务确认数据不符。中国证监会从2016年至2018年涉嫌虚构银行流水的客户、供应商中抽取了一部分进行现场核实，实际走访数据与公司账务确认数据存在重大差异。

四是税务资料显示公司纳税记账造假。中国证监会从武汉、南京、新沂税务机关调取公司三家主要子公司2016—2019年纳税记录，显示与公司披露的已交纳税款存在重大差异，且上述公司记载的已通过银行存款交纳税款的会计记录，均没有实际的银行资金支付流水。

(资料来源：中国证券监督管理委员会官网：中国证监会行政处罚决定书

(大信所、杨成、邹宏文)〔2023〕42号。)

以上证据证明公司相关收入、成本、费用确认依据不符合会计准则要求，内部资料不能证明相关交易真实存在，外部资料进一步印证公司存在虚假记账，故中国证监会认定公司存在虚构业务、虚构银行流水的情形。

请思考下列问题：

下列问题货币资金审计应当从哪些方面开展？

任务一 货币资金审计概述

任务描述

工作任务	技能点及任务成果	课时
了解货币资金循环及涉及的主要凭证和会计记录	1. 明确货币资金与其他业务循环的关系。 2. 了解货币资金循环涉及的主要凭证和会计记录	1

项目十 货币资金审计

任务引例

近年来,安然、世通等系列舞弊事件引发了人们对企业的信任危机和对企业内部控制与风险管理的反思。这种反思的结果直接导致了《Sarbanes-Oxley Act》(2002)(即《萨班斯-奥克斯利法案》)的出台与COSO《企业风险管理—整体框架》(2004)的建立。为促进企业健康发展,规范其运营模式,有效遏制、堵塞国有企业资产流失的漏洞,规避企业及其他营利或非营利组织的经营风险,2008年6月28日,国家财政部、证监会、审计署、银监会、保监会五部门联合《企业内部控制基本规范》和包括资金在内的22个企业内部控制应用指引的征求意见稿,并于2009年7月1日率先在上市公司实施,并鼓励非上市的大中型企业执行。

请思考下列问题:

货币资金循环中主要涉及哪些主要凭证与会计记录?

知识准备

货币资金是企业资产中流动性最强的一种资产。任何企业进行生产经营活动都必须拥有一定数额的货币资金,持有货币资金是企业生产经营活动的基本条件,关系到企业的命脉。货币资金主要来源于筹措的资金以及经营留存的资金,主要用于资产的取得和费用的结付。根据货币资金的存放地点及用途的不同分类,可分为库存现金、银行存款和其他货币资金。

一、货币资金与交易循环

货币资金与各交易循环均直接相关,销售与收款循环中货物的现销与赊销款项的收回,采购与付款循环中货款的预付及款项的支付,生产与存货循环的现购货物,人力资源与工薪循环中工资的支付,投资与筹资循环中资金的筹集、偿还、投出、收回等没有一项不与货币资金有关,并且企业发生舞弊事件大都与货币资金有关。因此,对企业进行审计时必须涉及对货币资金的审计。

【学中做10-1 多项选择题】货币资金与下列业务循环有关的是( )。

A. 购货与付款循环　　　　B. 销售与收款循环
C. 筹资与投资循环　　　　D. 生产与存货循环

【答案】ABCD。

二、货币资金所涉及的主要凭证与会计记录

(一)现金盘点表

为了保证现金的安全完整,企业应当按规定对库存现金进行定期或不定期的清查,一般采用实地盘点法,对于清查的结果应当编制现金盘点报告单。如果存在挪用现金、白条顶库等情况应及时予以纠正;对于超限额留存的现金应及时送存银行。

(二)银行对账单

银行对账单是银行和企业核对账务的联系单,是证实企业业务往来的记录,也是企业

资金流动的依据。企业的"银行存款日记账"应当定期与"银行对账单"核对,至少每月核对一次。

(三)银行存款余额调节表

银行存款余额调节表只是为了核对账目,不能作为调整银行存款账面余额的记账依据。

(四)有关科目的记账凭证

货币资金审计涉及的记账凭证有收款凭证、付款凭证、销售发票、购货发票、支票存根银行对账单、银行存款余额调节表等。

(五)有关会计账簿

货币资金审计涉及的会计账簿有库存现金日记账、银行存款日记账、应收账款明细账、应付账款明细账等。

【学中做 10-2 多项选择题】货币资金审计涉及的凭证和记录有(　　)。
A. 银行存款余额调节表　　　　B. 现金盘点表
C. 银行对账单　　　　　　　　D. 应收账款明细账及总账
【答案】ABCD。

任务解析

货币资金循环中主要涉及现金盘点表、银行对账单、银行存款余额调节表、有关科目的记账凭证和有关会计账簿等文件记录。

任务二　货币资金的内部控制和控制测试

任务描述

工作任务	技能点及任务成果	课　时
分析企业货币资金的内部控制,明确货币资金的审计风险点	1. 掌握企业货币资金的内部控制。 2. 掌握银行存款和库存现金内部控制测试的步骤与方法	2

任务引例

注册会计师王魏对某公司货币资金内部控制状况进行调查,发现以下情况。

(1) 出纳负责现金收付,收取、保管和开具银行支票,保管法人代表印鉴,开具销售发票,登记现金和银行存款日记账,不定期盘点现金,每年编制一次银行存款余额调节表(不论收到几张对账单),三天去一次银行存取现金,并收取银行账单。

(2) 三名会计分别登记现金、银行存款总账以及收入、费用总账和明细账,但不了解银行存款未达账项,也不作任何账务处理。

(3) 副总经理以上领导及经批准的特殊人员,可以根据需要让出纳开取印章齐全的空白支票,供用款之需。

(4) 出差人员可以向出纳预支差旅费，填写特地印制的借条，经副总经理以上领导批准后付款，借条抵作库存现金，不进行账务处理，出差人员回来报销后收回借条销毁。

请思考下列问题：

指出上述内部控制存在的问题，并提出相应的改进建议。

> 知识准备

一、货币资金的内部控制

(一)货币资金内部控制的要求

在会计实务中，库存现金、银行存款和其他货币资金的转换比较频繁，三者的内部控制目标，内部控制制度的制定与实施大致相似。一般而言，一个良好的货币资金内部控制应该满足以下6点要求：①货币资金收支与记账的岗位相分离；②货币资金收支要有合理、合法的凭据；③全部收支及时准确入账，并且支出要有核准手续；④控制现金坐支，当日收取的现金应及时送存银行；⑤每日盘点现金，按月编制银行存款余额调节表，做到账实相符；⑥对货币资金进行内部审计。

(二)货币资金内部控制的目标

企业通过加强对货币资金的管理，建立良好的货币资金内部控制，以确保全部应收取的货币资金均能收取，并及时正确地予以记录；全部货币资金支出是按照经批准的用途进行的，并及时正确地予以记录；库存现金、银行存款报告正确，并得以恰当保管；正确预测企业正常经营所需的货币资金收支额，确保企业有充足又不过剩的货币资金余额。

(三)货币资金内部控制的具体内容

由于每个企业的性质、所处行业、规模以及内部控制健全程度等的不同，企业制定的与货币资金相关的内部控制也有所不同，但以下要求是需要共同遵循的。

1. 岗位分工及授权批准

(1) 企业应当建立货币资金业务的岗位责任制，明确相关部门和岗位的职责权限，确保办理货币资金业务的不相容岗位相互分离、制约和监督。出纳人员不得兼任稽核、会计档案保管和收入、支出、费用、债权债务账目的登记工作。企业不得由一人办理货币资金业务的全过程。

(2) 企业应当对货币资金业务建立严格的授权批准制度。审批人应当根据货币资金授权批准制度的规定，在授权范围内进行审批，不得超越审批权限。经办人应当在职责范围内，按照审批人的批准意见办理货币资金业务。对于审批人超越授权范围审批的货币资金业务，经办人员有权拒绝办理，并及时向审批人的上级授权部门报告。

(3) 企业应当按照规定的程序办理货币资金支付业务。主要包括：①支付申请。企业有关部门或个人用款时，应当提前向审批人提交货币资金支付申请，注明款项的用途、金额、预算、支付方式等内容，并附有效经济合同或相关证明。②支付审批。审批人根据其职责、权限和相应程序对支付申请进行审批。对不符合规定的货币资金支付申请，审批人应当拒绝批准。③支付复核。财务部门收到经审批人审批签字的相关凭证或证明后，须再次复核业务的真实性、金额的准确性，以及相关票据的齐备性，相关手续的合法性和完整性，并签字认可。复核无误后，交由出纳人员办理支付手续。④办理支付。出纳人员应当根据复核无误的支付申请，按规定办理货币资金支付手续，并及时登记库存现金和银行存款日记账。

(4) 企业对于重要货币资金支付业务，应当实行集体决策和审批，并建立责任追究制度，防范贪污、侵占、挪用货币资金等行为。

(5) 严禁未经授权的机构或人员办理货币资金业务或直接接触货币资金。

【学中做 10-3　多项选择题】根据内部控制制度的要求，出纳人员不可以经办的业务有(　　)。

A. 债务债权账目的登记　　B. 现金业务的收支
C. 会计档案的保管　　　　D. 会计稽核

【答案】ACD。

2. 库存现金和银行存款的管理

(1) 企业应当加强现金库存限额的管理，超过库存限额的现金应及时存入银行。

(2) 企业必须根据《现金管理暂行条例》的规定，结合企业的实际情况，确定企业现金的开支范围。不属于现金开支范围的业务应当通过银行办理转账结算。

(3) 企业现金收入应及时存入银行，不得从企业的现金收入中直接支付，即不得坐支。因特殊情况需坐支现金的，应事先报经开户银行审查批准，由开户银行核定坐支范围和限额。企业借出款项必须严格执行授权批准程序，严禁擅自挪用、借出货币资金。

(4) 企业取得的货币资金收入必须及时入账，不得私设"小金库"，不得账外设账，严禁收款不入账。

(5) 企业应当严格按照《支付结算办法》等国家有关规定，加强银行账户的管理，严格按照规定开立账户，办理存款、取款和结算。企业应当定期检查、清理银行账户的开立及使用情况，发现问题，及时处理。企业应当加强对银行结算凭证的填制、传递及保管等环节的管理与控制。

(6) 企业应当严格遵守银行结算纪律，不准签发没有资金保证的票据或远期支票，套取银行信用；不准签发、取得和转让没有真实交易和债权债务的票据，套取银行和他人资金；不准任意占用他人资金；不准违反规定开立和使用银行账户。

(7) 企业应当指定专人定期核对银行账户(每月至少核对一次)，编制银行存款余额调节表，使银行存款账面余额与银行对账单调节相符。如存在调节不符，应查明原因，及时处理。

(8) 企业应当定期和不定期地进行现金盘点，确保现金账面余额与实际库存相符。发现不符，应及时查明原因，做出处理。

【学中做 10-4　判断题】根据内部控制制度的要求，担任现金日记账及总账职责的人员应与担任现金出纳职责的人员分开。(　　)

【答案】错误。

【解析】按照规定，现金日记账的登记与现金总账的登记工作属于不相容职务，这两项职责应当分离；而出纳人员担任现金日记账的登记是其日常工作。

3. 票据及有关印章的管理

(1) 企业应当加强与货币资金相关的票据的管理，明确各种票据的购买、保管、领用、背书转让、注销等环节的职责权限和程序，并专设登记簿进行记录，防止空白票据的遗失或被盗用。

(2) 企业应当加强银行预留印鉴的管理。财务专用章应由专人保管，个人人名章必须由本人或其授权人员保管，严禁一人保管支付款项所需的全部印章。按规定需要有关负责人签字或盖章的经济业务，必须严格履行签字或盖章手续。

4. 监督检查

(1) 企业应当建立对货币资金业务的监督检查制度，明确监督检查机构或人员的职责权限，定期和不定期地对货币资金进行检查。

(2) 货币资金监督检查的内容主要包括：①货币资金业务相关岗位及人员的设置情况。重点检查是否存在货币资金业务不相容岗位职责未分离的现象。②货币资金授权批准制度的执行情况。重点检查货币资金支出的授权批准手续是否健全，是否存在越权审批行为。③支付款项印章的保管情况。重点检查是否存在办理付款业务所需的全部印章交由一人保管的现象。④票据的保管情况。重点检查票据的购买、领用、保管手续是否健全，票据保管是否存在漏洞。

(3) 对监督检查过程中发现的货币资金内部控制中的薄弱环节，应当及时采取措施，加以纠正和完善。

【学中做 10-5　多项选择题】货币资金监督检查的内容主要包括(　　)。
A. 票据的保管情况
B. 货币资金业务相关岗位及人员的设置情况
C. 货币资金授权批准制度的执行情况
D. 支付款项印章的保管情况
【答案】ABCD。

二、货币资金的控制测试

(一)库存现金的控制测试

在已识别的重大错报风险基础上，注册会计师选取拟测试的内部控制并实施控制测试。以下举例说明几种常见的库存现金内部控制及注册会计师实施的控制测试程序。

(1) 现金付款的审批和复核。例如，被审计单位对现金付款审批做出以下内部控制要求：部门经理审批本部门的付款申请，审核付款业务是否真实发生、付款金额是否准确，后附票据是否齐全，并在复核无误后签字认可。财务部门在付款前，财务经理需再次复核经审批的付款申请及后附相关凭据或证明，如核对一致，签字认可并安排付款。

针对该内部控制，注册会计师选取适当样本，实施以下控制测试程序：①询问业务部门的部门经理和财务经理在日常现金付款业务中执行的内部控制，以确定其是否与被审计单位内部控制政策要求保持一致。②观察财务经理复核付款申请的过程，是否核对了付款申请的用途、金额及后附相关凭据，以及在核对无误后是否进行了签字确认。③重新核对经审批及复核的付款申请及相关凭据，并检查是否经签字确认。

(2) 现金盘点。例如，被审计单位对现金盘点做出如下内部控制要求：会计主管指定应付账款会计于每月月末的最后一天对库存现金进行盘点，根据盘点结果编制库存现金盘点表，将盘点余额与库存现金日记账余额进行核对，并对差异调节项进行说明。会计主管复核库存现金盘点表，如盘点金额与库存现金日记账余额存在差异且差异金额超过 2 万元，须查明原因并报财务经理批准后进行财务处理。

针对该内部控制，注册会计师可以实施以下控制测试程序：①月末最后一天参与被审计单位的现金盘点，检查是否由应付账款会计进行现金盘点。②观察现金盘点程序是否按照盘点计划的指令和程序执行，是否编制了现金盘点表，并根据内部控制的要求经财务部相关人员签字复核。③检查现金盘点表中记录的现金盘点余额是否与实际盘点金额保持一致、现金盘点表中记录的库存现金日记账余额是否与被审计单位库存现金日记账余额保持一致。④针对差异金额超过 2 万元的调节项，检查是否经财务经理批准后进行账务处理。

(二)银行存款的控制测试

以下说明几种常见的银行存款内部控制及注册会计师可能实施的控制测试程序。

(1) 银行账户的开立、变更和注销。例如，被审计单位对银行账户的开立、变更和注销作出了以下内部控制要求：会计主管根据被审计单位的实际业务需要就银行账户的开立、变更和注销提出申请，经财务经理审核后报总经理审批。

针对该内部控制，注册会计师可以实施的控制测试程序有：①询问会计主管本年开户、变更、撤销的整体情况。②取得本年度账户开立、变更、撤销申请项目清单，检查清单的完整性，并在选取适当样本的基础上检查账户的开立、变更、撤销项目是否经财务经理和总经理审批。

(2) 银行付款的审批与复核。例如，被审计单位对银行付款审批做出以下内部控制要求：部门经理审批本部门的付款申请，审核付款业务是否真实发生、付款金额是否准确，以及后附票据是否齐全，并在复核无误后签字认可。财务部门在安排付款前，财务经理需再次复核经审批的付款申请及后附相关凭据或证明，如核对一致，进行签字认可并安排付款。

针对该内部控制，注册会计师可以实施以下控制测试程序：①询问相关业务部门的部门经理和财务经理在日常银行付款业务中执行的内部控制，以确定其是否与被审计单位内部控制政策保持一致；②观察财务经理复核付款申请的过程，是否核对了付款申请的用途金额及后附相关凭据，以及在核对无误后是否进行了签字确认；③重新核对经审批及复核的付款申请及相关凭据，并检查是否经签字确认。

(3) 编制银行存款余额调节表。例如，被审计单位提出了以下内部控制要求：每月月末会计主管指定应收账款会计核对银行存款日记账和银行对账单，编制银行存款余额调节表，使银行存款账面余额与银行对账单调节相符。如存在差异，应查明原因并进行差异调节说明。会计主管复核银行存款余额调节表，对需要进行调整的调节项目及时进行处理，并签字确认。

针对该内部控制，注册会计师可以实施以下控制测试程序：①询问应收账款会计和会计主管，确定执行的内部控制是否与被审计单位内部控制政策保持一致，特别是针对未达账项的编制及审批流程；②针对选取的样本，检查银行存款余额调节表，查看调节表中记录的企业银行存款日记账余额是否与银行存款日记账余额保持一致、调节表中记录的银行对账单余额是否与被审计单位提供的银行对账单余额保持一致；③针对调节项目，检查是否经会计主管的签字复核；④针对大额未达账项进行后期收付款的检查。

任务解析

某公司内部控制存在的问题及改进建议如表 10-1 所示。

表 10-1　存在的问题及改进建议

存在的问题	改进建议
(1)出纳人员保管法人代表印鉴	(1)法人代表印鉴应由本人保管
(2)出纳人员开具销售发票	(2)销售发票由收款以外的会计人员开具
(3)不定期盘点现金	(3)应定期盘点现金，做到日清月结
(4)三天去一次银行可能造成坐支现金	(4)有现金收入，应及时送存银行
(5)由出纳人员调节银行存款余额调节表	(5)应由会计人员调节银行存款余额调节表
(6)调节银行存款后不编制调整分录	(6)对重要的银行已入账，企业未入账的事项，应编制调整分录
(7)可以根据需要开空白支票	(7)任何情况下都不能开空白支票
(8)预支差旅费不入账	(8)预支差旅费需入账，应计入"其他应收款"
(9)差旅费报销后销毁借条	(9)借条应留存，另开收据给报销人

任务三　库存现金审计

任务描述

工作任务	技能点及任务成果	课时
1. 掌握库存现金审计的实质性程序。 2. 能够识别常见的舞弊行为。	1. 掌握库存现金的监盘工作。 2. 掌握大额库存现金收支的抽查、库存现金截止测试的检查。	2

任务引例

注册会计师王刚负责审计货币资金项目，在对黄河公司 2023 年度财务报表审计时，王刚对库存现金执行了监盘程序。黄河公司在总部和营业部均设有出纳部门。为顺利监盘库存现金，王刚在监盘前一天与黄河公司会计主管进行了沟通，要求其通知出纳人员做好监盘准备，并将各营业部门库存现金贴上封条，结出当日现金余额等。考虑到出纳日常工作安排，对总部和营业部库存现金的监盘时间分别定在上午下班后和下午上班前这段时间。监盘前，出纳把现金放入保险柜并贴上之前准备好的封条，并将已办妥现金收付手续的交易登入库存现金日记账，结出库存现金日记账余额；然后，王刚及黄河公司会计主管、出纳当场盘点现金，由王刚盘点一部分营业部门的现金，其余的由公司出纳盘点，对盘点中出现的白条当场由出纳及会计主管解释后作为现金数额计入现金余额，出纳将盘点结果与库存现金日记账核对后填写"库存现金监盘表"并结出余额，并在盘点表中签字后形成审计工作底稿。

请思考：上述库存现金监盘工作中有哪些不当之处？请提出改进建议。

知识准备

一、库存现金审计的审计目标

库存现金审计的审计目标如表 10-2 所示。

表 10-2　库存现金审计的审计目标

审计目标	财务报表认定				
	存在	完整性	权利和义务	计价和分摊	列报
A. 确定资产负债表中记录的库存现金是否存在	√				
B. 确定所有应当记录的库存现金是否均已记录		√			
C. 确定记录的库存现金是否由被审计单位拥有或控制			√		
D. 确定库存现金是否以恰当的金额体现在财务报表中，与之相关的计价调整已恰当记录				√	
E. 确定库存现金是否已在财务报表中做出恰当列报					√

二、库存现金审计的实质性程序

(一)核对库存现金日记账与总账的金额是否相符

(1) 注册会计师测试库存现金余额的起点是，核对库存现金日记账与总账的金额是否相符。如果不符，应查明原因，必要时应建议作出适当调整。

(2) 检查非记账本位币库存现金的折算汇率及折算金额是否正确。

(二)监盘库存现金

监盘库存现金是证实资产负债表中库存现金是否存在的一项重要审计程序。企业盘点库存现金，通常包括对已收到但未存入银行的现金、零用金、找换金等的盘点。盘点库存现金的时间和人员应视被审计单位的具体情况而定，但保管现金的出纳员和被审计单位会计主管人员必须参加，并由注册会计师进行监盘。监盘库存现金的步骤与方法如下。

(1) 查看被审计单位制订的盘点计划，以确定监盘时间。对库存现金的监盘最好实施突击性的检查，时间最好选择在上午上班后或下午下班前，盘点的范围一般包括被审计单位各部门经管的现金。在进行现金盘点前，应由出纳员将现金集中起来存入保险柜。必要时可加以封存，然后由出纳员把已办妥现金收付手续的收付款凭证登入库存现金日记账。如被审计单位库存现金存放部门有两处或两处以上的，应同时进行盘点。

【小思考】为什么现金盘点要采用突击式盘点？

(2) 查阅库存现金日记账，同时与现金收付凭证相核对。一方面检查库存现金日记账的记录与凭证的内容和金额是否相符；另一方面了解凭证日期与库存现金日记账日期是否相符或接近。

(3) 检查被审计单位现金实存数，并将该监盘金额与库存现金日记账余额进行核对，如有差异，应要求被审计单位查明原因，必要时应提请被审计单位作出调整；若是无法查明原因，应要求被审计单位按管理权限批准后做出调整。若有冲抵库存现金的借条、未提现支票、未作报销的原始凭证，应在"库存现金监盘表"中注明，必要时提请被审计单位作出调整。

(4) 在非资产负债表日进行监盘时，应将监盘金额调整至资产负债表日的金额。

【学中做 10-6　案例分析题】审计人员王英、李强在对甲企业 2023 年 12 月 31 日资产负债表审计中，查得"货币资金"项目中的库存现金为 1 062.10 元。2024 年 1 月 21 日上午 8 时，王英、李强对该企业出纳员张华所经管的现金进行了清点。该企业 2024 年 1 月 20 日现金日记账余额是 832.10 元，清点结果如下。

(1) 现金实有数 100 元的 5 张、50 元的 2 张、10 元的 10 张、5 元的 5 张、1 元的 2 张、1 角的 3 张、1 分的 4 枚。

(2) 在保险柜中有下列单据已收、付款但未入账。

① 职工刘阳 1 月 4 日预借差旅费 100 元，已经领导批准。

② 职工刘钢借据一张，金额 120 元，未经批准，也没有说明用途。

③ 在保险柜中，有已收款但未记账的凭证共 4 张，金额 135.24 元。

(3) 经银行核定该企业现金限额为 800 元。

(4) 经核对 1 月 1 日至 1 月 20 日的收付款凭证和现金日记账，核实 1 月 1 日至 1 月 20 日收入现金数为 2 350 元、支出现金数为 2 580 元正确无误。

【要求】根据以上资料，编制库存现金盘点表，核实库存现金实有数，并核实 2023 年 12 月 31 日资产负债表所列数字是否正确，对现金收支、留存管理的合法性提出审计意见。

【分析处理】

该企业的库存现金盘点情况详如表 10-3 所示。

表 10-3　库存现金监盘表

被审计单位：甲企业　　编制人：王英　　编制日期　2024.1.21　　索引号：

盘点日期 2024.1.21　　审核人：李刚　　审核日期　2024.1.21　　页次：

	检查盘点记录			实有库存现金盘点记录				
项　目	项　次	人民币	外币	面额	人民币		外币	
					张	金额	张	金额
上一日账面库存余额	①	832.10						
盘点日未记账收入金额	②	135.24		1 000 元				
盘点日未记账支出金额	③	100.00		500 元				
盘点日账面应有金额	④=①+②-③	867.34		100 元	5	500		
盘点实有库存现金数	⑤	727.34		50 元	2	100		
盘点日应有与实有差额	⑥=④-⑤	140.00		10 元	10	100		
差异原因分析	白条抵库(张)金额	120.00		5 元	5	25		
	不明原因的短缺	20.00		1 元	2	2		
				0.5 元				
				0.1 元	3	0.30		
				0.01 元	4	0.04		
				合计		727.34		
追溯调整	加：报表日至审计日库存现金支出金额	2 580.00						
	减：报表日至审计日库存现金收入金额	2 350.00						
	报表日库存现金应有余额	1 097.34						
	报表日账面汇率							
	报表日余额折合本位币金额							
本位币合计								

审计说明：

2023 年 12 月 31 日资产负债表中"货币资金"项目的库存现金数 1 062.10 元不准确。

编制说明。

(1) 本工作底稿为现金汇总底稿的附表。

(2) 该企业库存现金发生短缺 20 元。盘点日账面应有金额为 867.34 元(832.10+135.24-100)；实有现金数额为 727.34 元，加上白条抵库数(应由出纳员退回)120 元，与账面余额相差 20 元。

(3) 2023 年 12 月 31 日库存现金应有数为 1 097.34 元(867.34-2 350+2 580)，与 2023 年度资产负债表中"货币资金"项目的库存现金数 1 062.10 元不相符，说明该库存现金数 1 062.10 元是不正确的。

(4) 该企业库存现金收支、留存中存在不合法现象：一是有白条抵库数 120 元，违反现金管理制度；二是超出现金限额留存现金，2023 年 12 月 31 日超限额留存现金，违反现金限额的有关规定，今后应予以纠正。三是不明原因的现金短缺，应查明原因。

(三)抽查大额库存现金收支

检查大额现金收支的原始凭证是否齐全、原始凭证内容是否完整、有无授权批准、记账凭证与原始凭证是否相符、账务处理是否正确、是否记录于恰当的会计期间等内容。库存现金收支检查表如表 10-4 所示。

表 10-4　库存现金收支检查表

记账日期	凭证编号	业务内容	对应科目	金额/元	1	2	3	4	5	备注
2023 年 6 月 8 日	120	报销差旅费	管理费用	4 100	√	√	√	√	√	
2023 年 6 月 9 日	145	困难补助	应付职工薪酬	600	√	√	√	√	√	
2023 年 6 月 9 日	160	拆除设备劳务费	管理费用	4 000	√	√	×	√	√	
……	…	……	……	…	…	…	…	…	…	

核对内容说明：1.原始凭证是否齐全；2.记账凭证与原始凭证是否相符；3.财务处理是否正确；4.是否记录于恰当的会计期间；5.货币资金收支业务是否合法、合理。

对不符事项的处理：检查 160 号记账凭证支付拆除设备劳务费业务，借方记入"管理费用——其他"账户，业务所附原始凭证是领款白条

审计说明：

建议调整：
借：固定资产处置损益　　4 000
　　贷：管理费用——其他　　4 000

(四)实施截止测试

抽查资产负债表日前后若干天、一定金额以上的现金收支凭证实施截止测试。被审计

单位资产负债表的货币资金项目中的库存现金数额，应以结账日实有数额为准。因此，注册会计师必须验证现金收支的截止日期，以确定是否存在跨期事项。

(五)检查库存现金列报是否恰当

根据规定，库存现金在资产负债表的"货币资金"项目中反映，注册会计师应在实施上述审计程序后，确定"库存现金"账户的期末余额是否恰当，进而确定库存现金是否在资产负债表中恰当披露。

【学中做 10-7　案例分析题】注册会计师审计 2023 年会计报表时，对资产负债表日后的 10 天的大额库存现金收支进行凭证测试。

(1)　抽查 2024 年 1 月 5 日第 10 号凭证，业务内容为报销差旅费。

借：管理费用——差旅费　　　　　　　　　　　　　　　56 000
　　贷：库存现金　　　　　　　　　　　　　　　　　　　　56 000

附件：车票、飞机票、住宿费发票(发票日期均为 2023 年 12 月)。

(2)　抽查 2024 年 1 月 10 日第 20 号凭证，业务内容为购买办公用品。

借：管理费用——办公费　　　　　　　　　　　　　　　2 560
　　贷：库存现金　　　　　　　　　　　　　　　　　　　　2 560

附件：发票(内容注明为办公用品，发票日期为 2024 年 1 月 6 日)、内部审批单。

【要求】针对截止测试的情况，请提出审计建议(不考虑增值税)。

【分析处理】

(1)　对上述测试(1)，该业务属于 2023 年发生的费用，调整分录。

借：管理费用——差旅费　　　　　　　　　　　　　　　56 000
　　贷：库存现金　　　　　　　　　　　　　　　　　　　　56 000

(2)　测试(2)结果正确，不需要调整。

任务解析

库存现金监盘工作中的不当之处及改进建议如下。

(1)　提前通知黄河公司会计主管人员做好监盘准备的做法不当。注册会计师对库存现金的监盘应当实施突击性的检查。

(2)　注册会计师盘点营业部库存现金不当，应由出纳亲自盘点库存现金，注册会计师监盘。

(3)　对盘点过程中发现的白条不应由出纳及会计主管解释后作为现金处理，应要求做出必要的调整或者在"库存现金余额监盘表"中注明。

(4)　将盘点结果与现金日记账核对后填写"库存现金监盘表"并结出余额，不应由出纳处理，应由注册会计师编制库存现金监盘表。

(5)　"库存现金监盘表"签字人员不当，"库存现金监盘表"应由被审计单位相关人员和注册会计师共同签字。

任务四　银行存款审计

任务描述

工作任务	技能点及任务成果	课时
1. 掌握银行存款审计的实质性程序。 2. 学会银行存款的函证业务。	1. 掌握银行存款余额调节表的检查。 2. 掌握银行存款的函证。 3. 掌握大额银行存款收支的检查和截止测试的检查	2

任务引例

注册会计师张平对美凯公司银行存款进行审计。2023年12月31日银行存款账面余额为261 360元，银行对账单余额为267 300元。经核对发现如下情况。

(1) 银行对账单上存入栏有记录而银行存款日记账均无记录的业务：12月5日收存外地汇款6 600元；12月14日存入现金3 300元；12月21日转入存款利息660元；12月31日存入外地托收货款1 980元。

(2) 银行对账单上支出栏有记录而银行存款日记账均无记录的业务：12月7日开出现金支票3 300元；12月15日开出转账支票6 160元；12月18日开出现金支票440元；12月26日开出现金支票1 210元。

(3) 银行存款日记账有记录而对账单上无记录的业务：12月31日开出转账支票4 070元。

(4) 12月22日开出转账支票440元付给往来单位，因漏盖负责人签章退回，后以现金付讫，对此退回单位账面未作处理。

请思考下列问题：

(1) 请编制银行存款余额检查表(见表10-5)，分析可能存在的问题，审定银行存款日记账余额。

表10-5　对银行存款余额调节表的检查

项　目	金　额	调节项目说明	是否需要审计调整
银行对账单余额			
加：企业已收，银行尚未入账合计金额			
减：企业已付，银行尚未入账合计金额			
调整后银行对账单余额			
企业银行存款日记账余额			
加：银行已收，企业尚未入账合计金额			
其中：1. 12月5日收存外地汇款			
2. 12月14日存入现金			

续表

项　目	金　额	调节项目说明	是否需要审计调整
3. 12 月 21 日转入存款利息			
4. 12 月 31 日存入外地托收货款			
减：银行已付，企业尚未入账合计金额			
其中：1. 12 月 7 日开出现金支票			
2. 12 月 15 日开出转账支票			
3. 12 月 18 日开出现金支票			
4. 12 月 26 日开出现金支票			
调整后企业银行存款日记账余额			
差异			
审计说明：			

(2) 可能存在的问题。
(3) 审定银行存款。

知识准备

一、银行存款审计的审计目标

银行存款是指企业存放在银行或其他金融机构的各种款项。按照国家有关规定，凡是独立核算的企业都必须在当地银行开设账户。企业在银行开设账户以后，除按核定的限额保留库存现金外，超过限额的现金必须存入银行；除了在规定的范围内可以用现金直接支付款项外，在经营过程中所发生的一切货币收支业务，都必须通过银行存款账户进行结算。

银行存款审计的审计目标如表 10-6 所示。

表 10-6　银行存款审计的审计目标

审计目标	财务报表认定				
	存在	完整性	权利和义务	计价和分摊	列报
A. 确定资产负债表中记录的银行存款是否存在	√				
B. 确定所有应当记录的银行存款是否均已记录		√			
C. 确定所记录的银行存款是否由被审计单位拥有或控制			√		
D. 确定银行存款是否以恰当的金额体现在财务报表中，与之相关的计价调整是否恰当记录				√	
E. 确定银行存款是否已在财务报表中做出恰当列报					√

【学中做 10-8　单项选择题】在对银行存款实施审计时,实施的函证程序可以证实若干项目标,其中最基本的目标是(　　)。

A. 是否有漏记的银行借款
B. 是否有充作抵押担保的存货
C. 银行存款的真实性
D. 是否有企业已经记录,但银行没有记录的交易事项

【答案】C。

二、银行存款审计的实质性程序

(一)获取银行存款余额明细表

(1) 注册会计师测试银行存款余额的起点是核对银行存款日记账与总账的余额是否相符。如果不符,应查明原因,必要时应建议做出适当调整。

(2) 检查非记账本位币银行存款的折算汇率及折算金额是否正确。

(二)实施实质性分析程序

计算银行存款累计余额应收利息收入,分析比较被审计单位银行存款应收利息收入与实际利息收入的差异是否恰当,评估利息收入的合理性,检查是否存在高息资金拆借,确认银行存款余额是否存在,检查利息收入是否已经完整记录。

(三)检查银行存款账户发生额

(1) 分析不同账户发生银行日记账漏记银行交易的可能性,获取相关账户相关期间的全部银行对账单。

(2) 如果对被审计单位银行对账单的真实性存有疑虑,注册会计师可以在被审计单位的协助下亲自到银行获取银行对账单。在获取银行对账单时,注册会计师需全程关注银行对账单的打印过程。

(3) 从银行对账单中选取交易的样本与被审计单位银行日记账记录进行核对;从被审计单位银行存款日记账上选取样本,核对银行对账单。

(4) 浏览银行对账单,选取大额异常交易,如银行对账单上有一收一付相同金额,或分次转出相同金额等,检查被审计单位银行存款日记账上有无该项收付金额记录。

注意,在审查银行对账单时,即使在余额一致的情况下,也应注意有无一收一付金额相等而一方遗漏入账的情况。因为出纳人员可能不将这样的一收一付业务登记至银行存款日记账,而是钻空子挪用、贪污公款,或出借账户收取好处费。

(四)取得并检查银行对账单和银行存款余额调节表

1. 取得并检查银行对账单

(1) 取得被审计单位加盖银行印章的银行对账单,注册会计师应对银行对账单的真实性保持警觉。必要时,亲自到银行获取对账单,并对获取过程保持控制。

(2) 将获取的银行对账单余额与银行存款日记账余额进行核对，如存在差异，获取银行存款余额调节表。

(3) 将被审计单位资产负债表日的银行对账单与银行询证函回函核对，确认是否一致。

2. 取得并检查银行存款余额调节表

(1) 检查银行存款余额调节表中加计数是否正确，调节后银行存款日记账余额与银行对账单余额是否一致。

(2) 检查调节事项。对于企业已收付、银行未入账的事项，检查相关收付款凭证，并取得期后银行对账单，确认未达账项是否存在，银行是否已于期后入账；对于银行已收付、企业尚未入账的事项，检查期后企业入账的收付款凭证，确认未达账项是否存在，如果企业的银行存款余额调节表存在大额或较长时间的未达账项，注册会计师应查明原因，并确定是否需要提请被审计单位进行调整。

(3) 关注长期未达账项，查看是否存在挪用资金等事项。

(4) 特别关注银付企未付、企付银未付中支付异常的领款事项，包括没有载明收款人、签字不全等支付事项，确认是否存在舞弊。

(五)函证银行存款余额

银行函证程序是证实资产负债表所列银行存款是否存在的重要程序。通过向往来银行函证，注册会计师不仅可以了解企业资产的存在，同时还可以了解企业账面所欠银行债务的情况，并有助于发现企业未入账的银行借款和未披露的或有负债。

注册会计师应对银行存款，包括零余额账户和在本期内注销的账户、借款及与金融机构往来的其他重要信息实施函证程序。如果不对这些项目实施函证程序，注册会计师应当在审计工作底稿中说明理由。

在实施函证程序时，注册会计师应对询证函保持控制。注册会计师应以被审计单位名义向银行发函询证，以验证被审计单位的银行存款是否真实、合法、完整。各银行应对询证函所列示的全部项目做出回应，并在收到询证函之日起 10 个工作日内，将回函直接寄往会计师事务所。当函证信息与银行回函结果不符时，注册会计师应当调查不符事项，以确定是否存在错报。银行询证函的格式如下所示。

审计业务银行询证函(通用格式)

编号：

××银行：

本公司聘请的××会计师事务所正在对本公司×年度(或期间)的财务报表进行审计，按照中国注册会计师审计准则的要求，应当询证本公司与贵行相关信息。下列第 1—14 项信息出自本公司记录。

(1) 如与贵行记录相符，请在本函"结论"部分签字、签章。

(2) 如有不符，请在本函"结论"部分列明不符项目及具体内容，并签字和签章。

本公司谨授权贵行将回函直接寄至××会计师事务所，地址及联系方式如下。

回函地址：

联系人：　　　　　电话：　　　　　传真：　　　　　邮编：

电子邮箱：

本公司谨授权贵行可从本公司××账户支取办理本询证函回函服务的费用。

截至____年__月__日，本公司与贵行相关信息列示如下。

1. 银行存款

账户名称	银行账号	币种	利率	账户类型	余额	起止日期	是否用于担保或存在其他使用限制	备注

除上述列示的银行存款外，本公司并无在贵行存在其他存款。

2. 银行借款

借款人名称	银行账号	币种	余额	借款日期	到期日期	利率	抵(质)押品/担保人	备注

除上述列示的银行借款外，本公司并无在贵行存在其他借款。

注：如存在本金或利息逾期未付行为，在"备注"栏中予以说明。

3. 自____年__月__日起至____年__月__日期间内注销的账户

账户名称	银行账号	币种	注销账户日

除上述列示的注销账户外，本公司在此期间并未在贵行注销其他账户。

4. 本公司作为贷款方的委托存款

账户名称	银行账号	资金借入方	币种	利率	余额	存款起止日期	备注

除上述列示的委托存款外，本公司并无通过贵行办理其他委托存款。

5. 本公司作为借款方的委托贷款

账户名称	银行账号	资金借出方	币种	利率	本金	利息	贷款起止日期	备注

除上述列示的委托贷款外，本公司并无通过贵行办理其他委托贷款。

6. 担保

(1) 本公司为其他单位提供的、以贵行为担保受益人的担保。

被担保人	担保方式	担保金额	担保到期日	担保事由	担保合同编号	备注

除上述列示的担保外，本公司并无其他以贵行为担保受益人的担保。

注：如采用抵押或质押方式提供担保的，应在备注中说明抵押或质押物情况。

(2) 贵行向本公司提供的担保。

被担保人	担保方式	担保金额	担保到期日	担保合同编号	备 注

除上述列示的担保外，本公司并无贵行提供的其他担保。

7. 本公司为出票人且由贵行承兑而尚未支付的银行承兑汇票

银行承兑汇票号码	承兑银行名称	结算账户账号	票面金额	出票日	到期日

除上述列示的银行承兑汇票外，本公司并无由贵行承兑而尚未支付的其他银行承兑汇票。

8. 本公司向贵行已贴现而尚未到期的商业汇票

商业汇票号码	付款人名称	承兑人名称	票面金额	出票日	到期日	贴现日	贴现率	贴现净额

除上述列示的商业汇票外，本公司并无向贵行已贴现而尚未到期的其他商业汇票。

9. 本公司为持票人且由贵行托收的商业汇票

商业汇票号码	承兑人名称	票面金额	出票日	到期日

除上述列示的商业汇票外，本公司并无由贵行托收的其他商业汇票。

10. 本公司为申请人、由贵行开具的、未履行完毕的不可撤销信用证

信用证号码	受益人	信用证金额	到期日	未使用金额

除上述不可撤销信用证外，本公司无由贵行开具的、未履行完毕的其他不可撤销信用证。

11. 本公司与贵行之间未履行完毕的外汇买卖合约

类 别	合约号码	买卖币种	未履行的合约买卖金额	汇率	交收日期
贵行卖予本公司					
本公司卖予贵行					

除上述列示的外汇买卖合约外，本公司无与贵行之间未履行完毕的其他外汇买卖合约。

12. 本公司存放于贵行的有价证券或其他产权文件

有价证券或其他产权文件名称	产权文件编号	数 量	金 额

除上述有价证券或其他产权文件外，本公司无存放于贵行的其他有价证券或产权文件。

13. 本公司购买的由贵行发行的未到期银行理财产品

产品名称	产品类型	认购金额	购买日	到期日	币　种

除上述列示的银行理财产品外，本公司并无购买其他由贵行发行的理财产品。

14. 其他

注：此项应填列注册会计师认为重大且应予函证的其他事项，如欠银行的其他负债或者或有负债、除外汇买卖外的其他衍生交易、贵金属交易等。

(预留印鉴)　年　月　日

经办人：

职　务：

电　话：

结论：

经本行核对，所函证项目与本行记载信息相符。特此函复。

年　月　日

经办人：　　职务：　　电话：

(银行盖章)

经本行核对，存在以下不符之处。

年　月　日

经办人：　　职务：　　电话：

(银行盖章)

说明：

(1) 本询证函(包括回函)中所列信息应严格保密，仅用于注册会计师审计目的。

(2) 注册会计师可根据审计的需要，从本函所列第 1—14 项中选择所需询证的项目，对于不适用的项目，应当将该项目中的表格用斜线划掉。

(3) 本函应由被审计单位加盖骑缝章。

(六)检查银行存款账户存款人是否为被审计单位

若存款人非被审计单位，应获取该账户户主和被审计单位的书面声明，确认资产负债表日是否需要提请被审计单位进行调整。

(七)关注是否存在质押、冻结等对变现有限制或存在境外的款项

如果存在，提请被审计单位作必要的调整和披露。

(八)对不符合现金及现金等价物条件的银行存款在审计工作底稿中予以列明，考虑对现金流量表的影响

(九)抽查大额银行存款收支的原始凭证

抽查大额银行存款收支的原始凭证，检查原始凭证是否齐全、记账凭证与原始凭证是否相符、账务处理是否正确、是否记录于恰当的会计期间等项内容。检查是否存在非营业目的的大额货币资金转移，并核对相关账户的进账情况，如有与被审计单位生产经营无关的收支事项，应查明原因并作相应的记录。

【学中做 10-9　案例分析题】注册会计师甲在审查华润公司时，发现以下情况：该企业平时现金收入较少，金额也很小，但发现 3 月 18 日第 24 号会计凭证现金解缴银行 8 万元。注册会计师对上述业务存有疑问，抽调凭证审查。

(1) 抽调 3 月 18 日第 24 号会计凭证。其会计处理如下。

借：银行存款　　　　　　　　　　　　　　　　　　　　80 000
　　贷：库存现金　　　　　　　　　　　　　　　　　　　80 000

审计人员通过现金日记账调阅收款凭证，发现现金收入凭证所附的收据日期为 1 月 8 日，注明收到某企业固定资产租金收入 8 万元。其会计处理如下。

借：库存现金　　　　　　　　　　　　　　　　　　　　80 000
　　贷：其他应付款　　　　　　　　　　　　　　　　　　80 000

(2) 审阅"其他应付款"明细账。发现该账户已无期末余额，其借方分别发现两笔 4 万元金额，审计人员立即抽调两张记账凭证，一张为 5 月 20 日第 40 号会计凭证，另一张为 7 月 21 日第 45 号会计凭证，其会计处理如下。

借：其他应付款　　　　　　　　　　　　　　　　　　　40 000
　　贷：银行存款　　　　　　　　　　　　　　　　　　　40 000

经向该企业询问，已将这笔租金收入作为奖金分发给职工。

【要求】请分析上述处理存在的问题，并编制调整分录。

【分析处理】固定资产租金应确认收入，私分奖金应收回。

借：其他应收款　　　　　　　　　　　　　　　　　　　80 000
　　贷：其他业务收入　　　　　　　　　　　　　　　　　80 000

税金的处理(略)。

(十)检查银行存款收支的截止是否正确

选取资产负债表日前后若干张、一定金额以上的凭证实施截止测试，关注业务内容及对应项目，如有跨期收支事项，应考虑是否提请被审计单位进行调整

(十一)检查银行存款是否在财务报表中做出恰当列报

根据有关规定，企业的银行存款在资产负债表的"货币资金"项目中反映，所以，注册会计师应在实施上述审计程序后，确定银行存款账户的期末余额是否恰当，进而确定银行存款是否在资产负债表中恰当披露。此外，如果企业的银行存款存在抵押、冻结等使用限制情况或者潜在回收风险，注册会计师应关注企业是否已经恰当披露有关情况。

任务解析

(1) 编制银行存款余额调节表如表10-7所示。

表10-7 对银行存款余额调节表的检查

项　　目	金　　额	调节项目说明	是否需要审计调整
银行对账单余额	267 300.00		
加：企业已收，银行尚未入账合计金额			
减：企业已付，银行尚未入账合计金额	4 070.00		
调整后银行对账单余额	263 230.00		
企业银行存款日记账余额	261 360.00		
加：银行已收，企业尚未入账合计金额	12 540.00		
其中：1.12 月 5 日收存外地汇款	6 600.00		
2.12 月 14 日存入现金	3 300.00		
3.12 月 21 日转入存款利息	660.00		
4.12 月 31 日存入外地托收货款	1 980.00		
减：银行已付，企业尚未入账合计金额	11 110.00		
其中：1.12 月 7 日开出现金支票	3 300.00		
2.12 月 15 日开出转账支票	6 160.00		
3.12 月 18 日开出现金支票	440.00		
4.12 月 26 日开出现金支票	1 210.00		
调整后企业银行存款日记账余额	262 790.00		
差异	440.00		

审计说明：

调节表不平是因为 12 月 22 日开出转账支票 440 元付给往来单位，因漏盖负责人签章退回，后以现金付讫，对此退回单位账面未作处理，应予以调整。

(2) 可能存在的问题：①从对账单上 12 月 5 日收到外地汇款 6 600 元，12 月 15 日支出 6 160 元，12 月 18 日又开出现金支票 440 元，而该项资金往来企业银行存款日记账上无任何记录看，该企业可能存在出借账户的情况。②12 月 14 日存入现金 3 300 元，12 月 7 日开出现金支票 3 300 元，针对这两笔经济业务，审计人员应特别关注出纳可能挪用公司资金。③12 月 26 日开出现金支票 1 210 元，审计人员应特别关注出纳是否挪用此款。

(3) 审定银行存款。

银行存款的金额=261 360+440=261 800(元)

【职业素养提升栏目】

坚决扛起使命担当　更好发挥审计在推进党的自我革命中的独特作用

党的自我革命是党的鲜明品格和最大优势。2023 年 5 月 23 日，习近平总书记在二十届中央审计委员会第一次会议上发表重要讲话，强调要更好发挥审计在推进党的自我革命中的独特作用，对新时代审计工作赋予新使命、作出新部署、提出新要求。审计机关要把握会议精神实质，站在新征程上对审计政治定位、审计职能作用再思考、再认识、再实践，坚决扛起使命担当，扎实推进新时代审计事业高质量发展。

一、政治定位再强化

党是最高政治领导力量，勇于自我革命的核心在于坚持和加强党的全面领导。全面从严治党、推进党的自我革命决定了审计在党和国家监督体系中的地位和作用。党的十九大以来，在党中央集中统一领导下，审计体制实现系统性、整体性重构。党中央、国务院赋予了国家审计越来越重要的功能定位。特别是中央审计委员会的成立，标志着我国审计监督全面纳入党的治理体系，职能作用更加拓展，政治权威更加彰显，政治定位更加强化。

二十届中央审计委员会第一次会议进一步明确"审计是推动国家治理体系和治理能力现代化的重要力量""更好发挥审计在推进党的自我革命中的独特作用"等，这些重要论断赋予了新时代审计工作新的政治定位和使命任务，也意味着国家审计在促进全面从严治党方面作用的进一步拓展。

二、监督效能再提升

二十届中央审计委员会第一次会议强调，要聚焦权力规范运行，充分发挥审计在反腐治乱方面的重要作用，并要求审计要如影随形，对所有管理使用公共资金、国有资产、国有资源的地方、部门和单位的审计监督权无一遗漏、无一例外，形成常态化、动态化震慑。这要求国家审计需要立足经济监督定位，进一步增强国家审计的正风肃纪反腐效能，在识别腐败风险、发现腐败线索以及铲除腐败根源方面发挥审计独特作用。

三、贯通协同再发力

党内监督是党自我净化的根本途径。以党内监督为主导推动各类监督贯通协同是党中央基于构建党统一领导、全面覆盖、权威高效的监督体系作出的战略部署。实践充分证明，很多审计发现问题的最终解决是由各方力量共同促成的。审计监督积极融入党内监督是更好发挥审计独特作用的有效路径。

党内政治监督是第一位的监督，始终处于核心和主导地位。审计监督要在党中央集中统一领导下，以党内监督为主导，从讲政治的高度放大工作格局，服务于党和国家大局，主动破除部门壁垒、协调工作冲突，强化审计独立性、规范性、专业性强的优势，放大监督贯通融合叠加效应，充分实现国家审计对党内监督的促进作用，推动形成风清气正的良好政治生态。

四、思维模式再升级

面对复杂多变的国际国内形势，我们要清醒地看到，党的自我革命是一场硬仗，面临严峻复杂的局面。适应客观需要，审计要运用更加综合的思维和视野来研究应对，更加注重本质揭示、系统把握、发展应变。在基本方法论上，要走好研究型审计必由之路，把审计立项、问题和建议当课题来研究，全面提升审计服务全面从严治党的能力水平。

(资料来源：中国内部审计协会 作者：白剑锋 2024年2月21日.)

职业判断能力训练

一、单项选择题

1. 库存现金的盘点一般采用（　　）。

   A. 不定期盘点　　B. 定期盘点　　C. 通知盘点　　D. 突击盘点

2. 检查银行存款余额调节表是为了证实以下哪个认定( )。
   A. 完整性　　　B. 准确性　　　C. 存在　　　D. 计价和分摊
3. 下列与现金业务有关的职责可以不分离的是( )。
   A. 现金支付的审批与执行　　　B. 现金保管与现金日记账的记录
   C. 现金的会计记录与审计监督　　　D. 现金保管与现金总分类账的记录
4. 2024年3月9日对某公司全部现金进行监盘后，确认实有现金数额为1 000元。该公司3月8日账面库存现金余额为2 000元，3月9日发生的现金收支全部未登记入账，其中收入金额为3 000元、支出金额为4 000元，2024年1月1日至3月8日现金收入总额为165 200元、现金支出总额为165 500元，则推断2023年12月31日库存现金余额应为( )元。
   A. 1 300　　　B. 2 300　　　C. 700　　　D. 2 700
5. 下列说法中正确的是( )。
   A. 出纳人员可以同时从事银行对账单的获取、银行存款余额调节表的编制等工作
   B. 如果现金盘点不是在资产负债表日进行的，注册会计师应将资产负债表日至盘点日的收付金额调整至盘点日金额
   C. 被审计单位资产负债表上的银行存款余额，应以编制或取得银行存款余额调节表日银行存款账户数额为准
   D. 在对银行存款实施函证程序时，要对所有存款的银行都寄发询证函
6. 注册会计师执行实质性程序中属于审查企业收到现金是否已经全部登记入账的是( )。
   A. 对库存现金执行监盘程序
   B. 从被审计单位当期收据存根中抽取大额现金收入追查到相关的凭证和账簿记录
   C. 对被审计单位结账日前一段时间内现金收支凭证进行审计，以确定是否存在应计入下期的事项
   D. 检查现金收入的日记账、总账和应收账款明细账的大额项目与异常项目
7. 监盘库存现金是注册会计师证实被审计单位资产负债表所列现金是否存在的一项重要程序，被审计单位必须参加盘点的人员是( )。
   A. 会计主管人员和内部审计人员　　　B. 出纳员和会计主管人员
   C. 现金出纳员和财务经理　　　D. 出纳员和财务总监
8. 下列各项中，符合现金监盘要求的有( )。
   A. 被审计单位会计主管要回避
   B. 不同存放地点的现金同时进行监盘
   C. 监盘时间安排在当日现金收付业务进行过程中
   D. 审计人员帮助出纳员进行现金清点
9. 如果注册会计师在资产负债表日后对库存现金进行监盘，应当根据盘点数、资产负债表日至( )的现金收支数，倒推计算资产负债表上所包含的库存现金数是否正确。
   A. 盘点日　　　B. 审计报告报出日　　C. 审计报告日　　　D. 审计工作完成日
10. 下列说法中错误的是( )。
    A. 注册会计师应向被审计单位在本期存过款的银行发函，包括零余额账户和本期内注销的账户
    B. 注册会计师在对银行存款做控制测试时可以抽取适当付款凭证核对实付金额与购货发票中所列示金额是否相符

C. 注册会计师对不符合现金及现金等价物条件的银行存款,需要在审计工作底稿中予以列明,并考虑对现金流量表的影响
D. 被审计单位资产负债表上的银行存款数额,应以编制或取得银行存款余额调节表日银行存款账户数额为准

二、多项选择题

1. 审计人员验证银行存款余额是否存在时,实施的有效程序有( )。
   A. 抽查大额银行存款的收支　　B. 函证银行存款余额
   C. 获取并审查银行存款余额调节表　　D. 银行存款收支的截止测试

2. 注册会计师在对被审计单位的库存现金进行审计时,下列有关说法中正确的有( )。
   A. 注册会计师如果是在非资产负债表日进行盘点的,应调整至资产负债表日的金额
   B. 企业盘点库存现金,通常包括对已收到但未存入银行的现金、零用金、找换金等的盘点
   C. 对库存现金的盘点应当实施突击性的检查,时间最好选择在上午下班后或下午上班前进行
   D. 被审计单位的库存现金存放部门有两处或两处以上的,应同时进行盘点

3. 监盘库存现金是证实现金是否存在的一项重要程序,还可以实现的审计目标有( )。
   A. 完整性　　B. 计价和分摊
   C. 权利和义务　　D. 在财务报表中恰当披露

4. 以下审计程序中,属于货币资金实质性程序的有( )。
   A. 检查未达账项在资产负债表日之后的进账情况
   B. 检查银行预留印鉴的保管情况
   C. 检查外币银行存款年末余额是否按年末汇率折算
   D. 检查现金是否定期盘点

5. A注册会计师负责对B公司货币资金实施审计,针对B公司下列与现金相关的内部控制,A注册会计师认可的有( )。
   A. 现金折扣需要经过适当审批
   B. 每日盘点现金并与账面余额核对
   C. 每日及时登记现金收入并定期向顾客寄送对账单
   D. 担任登记现金日记账及总账职责的人员与担任现金出纳职责的人员分开

6. 注册会计师寄发的银行询证函( )。
   A. 要求银行直接回函至会计师事务所
   B. 是以被审计单位的名义发往开户银行的
   C. 可以证实银行存款但不能证实银行借款
   D. 属于积极式、有偿询证函

7. 注册会计师王虹在审阅助理会计师的库存现金盘点计划表时,发现以下几种处理方法,其中不恰当的有( )。
   A. 盘点前就盘点时间与被审计单位会计主管沟通,要求其配合好相关的盘点工作
   B. 盘点时被审计单位出纳和会计主管需在场
   C. 库存现金监盘表只能由出纳人员签字,以明确责任

D. 注册会计师应亲自盘点

8. 注册会计师在执行货币资金审计时通常需对相关的内部控制进行了解,一般而言,一个良好的货币资金内部控制体现为(　　)。

A. 全部收支及时准确入账,并且支出要有核准手续

B. 货币资金收支要有合理、合法的凭据,控制现金坐支

C. 货币资金收支与记账的岗位分离

D. 加强对货币资金收支业务的内部审计

9. 下列程序中,属于注册会计师对银行存款余额调节表进行检查的有(　　)。

A. 检查调节表中加计数是否正确,调节后银行存款日记账余额与银行对账单余额是否一致

B. 关注长期未达账项,查看是否存在挪用资金等事项

C. 抽查大额银行存款收支的原始凭证,检查原始凭证是否齐全、记账凭证与原始凭证是否相符、账务处理是否正确、是否记录于恰当的会计期间等项内容

D. 特别关注银付企未付、企付银未付中支付异常的领款事项,包括没有载明收款人、签字不全等支付事项,确认是否存在舞弊

10. 注册会计师对库存现金的大额收支进行抽查时,主要检查(　　)。

A. 大额现金收支的原始凭证是否齐全　　B. 原始凭证内容是否完整、有无授权批准

C. 账务处理是否正确　　　　　　　　　D. 记账凭证与原始凭证是否相符

三、判断题

1. 由于库存现金余额较小,错弊金额也很小,因此注册会计师可以不进行实质性程序。
(　　)

2. 注册会计师通过询问或观察可以证实货币资金业务的不相容岗位是否相互分离。
(　　)

3. 注册会计师需要关注被审计单位是否存在质押、冻结等对变现有限制或存在境外的款项,如果存在,提请被审计单位作必要的调整和披露。(　　)

4. 如果现金盘点是在资产负债表日后进行的,注册会计师应当将资产负债表日至盘点日的收付金额调整到盘点日金额。(　　)

5. 函证银行存款的唯一目的是为了证实银行存款是否真实存在。(　　)

四、案例分析题

1. 2024年2月10日8时,注册会计师张刚对海洋公司库存现金实施监盘,其盘点结果如表10-8所示。

表10-8　库存现金盘点结果

面　值	数　量	面　值	数　量
100元	2张	1元	124张
50元	4张	5角	20张
10元	40张		
5元	30张	1角	130张
2元	60张		

经监盘，查明现金日记账截至 2024 年 2 月 9 日 17 时的账面余额为 1 447 元；查出当年 2 月 9 日已经办理收款手续尚未入账的收款凭证金额为 400 元；查出当年 2 月 9 日已经办理付款手续尚未入账的付款凭证金额为 324 元；查出当年 1 月 2 日出纳员以白条借给某职工现金 250 元。银行核定该公司的库存现金限额为 800 元。2023 年 12 月 31 日账面现金余额 1 560 元，2024 年 1 月 1 日至 2024 年 2 月 9 日账面现金收入 5 320 元，现金支出 5 433 元。

【要求】

(1) 根据盘点结果编制"库存现金监盘表"，如表 10-9 所示。

表 10-9 库存现金监盘表

被审计单位：_____ 编制人：_____ 编制日期_____ 审核人：李刚 日期：2024.1.20

检查盘点记录			实有库存现金盘点记录				
项 目	项次	人民币	外 币	面额	人民币		外 币	
^	^	^	^	^	张	金额	张	金额
上一日账面库存余额	①							
盘点日未记账收入金额	②			1 000 元				
盘点日未记账支出金额	③			500 元				
盘点日账面应有金额	④=①+②-③			100 元				
盘点实有库存现金数额	⑤			50 元				
盘点日应有与实有差额	⑥=④-⑤			10 元				
差异原因分析	白条抵库(张)金额			5 元				
^	不明原因的短缺			2 元				
^				1 元				
^				0.5 元				
^				0.2 元				
^				0.1 元				
^				合计				
追溯调整	加：报表日至审计日库存现金支出总额							
^	减：报表日至审计日库存现金收入总额							
^	报表日库存现金应有余额							
^	报表日账面汇率							
^	报表日余额折合本位币金额							
本位币合计								
审计说明								

(2) 库存现金存在的问题及改进建议。

2. 注册会计师李红对红星公司银行存款进行审计。2023 年 12 月 31 日银行存款账面余额为 237 600 元，银行对账单余额为 243 000 元。经核对后，发现如下情况。

(1) 银行对账单上存入栏有记录而银行存款日记账均无记录的业务：12 月 5 日收存外地汇款 6 000 元；12 月 14 日存入现金 3 000 元；12 月 21 日转入存款利息 600 元；12 月 31 日存入外地托收货款 1 800 元。

(2) 银行对账单上支出栏有记录而银行存款日记账均无记录的业务：12 月 7 日开出现金支票 3 000 元；12 月 15 日开出转账支票 5 600 元；12 月 18 日开出现金支票 400 元；12 月 26 日开出现金支票 1 100 元。

(3) 银行存款日记账有记录而对账单上无记录的业务：12 月 31 日开出转账支票 3 700 元。

(4) 12 月 22 日开出转账支票 400 元付给往来单位，因漏盖负责人签章退回，后以现金付讫，对此退回单位账面未作处理。

【要求】请编制银行存款余额检查表，分析可能存在的问题，审定银行存款日记账余额。

3. ABC 会计师事务所审计甲公司 2022 年度财务报表，审计项目组认为货币资金的存在和完整性认定存在舞弊导致的重大错报风险，审计工作底稿中与货币资金审计相关的部分内容摘录如下。

(1) 2023 年 3 月 2 日，审计项目组要求甲公司管理层于次日对库存现金进行盘点，3 月 3 日中午审计项目组在现场实施了监盘。

(2) 因对甲公司管理层提供的银行账户清单的完整性存有疑虑，审计项目组前往当地中国人民银行查询并打印了甲公司已开立银行结算账户清单，结果满意。

(3) 审计项目组向甲公司索取了其编制的主要银行结算账户的银行存款余额调节表，检查银行存款调节表结果都调节相符，审计项目组确认了其结果正确。

(4) 审计项目组对年末余额大于 10 万元的银行账户实施函证，结果满意。

(5) 针对年末银行存款余额调节表中企业已开支票银行尚未扣款的调节项，审计项目组通过检查相关的支票存根和记账凭证予以确认。

(6) 审计项目组发现招商银行询证函回函上的印章与以前年度的印章不同，询问了会计主管，其解释招商银行于 2022 年中变更了印章样式，审计项目组认可了甲公司管理层的解释。

【要求】针对上述第(1)至(6)项，逐项指出审计项目组的做法是否恰当，如不恰当，提出改进建议。

微课视频

扫一扫，获取本项目相关微课视频。

项目十　函证银行存款

项目十　库存现金监盘

项目十　取得并检查银行存款余额调节表

项目十　审计报告实训任务单(ED)

项目十一

出具审计报告

【学习任务】

通过对出具审计报告项目的学习,需要完成如下工作任务。
1. 根据审计过程中收集的资料,编制审计差异汇总表和试算平衡表。
2. 能熟练完成项目质量控制性符合。
3. 能熟练编制和出具审计报告。

【学习目标】

知识目标	能力目标	素养目标
★了解审计报告的工作流程; ★理解审计报告的编制要求; ★掌握审计报告的类型,熟记审计报告的内容	★能够掌握审计报告的基本要素; ★能够及时、正确地判断审计报告的类型,出具审计报告	★能够保持职业怀疑、运用职业判断做出审计报告的选择,秉持对预期报表使用者负责的态度,完成审计工作底稿的相关工作; ★强调审计报告的作用,融入诚信、公正社会主义核心价值观; ★培养强烈的社会责任感

【案例导入】

大兴会计师事务所接受委托对康文股份有限公司(以下简称"康文公司")2023年度财务报表进行审计。注册会计师闫雅带领项目组于2024年3月7日完成了外勤审计工作，按审计业务约定书的要求，应于2024年3月28日提交审计报告。康文公司2023年度审计前的利润总额为120万元，注册会计师确定的财务报表层次的重要性水平为10万元。现假定存在以下几种情况。

(1) 康文公司2023年度变更了发出存货的计价方法，并在财务报表附注中做了充分披露。注册会计师认为变更是合法、合理的。

(2) 康文公司在2023年11月购入一台设备，当月投入使用，2023年年末计提折旧。该设备原始价值为50万元，月折旧率为1.5%。

(3) 对应收账款项目进行函证时，其中对余额为16万元的客户A公司的函证未收到回函，注册会计师运用替代审计程序收集了相关的审计证据。

(资料来源：李国运. 南海公司事件案例研究[J]. 审计研究，2007(02)：92-96.)

请思考下列问题：

1. 针对发现的上述问题，审计人员应该如何处理？
2. 针对本案例，应该发表何种审计意见？

任务一　审计报告概述

任务描述

工作任务	技能点及任务成果	课　时
理解审计报告的含义、特征及基本要素	1. 理解并掌握审计报告的含义。 2. 熟悉审计报告的各项基本要素	1

任务引例

1720年，英国南海公司破产案引发了对财务报表真实性的关注，查尔斯·斯耐尔因此出具了世界上第一份审计报告。这份审计报告的出具标志着注册会计师和审计实务的起源，对后来的审计发展产生了深远的影响。

请思考下列问题：

审计报告应当包含哪些基本内容？

知识准备

一、审计报告的含义

审计报告是指注册会计师根据审计准则的规定，在执行审计工作的基础上，对财务报表发表审计意见的书面文件。审计报告是注册会计师在完成审计工作后向委托人提交的最终产品，具有以下四个特征。

(1) 注册会计师应当按照审计准则的规定执行审计工作。
(2) 注册会计师在实施审计工作的基础上，才能出具审计报告。
(3) 注册会计师通过对财务报表发表意见，履行业务约定书约定的责任。
(4) 注册会计师应当以书面形式出具审计报告。

注册会计师应当根据审计证据得出结论，清楚表达对财务报表的意见。财务报表是对企业财务状况、经营成果和现金流量的表述，至少应当包括资产负债表、利润表、所有者权益变动表、现金流量表和财务报表附注。注册会计师一旦在审计报告上签名并盖章，就表明需要对出具的审计报告负责。注册会计师应将已审计的财务报表附于审计报告之后，以便财务报表使用者正确理解和使用审计报告，并防止被审计单位替换、更改已审计的财务报表。

二、审计报告的基本内容

根据中国《注册会计师审计准则》的规定，审计报告应当包括下列要素：标题，收件人，审计意见，形成审计意见的基础，管理层对财务报表的责任，注册会计师对财务报表审计的责任，按照相关法律法规要求报告的事项(如适用)，注册会计师的签名和盖章，会计师事务所的名称、地址和盖章，报告日期等。

(一)标题

审计报告应当具有标题，统一规范为"审计报告"。

(二)收件人

审计报告的收件人是指注册会计师按照审计业务约定书的要求致送审计报告的对象，一般是指审计业务的委托人。审计报告应载明收件人的全称。

注册会计师应与委托人在业务约定书中约定致送审计报告的对象，以防止在此问题上发生分歧或审计报告被委托人滥用。针对整套通用的财务报表出具的审计报告，审计报告的致送对象通常为被审计单位的股东或治理层。

【学中做 11-1　单项选择题】审计报告的收件人应该是(　　)。
A. 审计业务的委托人　　　　B. 社会公众
C. 被审计单位的治理层　　　D. 被审计单位管理层
【答案】A。

(三)审计意见

审计意见由已审计财务报表和注册会计师发表的审计意见两部分构成。

1. 已审计财务报表

(1) 指出被审计单位的名称。
(2) 说明财务报表已经审计。
(3) 指出构成整套财务报表的每一单独财务报表的名称。

(4) 提及财务报表附注，包括重大会计政策和会计估计。

(5) 指明构成整套报表的每一单独财务报表的日期或涵盖的期间。

为体现上述要求，审计报告可说明："我们审计了被审计单位的财务报表，包括指明适用的财务报告编制基础规定的构成整套财务报表的每一单独财务报表的名称、日期或涵盖的期间以及财务报表附注，包括重大会计政策和会计估计。"审计意见涵盖由适用的财务报告编制基础所确定的整套财务报表。

2. 注册会计师发表的审计意见

如果对财务报表发表无保留意见，除非法律法规另有规定，审计意见应当使用"我们认为，财务报表在所有重大方面按照适用的财务报告编制基础(如企业会计准则等)的规定编制，公允反映了企业的财务状况、经营成果和现金流量"的措辞。

(四)形成审计意见的基础

审计报告应当包含标题为"形成审计意见的基础"的部分。该部分应当紧密连接在审计意见部分之后，并包括以下四个方面。

(1) 说明注册会计师按照审计准则的规定执行了审计工作。

(2) 提及审计报告中用于描述审计准则规定的注册会计师责任的部分。

(3) 声明注册会计师按照与审计相关的职业道德要求独立于被审计单位，并履行了职业道德方面的其他责任。声明中应当指明适用的职业道德要求，如中国注册会计师职业道德守则。

(4) 说明注册会计师是否相信获取的审计证据是充分、适当的，为发表审计意见提供了基础。

(五)管理层对财务报表的责任

审计报告应当包含标题为"管理层对财务报表的责任"的部分，其中应当说明管理层负责下列方面。

(1) 按照适用的财务报告编制基础的规定编制财务报表，使其实现公允反映；并设计、执行和维护必要的内部控制，以使财务报表不存在由于舞弊或错误导致的重大错报。

(2) 评估被审计单位的持续经营能力和使用持续经营假设是否适当，并披露与持续经营相关的事项(如适用)。对管理层评估责任的说明应当包括描述在何种情况下适用持续经营假设是适当的。

(六)注册会计师对财务报表审计的责任

审计报告应当包含标题为"注册会计师对财务报表审计的责任"的部分，该部分包括下列内容。

(1) 说明注册会计师的目标是对财务报表整体是否不存在由于舞弊或错误导致的重大错报获取合理保证，并出具包含审计意见的审计报告。

(2) 说明合理保证是高水平的保证，但按照审计准则执行的审计并不能保证一定会发现存在的重大错报。

(3) 说明错报可能是由于错误或舞弊导致。

(4) 说明在按照审计准则执行审计工作的过程中，注册会计师运用职业判断，并保持职业怀疑。

(5) 通过说明注册会计师的责任，对审计工作进行描述。这些责任包括：①识别和评估由于舞弊或错误导致的财务报表重大错报风险，设计和实施审计程序以应对这些风险，并获取充分、适当的审计证据，作为发表审计意见的基础。由于舞弊可能涉及串通、伪造、故意遗漏、虚假陈述或凌驾于内部控制之上，未能发现由于舞弊导致的重大错报的风险高于未能发现由于错误导致的重大错报的风险。②了解与审计相关的内部控制，以设计恰当的审计程序，但目的并非对内部控制的有效性发表意见。当注册会计师有责任在财务报表审计的同时对内部控制的有效性发表意见时，应当略去上述"目的并非对内部控制的有效性发表意见"的表述。③评价管理层选用会计政策的恰当性和做出会计估计及相关披露的合理性。④对管理层使用持续经营假设的恰当性得出结论。同时，根据获取的审计证据，就可能导致对被审计单位持续经营能力产生重大疑虑的事项或情况是否存在重大不确定性得出结论。如果注册会计师得出结论认为存在重大不确定性，审计准则要求注册会计师在审计报告中提请报表使用者关注财务报表中的相关披露；如果披露不充分，注册会计师应当发表非无保留意见。注册会计师的结论基于截至审计报告日可获得的信息。然而，未来的事项或情况可能导致被审计单位不能持续经营。⑤评价财务报表的总体列报、结构和内容(包括披露)，并评价财务报表是否公允反映相关交易和事项。

(6) 说明注册会计师与治理层根据计划的审计范围、时间安排和重大审计发现等事项进行沟通，包括沟通注册会计师在审计中识别的值得关注的内部控制缺陷。

(7) 对于上市实体财务报表审计，指出注册会计师就已遵守与独立性相关的职业道德要求向治理层提供声明，并与治理层沟通可能被合理认为影响注册会计师独立性的所有关系和其他事项，以及相关防范措施(如适用)。

(8) 对于上市实体财务报表审计，以及决定按照《中国注册会计师审计准则第1504号——在审计报告中沟通关键审计事项》的规定沟通关键审计事项的其他情况，说明注册会计师从与治理层沟通过的事项中确定哪些事项对本期财务报表审计最为重要，因而构成关键审计事项。注册会计师应当在审计报告中描述这些事项，除非法律法规禁止公开披露这些事项，或在极少数情形下，注册会计师合理预期在审计报告中沟通某事项造成的负面后果超过在公众利益方面产生的益处，因而决定不应在审计报告中沟通该事项。

【学中做 11-2 多项选择题】在审计报告中，注册会计师的责任段应当说明以下(   )内容。

A. 注册会计师的责任是在执行审计工作的基础上对财务报表发表审计意见
B. 审计工作涉及实施审计程序，以获取有关财务报表金额和披露的审计证据
C. 按照企业会计准则的规定编制财务报表，并使其实现公允反映
D. 注册会计师审计的目的同时包括对内部控制的有效性发表审计意见

【答案】AB。

【解析】选项 C 属于管理层职责，不属于注册会计师审计责任。选项 D 不正确，注册会计师在进行风险评估时需要考虑与财务报表编制和公允列报相关的内部控制，以设计恰当的审计程序，但目的并非对内部控制的有效性发表意见。

(七)按照相关法律法规的要求报告的事项

除审计准则规定的注册会计师对财务报表出具审计报告的责任外，相关法律法规可能对注册会计师设定了其他报告责任。例如，如果注册会计师在财务报表审计中注意到某些事项，可能要求对这些事项予以报告。此外，注册会计师可能被要求实施额外的规定程序并予以报告，或对特定事项如会计账簿和记录的适当性发表意见。

如果注册会计师在财务报表出具的审计报告中履行其他报告责任，应当在审计报告中将其单独作为一部分，并以"按照相关法律法规的要求报告的事项"为标题。此时，审计报告应当分为"对财务报表出具的审计报告"和"按照相关法律法规的要求报告的事项"两部分，以便将其同注册会计师的财务报表报告责任明确区分。在另外一些情况下，相关法律法规可能要求或允许注册会计师在单独出具的报告中进行报告。

(八)注册会计师的签名和盖章

审计报告应当由项目合伙人和另一名负责该项目的注册会计师签名和盖章。

(九)会计师事务所的名称、地址和盖章

审计报告应当载明会计师事务所的名称和地址，并加盖会计师事务所公章。根据《中华人民共和国注册会计师法》的规定，注册会计师承办业务，由其所在的会计师事务所统一受理并与委托人签订委托合同。因此，审计报告除了应由注册会计师签名和盖章外，还应载明会计师事务所的名称和地址，并加盖会计师事务所公章。注册会计师在审计报告中载明会计师事务所地址时，只需标明会计师事务所所在城市即可。实务中，审计报告通常载于会计师事务所统一印刷的、标有该所详细通信地址的信笺上，因此，无须在审计报告中注明详细地址。

(十)报告日期

审计报告应注明报告日期。审计报告的日期不应早于注册会计师获取充分、适当的审计证据，并在此基础上对财务报表形成审计意见的日期。在确定审计报告日时，注册会计师应确信已获取下列审计证据：①构成整套财务报表的所有报表已编制完成；②被审计单位的董事会、管理层或类似机构已认可其对财务报表负责。

在实务中，注册会计师在正式签署审计报告前，通常把审计报告草稿随附管理层已按审计调整建议修改后的财务报表提交给管理层。如果管理层批准并签署已按审计调整建议修改后的财务报表，注册会计师即可签署审计报告。注册会计师签署审计报告的日期通常与管理层签署已审计财务报表的日期为同一天，或晚于管理层签署已审计财务报表的日期。

【学中做11-3 多项选择题】注册会计师在确定审计报告日期时，以下属于确认审计报告日条件的有( )。

A. 构成整套财务报表的所有报表已编制完成
B. 被审计单位的董事会、管理层或类似机构已经认可其对财务报表负责
C. 应当提请被审计单位调整的事项已经提出，但被审计单位还未进行调整
D. 相关附注已编制完成

【答案】ABD。

【解析】审计报告的日期不应早于注册会计师获取充分、适当的审计证据(包括管理层认可对财务报表的责任且已批准财务报表的证据),并在此基础上对财务报表形成审计意见的日期,所以被审计单位对注册会计师已经提出的调整事项必须已经做出调整或拒绝做出调整。

任务解析

审计报告应当包括下列要素:标题,收件人,审计意见,形成审计意见的基础,管理层对财务报表的责任,注册会计师对财务报表审计的责任,按照相关法律法规要求报告的事项(如适用),注册会计师的签名和盖章,会计师事务所的名称、地址和盖章,报告日期等。

任务二 出具审计报告

任务描述

工作任务	技能点及任务成果	课时
根据被审计具体情况,判断审计意见类型,出具审计报告	1. 评价审计结果。 2. 出具审计报告	2

任务引例

中国证券市场中第一份拒绝表示意见的审计报告——宝石公司案例

宝石公司的前身是石家庄显像管总厂(以下简称"石显总厂")。1992年5月经政府有关部门批准,石显总厂以其下属的黑白玻壳生产线、黑白显像管生产线为主体开始进行股份制试点,并以定向募集方式设立股份有限公司。1995年6月和9月,宝石公司先后在深圳证券交易所上网定价发行了B股10 000万股和A股2 620万股,并上市流通。至此,宝石公司的总股本达38 300万股。从财务报表来看,宝石公司从成立开始至上市,业绩一直是良好的。从1993年度至1996年度这四年,该公司的净资产收益分别为4.16%、26.88%、35.15%和8.8%。公司1997年度的财务报表反映出的企业经营成果和财务状况令人大失所望,出现每股0.872元的严重亏损。1996年年报反映,黑白电视机市场的萎缩在1996年下半年已经出现;1997年国内电视机市场的恶性无序竞争发展到白热化程度,使得黑白电视机市场加速萎缩;1997年的最低售价比1996年上半年均下跌了60%以上,已低于生产成本。注册会计师无法就持续经营会计假设编制的财务报表是否能公允反映该公司的财务状况和经营成果发表任何意见。

(资料来源:马银兰,李若山,覃东.缄默的含义——分析中国证券市场中的第一份拒绝表示意见的审计报告[J].财务与会计,1999(08):25-27.)

请思考下列问题:
审计报告意见类型有哪些?

> **知识准备**

按照审计意见类型，审计报告可以分为无保留意见审计报告和非无保留意见审计报告。非无保留意见审计报告又包括保留意见、否定意见和无法表示意见的审计报告。此外，注册会计师可以根据需要发布带强调事项段和其他事项段的审计报告。

一、无保留意见审计报告

无保留意见是指当注册会计师认为财务报表在所有重大方面按照适用的财务报告编制基础的规定编制并实现公允反映时发表的审计意见。

无保留意见审计报告的参考格式如下。

审计报告

华润公司全体股东：

一、对财务报表出具的审计报告

(一)审计意见

我们审计了华润公司的财务报表，包括2023年12月31日资产负债表、2023年度利润表、现金流量表、所有者权益变动表以及相关财务报表附注。

我们认为，后附的财务报表在所有重大方面按照企业会计准则的规定编制，公允反映了公司2023年12月31日的财务状况以及2023年度的经营成果和现金流量。

(二)形成审计意见的基础

我们按照中国注册会计师审计准则的规定执行了审计工作。审计报告的"注册会计师对财务报表审计的责任"部分进一步阐述了我们在这些准则下的责任。按照中国注册会计师职业道德守则，我们独立于华润公司，并履行了职业道德方面的其他责任。我们相信，我们获取的审计证据是充分、适当的，为发表审计意见提供了基础。

(三)关键审计事项

关键审计事项是根据我们的职业判断，认为对本期财务报表审计最为重要的事项。这些事项是在对财务报表整体进行审计并形成意见的背景下进行处理的，我们不对这些事项提供单独的意见。

【按照《中国注册会计师审计准则第1504号——在审计报告中沟通关键审计事项》的规定描述每一关键审计事项。】

(四)管理层和治理层对财务报表的责任

管理层负责按照企业会计准则的规定编制财务报表，使其实现公允反映，并设计、执行和维护必要的内部控制，以使财务报表不存在由于舞弊或错误导致的重大错报。

在编制财务报表时，管理层负责评估公司的持续经营能力，披露与持续经营相关的事项(如适用)，并运用持续经营假设，除非管理层计划清算公司、停止营运或别无其他现实的选择。

治理层负责监督公司的财务报告过程。

(五)注册会计师对财务报表审计的责任

我们的目标是对财务报表整体是否不存在由于舞弊或错误导致的重大错报获取合理保证，并出具包含审计意见的审计报告。合理保证是高水平的保证，但并不能保证按照审计准则执行的审计在某一重大错报存在时总能发现。错报可能由舞弊或错误导致，如果合理预期错报单独或汇总起来可能影响财务报表使用者依据财务报表做出的经济决策，则通常认为错报是重大的。

在按照审计准则执行审计的过程中，我们运用了职业判断，保持了职业怀疑。我们同时：

(1) 识别和评估由于舞弊或错误导致的财务报表重大错报风险；对这些风险有针对性地设计和实施审计程序；获取充分、适当的审计证据，作为发表审计意见的基础。由于舞弊可能涉及串通、伪造、故意遗漏、虚假陈述或凌驾于内部控制之上，未能发现由于舞弊导致的重大错报的风险高于未能发现由于错误导致的重大错报的风险。

(2) 了解与审计相关的内部控制，以设计恰当的审计程序，但目的并非对内部控制的有效性发表意见。

(3) 评价管理层选用会计政策的恰当性和做出会计估计及相关披露的合理性。

(4) 对管理层使用持续经营假设的恰当性得出结论。同时，根据获取的审计证据，就可能导致对公司的持续经营能力产生重大疑虑的事项或情况是否存在重大不确定性得出结论。如果我们得出结论认为存在重大不确定性，审计准则要求我们在审计报告中提请报表使用者注意财务报表中的相关披露；如果披露不充分，我们应当发表非无保留意见。我们的结论基于审计报告日可获得的信息。然而，未来的事项或情况可能导致公司不能持续经营。

(5) 评价财务报表的总体列报、结构和内容(包括披露)，并评价财务报表是否公允反映相关交易和事项。

我们与治理层就计划的审计范围、时间安排和重大审计发现(包括我们在审计中识别的值得关注的内部控制缺陷)等事项进行沟通。

同时我们还就遵守关于独立性的相关职业道德要求向治理层提供声明，并就可能被合理认为影响我们独立性的所有关系和其他事项，以及相关的防范措施(如适用)与治理层进行沟通。

从与治理层沟通的事项中，我们确定哪些事项对当期财务报表审计最为重要，因而构成关键审计事项。我们在审计报告中描述这些事项，除非法律法规禁止公开披露这些事项，或在极其罕见的情形下，如果合理预期在审计报告中沟通某事项造成的负面后果超过产生的公众利益方面的益处，我们确定不应在审计报告中沟通该事项。

二、按照相关法律法规的要求报告的事项

【本部分的格式和内容，取决于法律法规对其他报告责任的性质的规定。法律法规规范的事项(其他报告责任)应当在本部分处理，除非那些其他报告责任与审计准则所要求的报告责任涉及相同的主题。如果涉及相同的主题，其他报告责任可以在审计准则所要求的同一报告要素部分中列示。当其他报告责任和审计准则规定的报告责任涉及同一主题，并且审计报告中的措辞能够将其他报告责任与审计准则规定的责任予以清楚地区分(如差异存在)时，允许将两者合并列示(即包含在"对财务报表出具的审计报告"部分中，并使用适当的

副标题)。】

  大兴会计师事务所　　　　　　中国注册会计师：×××(项目合伙人)
 (盖章)　　　　　　　　　　　　(签名并盖章)
　　　　　　　　　　　　　　　　　中国注册会计师：×××
　　　　　　　　　　　　　　　　　(签名并盖章)

 中国烟台市　　　　　　　　　　二〇二四年二月十日

二、保留意见审计报告

(一)出具条件

  当存在下列情形之一时，注册会计师应当发表保留意见。
  (1) 在获取充分、适当的审计证据后，注册会计师认为错报单独或汇总起来对财务报表影响重大，但不具有广泛性。
  注册会计师在获取充分、适当的审计证据后，只有当认为财务报表就整体而言是公允的，但还存在对财务报表产生重大影响的错报时，才能发表保留意见。如果注册会计师认为错报对财务报表产生的影响极为严重且具有广泛性，应发表否定意见。因此，保留意见被视为注册会计师在不能发表无保留意见情况下最不严厉的审计意见。
  (2) 注册会计师无法获取充分、适当的审计证据以作为形成审计意见的基础，但认为未发现的错报(如存在)对财务报表可能产生的影响重大，但不具有广泛性。

(二)格式

  除包含《中国注册会计师审计准则第1501号——对财务报表形成审计意见和出具审计报告》规定的审计报告要素外，注册会计师还应当：
  (1) 发表导致保留意见的事项段。注册会计师应当在审计意见段之前增加一部分，标题为"形成保留意见的基础"，说明导致发表保留意见的事项。①如果财务报表中存在与具体金额相关的重大错报，注册会计师应当说明并量化该错报的财务影响。例如，存货被高估，注册会计师可以在该段中说明该重大错报的财务影响，即量化其对所得税、税前利润、净利润和所有者权益的影响。如果无法量化，应当说明情况。②如果财务报表中存在与定性披露相关的重大错报，注册会计师应当解释该错报错在何处。③如果报表中存在应披露而未披露信息相关的重大错报，注册会计师应当与治理层讨论未披露信息的情况，描述未披露信息的性质，在法律允许的情况下披露未披露信息。④如果因无法获取充分、适当的审计证据而导致发表保留意见，注册会计师应当在形成审计意见的基础部分说明无法获取审计证据的原因。
  (2) 审计意见段。注册会计师应当对审计意见段使用恰当的标题"保留意见"。当由于财务报表存在重大错报而发表保留意见时，注册会计师应当在审计意见部分说明：注册会计师认为，除形成保留意见的基础部分所述事项产生的影响外，财务报表在所有重大方面按照适用的财务报告编制基础的规定编制，并实现公允反映。
  当由于无法获取充分、适当的审计证据而导致发表保留意见时，注册会计师应当在审计意见部分使用"除……可能产生的影响外"等。

保留意见审计报告的参考格式如下。

<h2 style="text-align:center">审计报告</h2>

华润公司全体股东：

一、对财务报表出具的审计报告

(一)保留意见

我们审计了华润公司财务报表，包括 2023 年 12 月 31 日资产负债表，2023 年度的利润表、所有者权益变动表和现金流量表以及财务报表附注。

我们认为，除"形成保留意见的基础"部分所述事项产生的影响外，后附的财务报表在所有重大方面按照企业会计准则的规定编制，公允反映了公司 2023 年 12 月 31 日的财务状况以及 2023 年度的经营成果和现金流量。

(二)形成保留意见的基础

公司 2023 年 12 月 31 日资产负债表中存货的列示金额为×元。管理层根据成本对存货进行计量，但没有根据成本与可变现净值孰低的原则进行计量，这不符合企业会计准则的规定。公司的会计记录显示，如果管理层以成本与可变现净值孰低来计量存货，存货列示金额将减少×元。相应地，资产减值损失将增加×元，所得税、净利润和股东权益将分别减少×元、×元和×元。

我们按照中国注册会计师审计准则的规定执行了审计工作。审计报告中"注册会计师对财务报表审计的责任"部分进一步阐述了我们在这些准则下的责任。按照中国注册会计师职业道德守则，我们独立于公司，并履行了职业道德方面的其他责任。因此，我们获取的审计证据是充分、适当的，为发表保留意见提供了基础。

(三)关键审计事项

关键审计事项是根据我们的职业判断，认为对本期财务报表审计最为重要的事项。这些事项是在对财务报表整体进行审计并形成意见的背景下进行处理的，我们不对这些事项提供单独的意见。除"形成保留意见的基础"部分所述事项外，我们确定下列事项是需要在审计报告中沟通的关键审计事项。

【按照《中国注册会计师审计准则第 1504 号——在审计报告中沟通关键审计事项》的规定描述每一关键审计事项。】

(四)管理层和治理层对财务报表的责任

管理层负责按照企业会计准则的规定编制财务报表，使其实现公允反映，并设计、执行和维护必要的内部控制，以使财务报表不存在由于舞弊或错误导致的重大错报。

在编制财务报表时，管理层负责评估公司的持续经营能力，披露与持续经营相关的事项(如适用)，并运用持续经营假设，除非管理层计划清算公司、停止营运或别无其他现实的选择。

治理层负责监督公司的财务报告过程。

(五)注册会计师对财务报表审计的责任

我们的目标是对财务报表整体是否不存在由于舞弊或错误导致的重大错报获取合理保证，并出具包含审计意见的审计报告。合理保证是高水平的保证，但并不能保证按照审计准则执行的审计在某一重大错报存在时总能发现。错报可能由舞弊或错误导致，如果合理预期错报单独或汇总起来可能影响财务报表使用者依据财务报表做出的经济决策,则错报是重大的。

在按照审计准则执行审计的过程中,我们运用了职业判断,保持了职业怀疑。我们同时:

(1) 识别和评估由于舞弊或错误导致的财务报表重大错报风险;对这些风险有针对性地设计和实施审计程序;获取充分、适当的审计证据,作为发表审计意见的基础。由于舞弊可能涉及串通、伪造、故意遗漏、虚假陈述或凌驾于内部控制之上,未能发现由于舞弊导致的重大错报的风险高于未能发现由于错误导致的重大错报的风险。

(2) 了解与审计相关的内部控制,以设计恰当的审计程序,但目的并非对内部控制的有效性发表意见。

(3) 评价管理层选用会计政策的恰当性和做出会计估计及相关披露的合理性。

(4) 对管理层使用持续经营假设的恰当性得出结论。同时,基于所获取的审计证据,对是否存在与事项或情况相关的重大不确定性,从而可能导致对公司的持续经营能力产生重大疑虑得出结论。如果我们得出结论认为存在重大不确定性,审计准则要求我们在审计报告中提请报告使用者注意财务报表中的相关披露;如果披露不充分,我们应当发表非无保留意见。我们的结论基于审计报告日可获得的信息。然而,未来的事项或情况可能导致公司不能持续经营。

(5) 评价财务报表的总体列报、结构和内容(包括披露),并评价财务报表是否公允反映相关交易和事项。

我们与治理层就计划的审计范围、时间安排和重大审计发现(包括我们在审计中识别的值得关注的内部控制缺陷)进行沟通。

同时我们还就遵守关于独立性的相关职业道德要求向治理层提供声明,就可能被合理认为影响我们独立性的所有关系和其他事项,以及相关的防范措施(如适用)与治理层进行沟通。

从与治理层沟通的事项中,我们确定哪些事项对当期财务报表审计最为重要,因而构成关键审计事项。我们在审计报告中描述这些事项,除非法律法规禁止公开披露这些事项,或在极其罕见的情形下,如果合理预期在审计报告中沟通某事项造成的负面后果超过产生的公众利益方面的益处,我们的确不应在审计报告中沟通该事项。

二、按照相关法律法规的要求报告的事项

【本部分的格式和内容,取决于法律法规对其他报告责任的性质的规定。法律法规规范的事项(其他报告责任)应当在本部分处理,除非那些其他报告责任与审计准则所要求的报告责任涉及相同的主题。如果涉及相同的主题,其他报告责任可以在审计准则所要求的同一报告要素部分中列示。当其他报告责任和审计准则规定的报告责任涉及同一主题,并且审计报告中的措辞能够将其他报告责任与审计准则规定的责任予以清楚地区分(如差异存在)时,允许将两者合并列示(即包含在"对财务报表出具的审计报告"部分中,并使用适当的副标题)。】

大兴会计师事务所　　　　　　中国注册会计师:×××(项目合伙人)
　(盖章)　　　　　　　　　　　　　(签名并盖章)
　　　　　　　　　　　　　　　中国注册会计师:×××
　　　　　　　　　　　　　　　　　(签名并盖章)

中国烟台市　　　　　　　　　　二〇二四年二月十日

三、否定意见审计报告

(一)出具条件

在获取充分、适当的审计证据后，如果认为错报单独或汇总起来对财务报表的影响重大且具有广泛性，注册会计师应当发表否定意见。

(二)格式

除在审计报告中包含《中国注册会计师审计准则第 1501 号——对财务报表形成审计意见和出具审计报告》规定的审计报告要素外，注册会计师还应当：

(1) 发表导致否定意见的事项段。注册会计师应当在审计意见段之前增加一部分，标题为"形成否定意见的基础"，说明导致发表否定意见的事项。①如果财务报表中存在与具体金额相关的重大错报，注册会计师应当说明并量化该错报的财务影响。如果无法量化，应当说明情况。②如果财务报表中存在与定性披露相关的重大错报，注册会计师应当解释该错报错在何处。③如果报表中存在与应披露而未披露信息相关的重大错报，注册会计师应当与治理层讨论未披露信息的情况，描述未披露信息的性质，在法律允许的情况下披露未披露信息。

(2) 审计意见部分使用恰当的标题"否定意见"。当发表否定意见时，注册会计师应当在审计意见部分说明：注册会计师认为，由于形成否定意见的基础部分所述事项的重要性，财务报表没有在所有重大方面按照适用的财务报告编制基础编制，未能实现公允反映。

否定意见审计报告的参考格式如下。

审计报告

华润公司全体股东：
　　一、对合并财务报表出具的审计报告
　　(一)否定意见
　　我们审计了华润公司及其子公司的合并报表，包括 2023 年 12 月 31 日的合并资产负债表，2023 年度的合并利润表、合并现金流量表和合并所有者权益变动表以及财务报表附注。
　　我们认为，由于"形成否定意见的基础"部分所述事项的重要性，后附的集团合并财务报表没有在所有重大方面按照企业会计准则的规定编制，未能公允反映集团 2023 年 12 月 31 日的合并财务状况以及 2023 年度的合并经营成果和合并现金流量。
　　(二)形成否定意见的基础
　　如财务报表附注×所述，2023 年集团通过非同一控制下的企业合并获得对天齐公司的控制权，因未能取得购买日天齐公司某些重要资产和负债的公允价值，故未将天齐公司纳入合并财务报表的范围。按照企业会计准则的规定，该集团应将这一子公司纳入合并范围，并以暂估金额为基础核算该项收购。如果将天齐公司纳入合并财务报表的范围，后附的集团合并财务报表的多个报表项目将受到重大影响。但我们无法确定不将天齐公司纳入合并范围对合并财务报表产生的影响。
　　我们按照中国注册会计师审计准则的规定执行了审计工作。审计报告的"注册会计师对合并财务报表审计的责任"部分进一步阐述了我们在这些准则下的责任。按照中国注册会计师职业道德守则，我们独立于集团，并履行了职业道德方面的其他责任。我们相信，我们获取的审计证据是充分、适当的，为发表否定意见提供了基础。

(三)关键审计事项

除"形成否定意见的基础"部分所述事项外，我们认为，没有其他需要在我们的报告中沟通的关键审计事项。

(四)管理层和治理层对合并财务报表的责任

管理层负责按照企业会计准则的规定编制合并财务报表，使其实现公允反映，并设计、执行和维护必要的内部控制，以使合并财务报表不存在由于舞弊或错误导致的重大错报。

在编制合并财务报表时，管理层负责评估集团的持续经营能力，披露与持续经营相关的事项(如适用)，并运用持续经营假设，除非管理层计划清算集团、停止营运或别无其他现实的选择。

治理层负责监督集团的财务报告过程。

(五)注册会计师对合并财务报表审计的责任

我们的目标是对合并财务报表整体是否不存在由于舞弊或错误导致的重大错报获取合理保证，并出具包含审计意见的审计报告。合理保证是高水平的保证，但并不能保证按照审计准则执行的审计在某一重大错报存在时总能发现。错报可能由舞弊或错误导致，如果合理预期错报单独或汇总起来可能影响财务报表使用者依据合并财务报表做出的经济决策，则错报是重大的。

在按照审计准则执行审计的过程中，我们运用了职业判断，保持了职业怀疑。我们同时：

(1) 识别和评估由于舞弊或错误导致的合并财务报表重大错报风险；对这些风险有针对性地设计和实施审计程序；获取充分、适当的审计证据，作为发表审计意见的基础。由于舞弊可能涉及串通、伪造、故意遗漏、虚假陈述或凌驾于内部控制之上，未能发现由于舞弊导致的重大错报的风险高于未能发现由于错误导致的重大错报的风险。

(2) 了解与审计相关的内部控制，以设计恰当的审计程序，但目的并非对内部控制的有效性发表意见。

(3) 评价管理层选用会计政策的恰当性和做出会计估计及相关披露的合理性。

(4) 对管理层使用持续经营假设的恰当性得出结论。同时，基于所获取的审计证据，对是否存在与事项或情况相关的重大不确定性，从而可能导致对集团的持续经营能力产生重大疑虑得出结论。如果我们得出结论认为存在重大不确定性，审计准则要求我们在审计报告中提请报告使用者注意合并财务报表中的相关披露；如果披露不充分，我们应当发表非无保留意见。我们的结论基于审计报告日可获得的信息。然而，未来的事项或情况可能导致集团不能持续经营。

(5) 评价合并财务报表的总体列报、结构和内容(包括披露)，并评价合并财务报表是否公允反映相关交易和事项。

(6) 就集团中实体或业务活动的财务信息获取充分、适当的审计证据，以对合并财务报表发表意见。我们负责指导、监督和执行集团审计。我们对审计意见承担全部责任。

我们与治理层就计划的审计范围、时间安排和重大审计发现(包括我们在审计中识别的值得关注的内部控制缺陷)进行沟通。

我们还就遵守关于独立性的相关职业道德要求向治理层提供声明，并就可能被合理认为影响我们独立性的所有关系和其他事项，以及相关的防范措施(如适用)与治理层进行沟通，从与治理层沟通的事项中，我们确定哪些事项对当期合并财务报表审计最为重要，因而构成关键审计事项。我们在审计报告中描述这些事项，除非法律法规禁止公开披露这些事项，或在极其罕见的情形下，如果合理预期在审计报告中沟通某事项造成的负面后果超过产生的公众利益方面的益处，我们确定不应在审计报告中沟通该事项。

二、按照相关法律法规的要求报告的事项

【本部分的格式和内容，取决于法律法规对其他报告责任的性质的规定。法律法规规范的事项(其他报告责任)应当在本部分处理，除非那些其他报告责任与审计准则所要求的报告责任涉及相同的主题。如果涉及相同的主题，其他报告责任可以在审计准则所要求的同一报告要素部分中列示。当其他报告责任和审计准则规定的报告责任涉及同一主题，并且审计报告中的措辞能够将其他报告责任与审计准则规定的责任予以清楚地区分(如差异存在)时，允许将两者合并列示(即包含在"对合并财务报表出具的审计报告"部分中，并使用适当的副标题)。】

大兴会计师事务所　　　　　　　中国注册会计师：×××(项目合伙人)
(盖章)　　　　　　　　　　　　(签名并盖章)
　　　　　　　　　　　　　　　中国注册会计师：×××
　　　　　　　　　　　　　　　(签名并盖章)

中国烟台市　　　　　　　　　　二〇二四年二月十日

四、无法表示意见审计报告

(一)出具条件

如果无法获取充分、适当的审计证据来作为形成审计意见的基础，但认为未发现的错报对财务报表可能产生的影响重大且具有广泛性，注册会计师应当发表无法表示意见。

在极其特殊的情况下，可能存在多个不确定事项。尽管注册会计师对每个单独的不确定事项获取了充分、适当的审计证据，但由于不确定事项之间可能存在相互影响，以及可能对财务报表产生累积影响，注册会计师不可能对财务报表形成审计意见。在这种情况下，注册会计师应当发表无法表示意见。

【学中做11-4　多项选择题】下列属于由被审计单位管理层造成的审计范围受到限制的情况是(　　)。

A. 管理层不允许注册会计师观察存货盘点
B. 被审计单位重要的部分会计资料被洪水冲走，无法进行检查
C. 截止到资产负债表日处于外海的远洋捕捞船队的捕鱼量无法监盘
D. 外国子公司的存货无法监盘

【答案】ABCD。

(二)格式

除在审计报告中包含《中国注册会计师审计准则第1501号——对财务报表形成审计意

见和出具审计报告》规定的审计报告要素外，注册会计师还应当：

(1) 发表导致无法表示意见的事项段。注册会计师应当在审计意见段之前增加一部分，标题为"形成无法表示意见的基础"，说明导致发表无法表示意见的事项。此外，注册会计师不需在本段中提及注册会计师责任，也不需要说明注册会计师是否已获取充分、适当的审计证据以作为形成审计意见的基础。

(2) 审计意见段。注册会计师应当对审计意见段使用恰当的标题"无法表示意见"。注册会计师应当说明：注册会计师接受委托审计财务报表；由于"形成无法表示意见的基础"部分所述事项的重要性，注册会计师无法获取充分、适当的审计证据为发表审计意见提供基础，因此，注册会计师不对这些财务报表发表审计意见。

(3) 注册会计师责任段。仅包括下列内容：①注册会计师的责任是按照中国注册会计师审计准则的规定，对被审计单位财务报表执行审计工作，以出具审计报告；②由于形成无法表示意见的基础部分所述的事项，注册会计师无法获取充分、适当的审计证据以作为发表审计意见的基础；③声明注册会计师在独立性和职业道德方面的其他责任。

无法表示意见审计报告的参考格式如下。

审计报告

华润公司全体股东：

一、对财务报表出具的审计报告

(一)无法表示意见

我们接受委托，审计华润公司财务报表，包括2023年12月31日的资产负债表，2023年度的利润表、现金流量表、所有者权益变动表以及财务报表附注。

我们不对后附的公司财务报表发表审计意见。由于"形成无法表示意见的基础"部分所述事项的重要性，我们无法获取充分、适当的审计证据用以作为发表审计意见的基础。

(二)形成无法表示意见的基础

我们于2024年1月接受公司的审计委托，未能对公司2023年年初金额为×元的存货和年末金额为×元的存货实施监盘程序。此外，我们也无法实施替代审计程序获取充分、适当的审计证据。并且，公司于2023年9月采用新的应收账款电算化系统，由于存在系统缺陷导致应收账款出现大量错误。截至报告日，管理层仍在纠正系统缺陷并更正错误，我们也无法实施替代审计程序，以对截止到2023年12月31日的应收账款总额×元获取充分、适当的审计证据。因此，我们无法确定是否有必要对存货、应收账款以及财务报表其他项目做出调整，也无法确定应调整的金额。

(三)管理层和治理层对财务报表的责任

管理层负责按照企业会计准则的规定编制财务报表，使其实现公允反映，并设计、执行和维护必要的内部控制，以使财务报表不存在由于舞弊或错误导致的重大错报。

在编制财务报表时，管理层负责评估公司的持续经营能力，披露与持续经营相关的事项(如适用)，并运用持续经营假设，除非管理层计划清算公司、停止营运或别无其他现实的选择。

治理层负责监督公司的财务报告过程。

(四)注册会计师对财务报表审计的责任

我们的责任是按照中国注册会计师审计准则的规定，对被审计单位财务报表执行审计工作，以出具审计报告。但由于"形成无法表示意见的基础"部分所述的事项，我们无法获取充分、适当的审计证据用以作为发表审计意见的基础。

按照中国注册会计师职业道德守则，我们独立于公司，并履行了职业道德方面的其他责任。

二、按照相关法律法规的要求报告的事项

【本部分的格式和内容，取决于法律法规对其他报告责任的性质的规定。法律法规规范的事项(其他报告责任)应当在本部分处理，除非那些其他报告责任与审计准则所要求的报告责任涉及相同的主题。如果涉及相同的主题，其他报告责任可以在审计准则所要求的同一报告要素部分中列示。当其他报告责任和审计准则规定的报告责任涉及同一主题，并且审计报告中的措辞能够将其他报告责任与审计准则规定的责任予以清楚地区分(如差异存在)时，允许将两者合并列示(即包含在"对财务报表出具的审计报告"部分中，并使用适当的副标题)。】

大兴会计师事务所	中国注册会计师：×××(项目合伙人)
(盖章)	(签名并盖章)
	中国注册会计师：×××
	(签名并盖章)
中国烟台市	二〇二四年二月十日

五、带强调事项段的审计报告

强调事项段，是指审计报告中含有的一个段落，该段落提及已在财务报表中恰当列报或披露的事项，且根据注册会计师的职业判断，该事项对财务报表使用者理解财务报表至关重要。

(一)出具条件

如果认为有必要提醒财务报表使用者关注已在财务报表中列报或披露，且根据职业判断认为对财务报表使用者理解财务报表至关重要的事项，在同时满足下列条件时，注册会计师应当在审计报告中增加强调事项段。

(1) 该事项不会导致注册会计师发表非无保留意见。

(2) 该事项未被确定为在审计报告中沟通的关键审计事项。

【学中做 11-5　单项选择题】下列事项中，不会导致注册会计师在审计报告中增加强调事项段的是(　　)。

A. 在允许的情况下，提前应用对财务报表有广泛影响的新会计准则

B. 所审计财务报表采用特殊编制基础编制

C. 含有已审计财务报表的文件中的其他信息与财务报表存在重大不一致，并且需要对其他信息做出修改，但管理层拒绝修改

D. 存在已经或持续对被审计单位财务状况产生重大影响的特大灾难

【答案】C。

(二)格式

如果在审计报告中包含强调事项段，注册会计师应当采取下列措施。

(1) 将强调事项段作为单独的一部分披露在审计报告中，并使用包含"强调事项"这一术语作为标题。

(2) 明确提及被强调事项以及相关披露的位置，以便能够在财务报表中找到对该事项的详细描述。强调事项段应当仅提及已在财务报表中列报或披露的信息。

(3) 指出审计意见没有因该强调事项而改变。

带强调事项段的审计报告的参考格式如下。

审计报告

华润公司全体股东：

一、财务报表出具的审计报告

(一)保留意见

我们审计了华润公司财务报表，包括2023年12月31日资产负债表，2023年度的利润表、所有者权益变动表和现金流量表以及财务报表附注。

我们认为，除"形成保留意见的基础"部分所述事项产生的影响外，后附的财务报表在所有重大方面按照企业会计准则的规定编制，公允反映了公司2023年12月31日的财务状况以及2023年度的经营成果和现金流量。

(二)形成保留意见的基础

公司2023年12月31日资产负债表中列示的交易性金融资产为×元，管理层对这些金融资产未按照公允价值进行后续计量，而是按照历史成本进行计量，这不符合企业会计准则的规定。如果按照公允价值进行后续计量，公司2023年利润表中公允价值变动收益将减少×元，2023年12月31日资产负债表中交易性金融资产将减少×元。相应地，所得税、净利润和股东权益将分别减少×元、×元和×元。

我们按照中国注册会计师审计准则的规定执行了审计工作。审计报告中的"注册会计师对财务报表审计的责任"部分进一步阐述了我们在这些准则下的责任。按照中国注册会计师职业道德守则，我们独立于公司，并履行了职业道德方面的其他责任。我们相信，我们获取的审计证据是充分、适当的，为发表保留意见提供了基础。

(三)强调事项——火灾的影响

我们已提醒财务报表使用者关注，财务报表附注×描述了火灾对天齐公司的生产设备造成的影响。本段内容不影响已发表的审计意见。

(四)管理层和治理层对财务报表的责任

管理层负责按照企业会计准则的规定编制财务报表，使其实现公允反映，并设计、执行和维护必要的内部控制，以使财务报表不存在由于舞弊或错误导致的重大错报。

在编制财务报表时，管理层负责评估公司的持续经营能力，披露与持续经营相关的事项(如适用)，并运用持续经营假设，除非管理层计划清算公司、停止营运或别无其他现实的选择。

治理层负责监督公司的财务报告过程。

(五)注册会计师对财务报表审计的责任

我们的目标是对财务报表整体是否不存在由于舞弊或错误导致的重大错报获取合理保证，并出具包含审计意见的审计报告。合理保证是高水平的保证，但并不能保证按照审计准则执行的审计在某一重大错报存在时总能发现。错报可能由于舞弊或错误导致，如果合理预期错报单独或汇总起来可能影响财务报表使用者依据财务报表做出的经济决策，则错报是重大的。

在按照审计准则执行审计的过程中，我们运用了职业判断，保持了职业怀疑。我们同时：

(1) 识别和评估由于舞弊或错误导致的财务报表重大错报风险；对这些风险有针对性地设计和实施审计程序；获取充分、适当的审计证据，作为发表审计意见的基础。由于舞弊可能涉及串通、伪造、故意遗漏、虚假陈述或凌驾于内部控制之上，未能发现由于舞弊导致的重大错报的风险高于未能发现由于错误导致的重大错报的风险。

(2) 了解与审计相关的内部控制，以设计恰当的审计程序，但目的并非对内部控制的有效性发表意见。

(3) 评价管理层选用会计政策的恰当性和做出会计估计及相关披露的合理性。

(4) 对管理层使用持续经营假设的恰当性得出结论。同时，基于所获取的审计证据，对是否存在与事项或情况相关的重大不确定性，从而可能导致对公司的持续经营能力产生重大疑虑得出结论。如果我们得出结论认为存在重大不确定性，审计准则要求我们在审计报告中提请报告使用者注意财务报表中的相关披露；如果披露不充分，我们应当发表非无保留意见。我们的结论基于审计报告日可获得的信息。然而，未来的事项或情况可能导致公司不能持续经营。

(5) 评价财务报表的总体列报、结构和内容(包括披露)，并评价财务报表是否公允反映相关交易和事项。

我们与治理层就计划的审计范围、时间安排和重大审计发现(包括我们在审计中识别的值得关注的内部控制缺陷)进行沟通。

同时我们还就遵守关于独立性的相关职业道德要求向治理层提供声明，就可能被合理认为影响我们独立性的所有关系和其他事项，以及相关的防范措施(如适用)与治理层进行沟通。

从与治理层沟通的事项中，我们确定哪些事项对当期财务报表审计最为重要，因而构成关键审计事项。我们在审计报告中描述这些事项，除非法律法规禁止公开披露这些事项，或在极其罕见的情形下，如果合理预期在审计报告中沟通某事项造成的负面后果超过产生的公众利益方面的益处，我们的确不应在审计报告中沟通该事项。

二、按照相关法律法规的要求报告的事项

【本部分的格式和内容，取决于法律法规对其他报告责任的性质的规定。法律法规规范的事项(其他报告责任)应当在本部分处理，除非那些其他报告责任与审计准则所要求的报告责任涉及相同的主题。如果涉及相同的主题，其他报告责任可以在审计准则所要求的同一报告要素部分中列示。当其他报告责任和审计准则规定的报告责任涉及同一主题，并且审计报告中的措辞能够将其他报告责任与审计准则规定的责任予以清楚地区分(如差异存在)时，允许将两者合并列示(即包含在"对财务报表出具的审计报告"部分中，并使用适当的副标题)。】

大兴会计师事务所	中国注册会计师：×××(项目合伙人)
(盖章)	(签名并盖章)
	中国注册会计师：×××
	(签名并盖章)
中国烟台市	二〇二四年二月十日

六、带其他事项段的审计报告

其他事项段是指审计报告中含有的一个段落,该段落提及未在财务报表中列报或披露的事项,且根据注册会计师的职业判断,该事项与财务报表使用者理解审计工作、注册会计师的责任或审计报告相关。

(一)出具条件

如果认为有必要沟通虽然未在财务报表中列报或披露,但根据职业判断认为与财务报表使用者理解审计工作、注册会计师的责任或审计报告相关的事项,在同时满足下列条件时,注册会计师应当在审计报告中增加其他事项段。

(1) 未被法律法规禁止。

(2) 该事项未被确定为在审计报告中沟通的关键审计事项。

具体讲,需要在审计报告中增加其他事项段的情形包括:与使用者理解审计工作相关的情形,与使用者理解注册会计师的责任或审计报告相关的情形,对两套以上财务报表出具审计报告的情形,限制审计报告分发和使用的情形。

(二)格式

如果在审计报告中包含其他事项段,注册会计师应当将该段落作为单独的一部分,并使用"其他事项"或其他适当标题。

带其他事项的审计报告的参考格式如下。

审计报告

华润公司全体股东:

一、对财务报表审计的报告

(一)审计意见

我们审计了华润公司的财务报表,包括2023年12月31日的资产负债表,2023年度的利润表、现金流量表、所有者权益变动表以及财务报表附注。

我们认为,后附的财务报表在所有重大方面按照企业会计准则的规定编制,公允反映了公司2023年12月31日的财务状况以及2023年度的经营成果和现金流量。

(二)形成审计意见的基础

我们按照中国注册会计师审计准则的规定执行了审计工作。审计报告的"注册会计师对财务报表审计的责任"部分进一步阐述了我们在这些准则下的责任。按照中国注册会计师职业道德守则,我们独立于公司,并履行了职业道德方面的其他责任。我们相信,我们获取的审计证据是充分、适当的,为发表审计意见提供了基础。

(三)关键审计事项

关键审计事项是根据我们的职业判断,认为对本期财务报表审计最为重要的事项。这些事项是在对财务报表整体进行审计并形成意见的背景下进行处理的,我们不对这些事项提供单独的意见。

【按照《中国注册会计师审计准则第1504号——在审计报告中沟通关键审计事项》的规

定描述每一关键审计事项。】

(四)其他事项

2023年12月31日的资产负债表，2023年度的利润表、现金流量表、所有者权益变动表以及财务报表附注由其他会计师事务所审计，并于2024年3月31日发表了无保留意见。

(五)管理层及治理层对财务报表的责任

管理层负责按照企业会计准则的规定编制财务报表，使其实现公允反映，并设计、执行和维护必要的内部控制，以使财务报表不存在由于舞弊或错误导致的重大错报。

在编制财务报表时，管理层负责评估公司的持续经营能力，披露与持续经营相关的事项(如适用)，并运用持续经营假设，除非管理层计划清算公司、停止营运或别无其他现实的选择。

治理层负责监督公司的财务报告过程。

(六)注册会计师对财务报表审计的责任

我们的目标是对财务报表整体是否不存在由于舞弊或错误导致的重大错报获取合理保证，并出具包含审计意见的审计报告。合理保证是高水平的保证，但并不能保证按照审计准则执行的审计在某一重大错报存在时总能发现。错报可能由舞弊或错误导致，如果合理预期错报单独或汇总起来可能影响财务报表使用者依据财务报表做出的经济决策，则错报是重大的。

在按照审计准则执行审计的过程中，我们运用了职业判断，保持了职业怀疑。我们同时：

(1) 识别和评估由于舞弊或错误导致的财务报表重大错报风险；对这些风险有针对性地设计和实施审计程序；获取充分、适当的审计证据，作为发表审计意见的基础。由于舞弊可能涉及串通、伪造、故意遗漏、虚假陈述或凌驾于内部控制之上，未能发现由于舞弊导致的重大错报的风险高于未能发现由于错误导致的重大错报的风险。

(2) 了解与审计相关的内部控制，以设计恰当的审计程序，但目的并非对内部控制的有效性发表意见。

(3) 评价管理层选用会计政策的恰当性和做出会计估计及相关披露的合理性。

(4) 对管理层使用持续经营假设的恰当性得出结论。同时，基于所获取的审计证据，对是否存在与事项或情况相关的重大不确定性，从而可能导致对公司的持续经营能力产生重大疑虑得出结论。如果我们得出结论认为存在重大不确定性，审计准则要求我们在审计报告中提请报告使用者注意财务报表中的相关披露；如果披露不充分，我们应当发表非无保留意见。我们的结论基于审计报告日可获得的信息。然而，未来的事项或情况可能导致公司不能持续经营。

(5) 评价财务报表的总体列报、结构和内容(包括披露)，并评价财务报表是否公允反映相关交易和事项。

除其他事项外，我们与治理层就计划的审计范围、时间安排和重大审计发现(包括我们在审计中识别的值得关注的内部控制缺陷)进行沟通。

同时我们还就遵守关于独立性的相关职业道德要求向治理层提供声明，就可能被合理认为影响我们独立性的所有关系和其他事项，以及相关的防范措施(如适用)与治理层进行沟通。

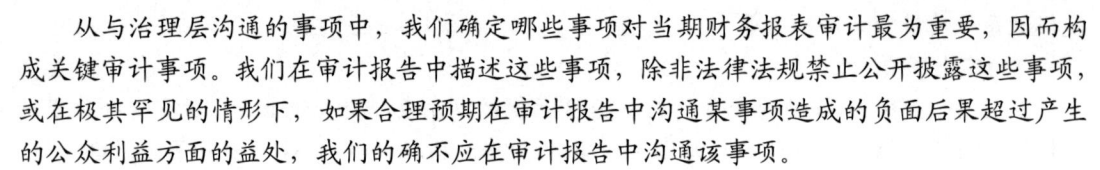

从与治理层沟通的事项中，我们确定哪些事项对当期财务报表审计最为重要，因而构成关键审计事项。我们在审计报告中描述这些事项，除非法律法规禁止公开披露这些事项，或在极其罕见的情形下，如果合理预期在审计报告中沟通某事项造成的负面后果超过产生的公众利益方面的益处，我们的确不应在审计报告中沟通该事项。

二、按照相关法律法规的要求报告的事项

【本部分的格式和内容，取决于法律法规对其他报告责任的性质的规定。法律法规规范的事项(其他报告责任)应当在本部分处理，除非那些其他报告责任与审计准则所要求的报告责任涉及相同的主题。如果涉及相同的主题，其他报告责任可以在审计准则所要求的同一报告要素部分中列示。当其他报告责任和审计准则规定的报告责任涉及同一主题，并且审计报告中的措辞能够将其他报告责任与审计准则规定的责任予以清楚地区分(如差异存在)时，允许将两者合并列示(即包含在"对财务报表出具的审计报告"部分中，并使用适当的副标题)。】

大兴会计师事务所　　　　　　　　中国注册会计师：×××(项目合伙人)
(盖章)　　　　　　　　　　　　　　(签名并盖章)
　　　　　　　　　　　　　　　　　中国注册会计师：×××
　　　　　　　　　　　　　　　　　(签名并盖章)

中国烟台市　　　　　　　　　　　二〇二四年三月三十一日

【学中做 11-6　案例分析题】注册会计师 A 正在对乙公司 2023 年的财务报表进行审计，乙公司 2023 年未审的财务报表利润总额为 1000 万元，整个财务报表层次的重要性水平为 100 万元，发现乙公司存在下列事项。

(1) 乙公司应收账款存在负数明细 20 万元，乙公司将应收账款余额的 3%计提坏账准备。

(2) 乙公司银行存款余额 150 万元，拒绝注册会计师发函询证。

(3) 乙公司 2023 年 12 月 26 日销售给 W 公司的商品，在 2024 年 1 月 5 日发生销售退回，其收入为 6 000 万元，成本为 4 000 万元。

(4) 乙公司将销售给 X 公司 1 500 万元错记为 Y 公司。

(5) 乙公司占资产总额 80%的 8 000 万元的存货，拒绝注册会计师监盘。

(6) 2024 年 3 月 5 日，新闻媒体报道乙公司从 M 国进口大量转基因农作物生产某种食品，导致绝大部分消费者不再购买该食品。尽管乙公司声称 3 月 15 日后市场上销售的食品不含有转基因成分，但乙公司的销售量连续数日为零。对此，乙公司已在财务报表附注中进行了适当披露。假定不存在其他需要在审计报告中反映的事项，注册会计师认为乙公司的持续经营假设是合理的，但该事项的最终结果仍具重大不确定性。

请思考以下问题：

1. 针对上述事项，注册会计师应该分别出具何种类型的审计意见。

2. 针对事项(6)除了发表审计意见外，是否还需要在审计报告中另外反映该事项，若是认为不需要在审计报告中反映，请简要说明理由。

(1) ①无保留意见。②保留意见。③否定意见。④无保留意见。⑤无法表示意见。⑥无保留意见加强调事项段。

(2) 针对持续经营能力产生重大疑虑的事项或情况，但不影响已发表的审计意见时，注册会计师应当在审计意见段之后增加强调段对此予以强调。

【总结分析】

表 11-1　出具审计意见的依据

1. A 无保留意见审计报告	财务报表在所有重大方面公允反映了被审单位的财务状况、经营成果和现金流量	
2. B 带强调事项段的无保留意见审计报告	虽然财务报表在所有重大方面公允反映了被审单位的财务状况、经营成果和现金流量，但是对持续经营能力产生重大疑虑、存在重大不确定事项、其他审计准则中规定应当增加强调事项段的情形，可能对财务报表产生重大影响，但被审单位进行了恰当的会计处理，且在财务报表中作出了充分披露	
3. 导致发表非无保留意见的事项的性质	这些事项对财务报表产生或可能产生影响的广泛性	
	重大但不具有广泛性	重大但具有广泛性
(1)财务报表存在重大错报	保留意见审计报告	否定意见审计报告
(2)无法获取充分适当的审计证(范围受限)	保留意见审计报告	无法表示意见审计报告

任务解析

审计报告可以分为无保留意见审计报告和非无保留意见审计报告。非无保留意见审计报告又包括保留意见、否定意见和无法表示意见的审计报告。此外，注册会计师可以根据需要发布带强调事项段和其他事项段的审计报告。

职业判断能力训练

一、单项选择题

1. 强调事项段是指注册会计师增加的对重大事项予以强调的段落，在审计报告中的位置为(　　)。
   A. 引言段之后，审计意见段之前
   B. 管理层对财务报表的责任段之后，注册会计师的责任段之前
   C. 引言段之前
   D. 审计意见段之后

2. 在审计报告中，应当说明被审计单位的名称和财务报表已经过审计，并指出构成整套财务报表的每张财务报表的名称；提及财务报表附注；指明财务报表的日期和涵盖的期间的段落是(　　)。
   A. 管理层对财务报表的责任段　　B. 注册会计师的责任段
   C. 引言段　　　　　　　　　　　D. 审计意见段

3. 下列属于由被审计单位管理层造成的审计范围受到限制的情况是(　　)。

A. 外国子公司的存货无法监盘
B. 被审计单位重要的部分会计资料被洪水冲走，无法进行检查
C. 截止到资产负债表日处于外海的远洋捕捞船队的捕鱼量无法监盘
D. 管理层不允许注册会计师观察存货盘点

4. 注册会计师认定被审计单位连续出现巨额营业亏损时，下列观点中不正确的是（　　）。
A. 无论被审计单位是否作了披露，都不在审计报告中提及
B. 若被审计单位拒绝披露，应出具保留意见或否定意见
C. 应提请被审计单位在财务报表附注中予以披露
D. 若被审计单位充分披露，则应在意见段后增加强调事项段予以说明

5. 下列有关审计报告的说法中，正确的是（　　）。
A. 因为审计报告已经是注册会计师对被审计单位财务报表审计后提出的结论，所以无须将已审计的财务报表附于审计报告之后
B. 如果管理层拒绝就关联方和关联方交易签署必要的声明，注册会计师应根据该事项对财务报表的影响程度，出具保留意见或否定意见的审计报告
C. 如果注册会计师在阅读其他信息时发现重大不一致，则通常而言不是需要修改已审计财务报表，就是需要修改其他信息，或者两者都需要修改；如果注意到明显的对事实的重大错报，则必定是其他信息而非已审计财务报表需作修改
D. 注册会计师在审计过程中，如果发现存在未解决事项仅对对应数据产生重大影响，而对本期数据无重大影响，则注册会计师可以对本期财务报表整体发表无保留意见，不需要考虑对对应数据的影响

6. 如果注册会计师在被审计单位财务报表报出后知悉在审计报告日已存在的、可能导致修改审计报告的事实，但被审计单位的管理层不采取任何行动，则注册会计师应当（　　）。
A. 通知治理层不能将财务报表和审计报告向第三方报出
B. 根据该事项对财务报表的影响重新出具保留意见或否定意见的审计报告
C. 采取措施防止财务报表使用者信赖该审计报告，并将拟采取的措施通知治理层
D. 因为是在财务报表报出日后发现的事实，所以注册会计师没有义务采取行动

7. 下列属于审计报告日前其他信息中发现重大不一致时，如果需要修改已审计的财务报表而被审计单位不同意修改时，注册会计师应采取的措施是（　　）。
A. 向治理层再次书面说明注册会计师对其他信息的关注
B. 发表保留或否定意见的审计报告
C. 征询法律意见
D. 不采取任何措施

8. 如果注册会计师认为被审计单位编制财务报表所依据的持续经营假设是合理的，但存在影响持续经营能力的事项或情况，管理层已经在财务报表附注中进行了披露，此时注册会计师可能出具的审计报告类型是（　　）。
A. 保留意见的审计报告
B. 带强调事项段的保留意见的审计报告
C. 带强调事项段的无保留意见的审计报告
D. 标准无保留意见的审计报告

二、多项选择题

1. 以下情形中，如果注册会计师无法获取充分、适当的审计证据，则应当通过下列（　　）方式确定其对审计报告的影响。
   A. 如果未发现的错报可能对财务报表产生的影响重大，但不具有广泛性，应当发表保留意见
   B. 如果未发现的错报可能对财务报表产生的影响重大且具有广泛性，以至于发表保留意见不足以反映情况的严重性，应当在可行时解除业务约定
   C. 注册会计师应当在解除业务约定前，与治理层沟通在审计过程中发现的、将会导致发表非无保留意见的所有错报事项
   D. 如果在出具审计报告之前解除业务约定被禁止或不可行，应当发表无法表示意见

2. 在实施本期审计时，注册会计师发现上期财务表已由前任注册会计师审计，并且决定在当期报表审计报告中提及前任注册会计师对对应数据出具的审计报告，则应当在审计报告的其他事项段中说明的事项有（　　）。
   A. 上期财务报表已由前任注册会计师审计
   B. 前任注册会计师发表的意见的类型
   C. 前任注册会计师出具了标准审计报告
   D. 前任注册会计师出具的审计报告的日期

3. 在评价财务报表是否实现公允反映时，注册会计师应考虑的内容有（　　）。
   A. 管理层做出的会计估计是否合理
   B. 财务报表是否做出充分披露，使财务报表使用者能够理解重大交易和事项对被审计单位财务状况、经营成果和现金流量的影响
   C. 财务报表的整体列报、结构和内容是否合理
   D. 财务报表（包括相关附注）是否公允地反映了相关交易和事项

4. 注册会计师与管理层在会计政策选用方面的分歧主要体现在（　　）方面。
   A. 管理层选用的会计政策不符合适用的会计准则和相关会计制度的规定
   B. 管理层选用的会计政策不符合具体情况的需要
   C. 管理层选用了不适当的会计政策，导致财务报表在所有重大方面未能公允反映被审计单位的财务状况、经营成果和现金流量
   D. 管理层选用的会计政策没有按照适用的会计准则和相关会计制度的要求得到一贯运用，即没有一贯地运用于不同期间相同的或者相似的交易和事项

5. 下列有关审计报告的描述中，错误的有（　　）。
   A. 如果因会计政策的选用、会计估计的作出或财务报表的披露不符合适用的会计准则和相关会计制度的规定而出具保留意见审计报告时，注册会计师还应当在注册会计师的责任段中提及这一情况
   B. 无法表示意见不同于否定意见，否定意见通常仅仅适用于注册会计师不能获取充分、适当的审计证据；如果注册会计师发表无法表示意见，则必须获得充分、适当的审计证据
   C. 现金、银行存款均属于敏感性高、流动性强的资产账户。但是在审计过程中，如

果注册会计师发现这两个账户在分类上出现错误,所做的反映不会比发现销售业务没有入账更加强烈

   D. 当存在重大不确定事项时,如果被审计单位已在财务报表附注中作了充分披露,注册会计师应当出具保留意见的审计报告

6. 注册会计师应针对下列事项出具带强调事项段审计报告的有(　　)。
   A. 重大诉讼的未来结果存在不确定性
   B. 存在已经或持续对被审计单位财务状况产生重大影响的特大灾难
   C. 由于董事会未能达成一致,难以确定未来的经营方向和战略
   D. 提前应用对财务报表有广泛影响的新会计准则

7. 审计报告应当包括的要素有(　　)。
   A. 标题与收件人　　B. 意见段　　C. 管理建议书　　D. 报告日期

8. 同时符合下列条件时,注册会计师应当出具无保留意见审计报告的有(　　)。
   A. 注册会计师已经按照中国注册会计师审计准则的规定计划和实施审计工作,在审计过程中未受到限制
   B. 财务报表已经按照适用的财务报告编制基础编制,在所有方面公允反映了被审计单位期末的财务状况、经营成果和现金流量
   C. 注册会计师已经按照中国注册会计师审计准则的规定计划和实施审计工作,在审计过程中受到限制
   D. 财务报表已经按照适用的财务报告编制基础编制,在所有重大方面公允反映了被审计单位的财务状况、经营成果和现金流量

三、判断题

1. 无保留意见意味着注册会计师认为会计报表是完全合法、公允的、能满足会计报表使用者的需要,并对该意见负责。(　　)

2. 注册会计师出具无法表示意见的审计报告,就是注册会计师不愿意发表意见。(　　)

3. 审计中只要发现被审计单位核算错误,就应该要求被审计单位必须做出调整,否则就要发表保留意见或否定意见审计报告。(　　)

4. 如果管理层的某项声明与其他审计证据相矛盾,注册会计师应当调查这种情况。必要时,重新考虑管理层做出的其他声明的可靠性。(　　)

四、案例分析题

甲注册会计师作为Z会计师事务所审计项目负责人,在审计2023年度财务报表时分别遇到以下情况。

(1) A公司拥有一项长期股权投资,账面价值为500万元,持股比例30%。2023年12月31日,A公司与K公司签署投资转让协议,拟以450万元的价格转让该项长期股权投资,已收到价款300万元,但尚未办理产权过户手续,A公司以该项长期股权投资正在转让之中为由,不再计提减值准备。注册会计师确定的重要性水平为30万元,A公司未审计的利润总额为120万元。

(2) B公司于2022年5月为L公司1年期银行借款1 000万元提供担保,因L公司不

能及时偿还，银行于 2023 年 11 月向法院提起诉讼，要求 B 公司承担连带清偿责任。2023 年 12 月 31 日，B 公司在咨询律师后，根据公司的财务状况，计提了 500 万元的预计负债。对上述预计负债，B 公司已在财务报表附注中进行了适当披露。截至审计工作完成日，法院未对该项诉讼做出判决。

(3) C 公司在 2023 年度向其控股股东 M 公司以市场价格销售产品 5 000 万元，以成本加成价格(公允价格)购入原材料 3 000 万元，上述销售和采购分别占 C 公司当年销货、购货的比例为 30% 和 40%，C 公司已在财务报表附注中进行了适当披露。

(4) 甲注册会计师在审计时，发现 D 公司应在 2022 年 6 月确认的一项销售费用 200 万元没有进行确认。D 公司在编制 2022 年度财务报表时，未对此项会计差错进行任何处理。D 公司 2023 年度利润总额为 180 万元。

(5) E 公司于 2023 年年末更换了大股东，并成立新的董事会，继任法定代表人以刚上任、不了解以前年度情况为由，拒绝签署 2023 年已审财务报表和提供管理层声明书。原法定代表人以不再继续履行职责为由，也拒绝签署 2023 年已审计财务报表和提供管理层声明书。

【要求】假定上述情况对各被审计单位 2023 年度财务报表的影响都是重要的(各个事项相互独立)，且对于各事项被审计单位均拒绝接受甲注册会计师提出的审计处理建议(如有)。在不考虑其他因素影响的前提下，请分别针对五种情况，判断甲注册会计师应对 2023 年度财务报表出具何种类型的审计报告，并简要说明理由。

微课视频

扫一扫，获取本项目相关微课视频。

项目十一　了解审计报告的含义及其类型

项目十一　区分审计报告的意见类型

项目十一　审计报告的基本要素

参 考 文 献

[1] 中国注册会计师协会. 审计[M]. 北京：中国财政经济出版社，2020.
[2] 王生根. 中国注册会计师执业准则重点难点解析与应用分析[M]. 大连：东北财经大学出版社，2018.
[3] 王生根. 审计实务[M]. 3 版. 北京：高等教育出版社，2018.
[4] 叶陈刚，李洪，张岩. 审计学[M]. 3 版. 北京：机械工业出版社，2019.
[5] 叶忠明，阮滢. 审计学[M]. 2 版. 北京：清华大学出版社，2020.
[6] 阿伦斯，埃尔德，比斯. 审计学：一种整合方法[M]. 15 版. 北京：中国人民大学出版社，2017.
[7] 秦荣生，卢春泉. 审计学[M]. 10 版. 北京：中国人民大学出版社，2019.
[8] 张瞳光. 审计原理与实务[M]. 上海：上海财经大学出版社，2018.
[9] 陈汉文. 审计理论与实务[M]. 北京：中国人民大学出版社，2019.
[10] 陈忆平. 审计学教学案例[M]. 广州：华南理工大学出版社，2019.
[11] 宋常. 审计学[M]. 8 版. 北京：中国人民大学出版社，2018.
[12] 彭俊英，陈艳芬. 审计实务教学案例[M]. 北京：中国人民大学出版社，2018.
[13] 田高良，王龙. 审计理论与实务[M]. 3 版. 北京：中国人民大学出版社，2020.
[14] 王守龙，王珠强，杨玉龙，等. 审计学基础[M]. 5 版. 北京：清华大学出版社，2019.
[15] 王生根，朱庆仙，黄莉娟. 审计学原理与实务[M]. 3 版. 北京：高等教育出版社，2022.
[16] 石娟，杜鹃，孙晶. 审计学[M]. 2 版. 北京：中国商业出版社，2022.